A Woman of No Importance

無足輕重的女人

扭轉二戰歷史，「最危險的間諜」維吉尼亞·霍爾的謎樣人生

索尼亞·普內爾 Sonia Purnell 著
黃佳瑜 譯

The Untold Story of the American Spy Who Helped Win World War II

獻給蘇（一九五一—二〇一七）
勇氣有許多種表達形式

抵抗是一種生活方式……在那裡，我們見到全然自由的自己……未知也不可知的自己，再也沒有人能找到那種人，那種只在獨特而惡劣條件下存在的人……只存在於鬼魂或死者之間……（然而）我會以「快樂」形容我的那一段人生。

——讓・卡蘇（Jean Cassou），土魯斯詩人游擊領袖

極權主義的理想奴役對象，並不是堅定不移的納粹分子或共產主義者，而是那些已無法區分事實與想像（亦即實際經驗）或真實與虛偽（亦即思想準則）的人。

——漢娜・鄂蘭（Hannah Arendt），《極權主義的起源》（*The Origins of Totalitarianism*）

人類的歷史，是由無數充滿勇氣與信念的多樣化行動塑造而成。每當有人為理想挺身而出，或是採取行動改善眾人生活，或打擊不公不義，這人就掀起小小的希望漣漪。而當上百萬人在不同地方付出力量與勇氣，這些漣漪便會匯聚成一股足以推倒高牆的洪流。

——羅伯特・甘迺迪（Robert F. Kennedy）

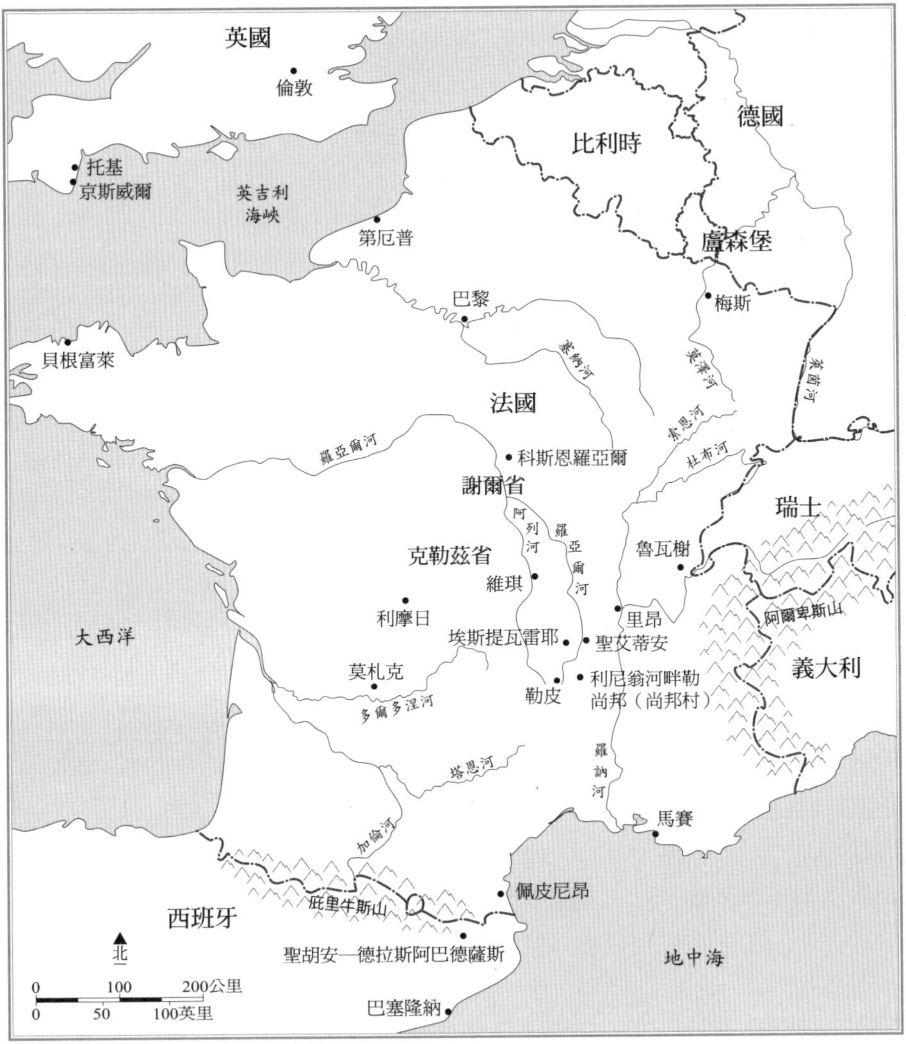
英國
倫敦
托基
京斯威爾
英吉利
海峽
第厄普
比利時
德國
盧森堡
梅斯
巴黎
貝根富萊
塞納河
莫澤河
萊茵河
法國
羅亞爾河
科斯恩羅亞爾
索恩河
杜布河
謝爾省
阿列河
羅亞爾河
瑞士
克勒茲省
魯瓦樹
維琪
利摩日
里昂
阿爾卑斯山
埃斯提瓦雷耶
聖艾蒂安
大西洋
莫札克
勒皮
利尼翁河畔勒
尚邦（尚邦村）
義大利
多爾多涅河
塔恩河
羅訥河
馬賽
加倫河
佩皮尼昂
庇里牛斯山
西班牙
北
聖胡安—德拉斯阿巴德薩斯
地中海
0
100
200公里
0
50
100英里
巴塞隆納

人物表

代號與化名在書中以斜體字呈現。情報員往往有許多代號或化名，但為求清晰，我只採用最相關的名號。

阿朗＝喬治・杜柏汀
安托萬＝菲利浦・德沃梅庫（又名高蒂耶，聖保羅少校）
阿拉米斯＝彼得・哈瑞特（又名亨利・拉索）
阿圖斯與奧古斯特＝亨利與艾佛烈・紐頓
主教＝羅伯特・阿萊什神父（又名雷內・馬丁）
鮑勃＝勞爾・勒布利科
卡爾特＝安德烈・吉拉德
塞萊斯汀＝布萊恩・史東豪斯
克里斯多福＝吉伯特・圖爾克

康斯坦丁＝尚・德沃梅庫
豐特克羅瓦＝亨利・查爾斯・吉斯上尉
喬治＝喬治・貝格
吉沃德＝塞爾吉・卡帕爾斯基
葛蘿莉亞＝嘉布麗埃・畢卡比亞
盧卡斯＝皮耶・德沃梅庫（又名西爾萬）
瑪麗＝維吉尼亞・霍爾（又名潔曼、菲洛美、尼可拉斯、黛安、黛安娜、瑪雪兒、布麗姬、
伊莎貝爾、卡蜜兒、*DFV*、阿緹密絲）
尼可拉斯＝羅伯特・博伊特克斯（又稱羅伯特・博迪特）
奧利佛＝法蘭西斯・巴辛
皮朋＝讓・盧賽醫生
雷內＝維克多・葛森（又名維克）
蘇菲＝奧黛特・威倫
薇朵兒＝瑪蒂達・卡雷（或稱「小貓咪」）

目錄

前言

法國即將淪陷。一台台焚毀車輛被瘋狂地推進溝裡，場面混亂。這些車上曾經高高捆著被人視若珍寶的物品，如今，心愛的行李散落四周，洋娃娃、時鐘、鏡子碎了一地，在這無情的馬路上綿延好幾英里。行李的主人——有老也有少——倒臥在熱滾滾的煙塵中，有的發出呻吟，有的已然沉寂。然而，人潮依舊在他們身旁川流不息。那是一條看不見盡頭的隊伍，又餓又累的人們提心吊膽，害怕得接連幾天不敢停下腳步。

上千萬老弱婦孺為了逃離從東面和北面邊境一湧而入的希特勒坦克雄軍，踏上了顛沛流離的路途。整座城市的居民拋棄家園，徒勞無益地企圖躲避即將吞沒他們的納粹閃電攻擊。人們激動地談論德國士兵如何因為一路勢如破竹，開心地脫掉上衣狂歡慶祝。空氣中濃煙密布，瀰漫著死屍的腐臭味。嬰兒沒有奶喝，老人倒在原地。馬匹拉著超載的老舊農車，全身浸在汗水裡，痛苦得垂下腦袋、哀聲嘶鳴。一九四〇年五月的法國熱浪目睹了這一切——史上最龐大的難民出走潮[1]。

日復一日，一輛救護車獨自在人潮中穿梭，駕駛座上是一位耀眼的年輕女子。二等兵維吉尼亞·霍爾的汽油和藥品常常用到所剩無幾，但她依然堅持開著法軍救護車朝進逼的敵軍前進。她不屈不撓，就算德軍的斯圖卡轟炸機呼嘯著俯衝而下，朝她周圍的車隊投擲一百一十磅的重磅炸彈，讓一輛輛車子陷入火海，把路面炸得坑坑窪窪；就算戰鬥機低空劃過樹梢，拿機關槍掃射跳進壕溝躲避屠殺的婦女與兒童；就算法國士兵棄甲脫隊，有些人甚至開著坦克車逃跑；就算她因為不斷用義肢踩離合器而導致左髖部陣陣劇痛。

歷經多年的殘酷拒絕，此刻，在三十四歲這一年，這項使命成了她一生的轉捩點。為了自己，也為了她在戰場上救起、急忙送往醫院的傷兵，她不能再失敗了。有許多原因讓她在好幾百萬人放棄希望時，心甘情願離鄉背井，冒著生命危險幫助另一個國家。其中最重要的，或許是她已經好久不曾活得如此暢快淋漓。逃兵的懦弱令她不齒；她實在無法理解他們為什麼不肯繼續戰鬥。不過話說回來，她本來就無牽無掛，沒什麼好損失的。法國人仍然記得三分之一的年輕人在第一次世界大戰中捐軀，全國的孤兒寡母沒心情投入另一場血戰。不過，維吉尼亞決心堅持到底，不管戰爭會把她帶到什麼地方。她已準備好面對任何風險、降伏一切危難。說來矛盾，對抗德意志第三帝國的全面戰爭，或許是她獲得心靈平靜的最後一線希望。

然而，跟接下來那段以冒險、行動以及似乎深不可測的勇氣寫下的荷馬史詩般的人生相比，這些事情根本不算什麼。一九四〇年夏天維吉尼亞．霍爾在法國的救護車勤務不過是牛刀小試，幫助她為日後對抗納粹暴政及其法國傀儡政府的幾近自殺式行動做好準備。當女人鮮少被列入英雄主義光譜；當女人在戰爭中只能扮演從旁協助和掩護的角色；當人們只期待女人打扮得漂漂亮亮、乖乖聽話、把重活留給男人去幹；當殘疾女人——或男人——往往只能待在家裡過著狹隘而心有不甘的生活；在這樣的背景下，她破天荒地扮演冒險犯難的角色，深入敵後從事偵查、破壞與顛覆的工作，開啟時代先河。一個在悲劇事件中失去左腿的年輕女子掙脫最緊密的束縛，克服了偏見與甚至敵意，幫助同盟國贏得第二次世界大戰，實在令人歎為觀止。而像她這樣一位了不起的女性游擊領袖至今仍鮮為人知，簡直不可思議。

然而，那或許正是維吉尼亞想要的。她躲在暗影中行動，那是她最如魚得水的地方。就連她在法國最親密的盟友，都覺得她似乎沒有家、沒有親人、不隸屬於任何軍團，只有一股想擊潰納粹的熾烈慾望。他們不知道她的真實姓名和國籍，也不知道她是從哪裡冒出來的。她不斷改變外表和舉止，在法國各地神出鬼沒，總是不期而至卻又倏忽消失，戰爭期間始終是個謎一般的人物，某種程度上，戰後依然如此。即便現在，為了追溯她的故事，我花了整整三年到處打探，遍訪倫敦的國家檔案館、里昂的抵抗運動檔案室、上羅亞爾省（Haute-Loire）的空投區、巴黎的司法檔案館，甚至位於蘭利（Langley）的美國中情局總部白色大理石長廊。我的研究引領我熬過九級的安全調查，深入當今美國情報世界的核心。我曾跟英國特種部隊退役隊員以及大西洋兩岸的前任情報官，討論潛入敵區行動的龐大壓力；也曾追查遺失的檔案，發現另外還有一些檔案不翼而飛或下落不明。我曾花好幾天畫圖表，試圖在幾十個代號和她的眾多行動之間配對；花好幾個月尋找那些離奇「消失」的文件留存下來的摘要；花好幾年挖掘已被遺忘的文件或記憶。當然，最傑出的游擊隊領袖不會為了滿足未來的歷史學家，在清晨五點為前一夜的行動留下完美紀錄，而那些確實存在的紀錄，往往零零碎碎或相互矛盾。我盡可能忠於當事人的說法，然而有時候，我感覺維吉尼亞彷彿在跟我玩貓捉老鼠，彷彿她在九泉之下仍像她以前常說的那樣——「不願多談」過去的事。

當整個歐洲從北海到俄羅斯邊境幾乎都在納粹鐵蹄之下，在她的祕密世界裡，信任是承擔不起的奢侈。保持神祕就跟可以藏在身上的柯爾特手槍一樣至關重要。然而在現今這個時代，當世界似乎再度傾向分化與極端主義，她為了追求崇高理想而跨越國界的同志情誼典範，比以往任何時候都更耀眼奪目。

政府也沒有讓填補資訊缺口的工作輕鬆一些。許多相關文件至今仍列為機密——不過，透過兩位前情報官的寶貴協助，我成功爭取將其中幾份文件解密，供本書所用。法國國家檔案館一九七〇年代的一場大火將許多文件付之一炬，為官方說法留下無法填補的漏洞。在華府的美國國家檔案和紀錄管理局，好幾批文件顯然被放錯位置或歸錯了檔，關於這些文件的一份便利清單也顯然在遷館時丟失了。在特別行動處（Special Operations Executive）——維吉尼亞一九四一年到一九四四年間服務的英國情報機構——只有百分之十五的原始文件留存下來。然而，儘管我彷彿在黑夜暗巷中摸索，歷經種種挑戰與波折，但維吉尼亞的故事從來不令人失望：事實一次次證明，她的經歷比我所能想像的更曲折離奇、故事中的人物更生動逼真、這些故事的重要性也更不同凡響。她永遠改變了間諜工作以及女人在戰爭中的角色——同時改變了法國的戰爭進程。

比起許多好萊塢賣座電影的幻想情節，維吉尼亞的敵人更凶殘，她的行動也更險惡。然而，這篇歷險傳奇是個真實故事，而維吉尼亞是個縱使似乎失去一切仍堅持前行的真實英雄。她生活在一個充滿陰謀詭計的無情世界，這個世界或許啟發了伊恩·佛萊明（Ian Fleming）創造出詹姆士·龐德，但她比龐德更有資格被稱為「終極情報員」。除了跟虛構的龐德中校一樣鐵石心腸且足智多謀，她還明白收斂鋒芒、融入人群的必要性，並懂得跟所有人——不論朋友或敵人——保持距離。龐德的大名在國際惡棍圈子當中無人不知無人不曉，她則神不知鬼不覺地穿梭於敵人之間。龐德的交通工具是一輛招搖的奧斯頓馬汀，她則靠火車、電聯車，或者不顧身體的殘缺而徒步行動。佛萊明筆下的人物似乎一路平步青雲，維吉尼亞則得奮力爭取每一分認可與權力。磨難塑造了她的性格，許多顯然遠比她適合這份工作的人都被間諜生活擊垮了，她的性格卻幫助她存活下來，甚至茁壯生長。怪不得現今英國情報機構軍情六處（MI6）的處長表示，他要招攬的是不愛吹噓炫耀、但曾經不得不「為生活奮戰」[2]的人才。

維吉尼亞也是人，也有我們其他人都有的缺點、恐懼和不安全感——說不定比我們還嚴重——但這一切在在幫助她洞悉敵人的心理。她的直覺只失算過一次，導致了災難性後果。不過大部分時間，她克服心中的惡魔，在過程中贏得人們的信任、欽佩，最後更獲得成千上萬人的感激。見過維吉尼亞的人顯然永遠忘不了她。直到一九六〇年代從戰後的中情局崗位退休，她始終是一位超前時代的女性，有許多地方值得我們學習。

女性是否可以在前線與男性並肩作戰，這個問題至今仍引發熱烈爭議，但在將近八十年前，維吉尼亞就已深入敵後指揮一群男人。她以極少數美國人能做到的方式參與了六年歐戰。她一次又一次賭上自己的性命，並非出於對祖國的強烈愛國心，而是因為她熱愛並尊重另一個國家的自由。她炸毀橋梁與隧道、施展詭計、買賣情報，並且和007一樣，擁有一張殺人執照。她從事的是一種非常現代的戰爭形式，建立在心理戰、欺騙與製造內部矛盾——大家如今越來越熟悉的手法——之上。但她的目標很高尚：她想要保護而不是破壞，想要恢復自由而不是奪取自由。她不追求名聲或榮譽，也從來沒有真的被賦與名聲和榮譽。

本書不是法國戰事的軍事紀實，也無意分析諜報型態的轉變或特種部隊的角色演變。不過，這些事情確實為維吉尼亞的故事交織出一個豐富又充滿張力的背景。確切地說，本書企圖敘述的，是一個女人如何切切實實協助扭轉歷史的潮流；逆境、拒絕與痛苦如何轉變成決心以及最終的勝利，力抗影響至今的恐怖衝突時代背景；只要得到機會，女人可以如何跨出傳統女性框架，破除一切刻板印象；而太平歲月裡悲哀地將人拒於門外的機會，又是如何諷刺地因戰爭的危急而敞開了大門。

當然，效力於英國及美國情報機構的維吉尼亞並非自己一個人單打獨鬥。醫生、妓女、農婦、老師、書商和警察等一大群配角也同樣被世人遺忘，卻往往為他們的英勇付出了極大代價。他們為目標所做的一切，一部分是受到崇高的情懷與理想所鼓舞，但他們也明白，萬一失敗或被捕，就意味著在孤獨與悲慘中死去。維吉尼亞和她的情報網是德意志第三帝國幾個大魔頭的眼中釘、肉中刺，他們執迷於除掉她和她協助建立的整起運動，毫不懈怠。然而，在一九四四年，當法國解放的時刻到來，她籌備、訓練且偶爾指揮的地下大軍仍超越了期待，協助盟軍取得最終的全面勝利。不過即便如此，這些對她而言還不足夠。

第一章　夢想

芭芭拉・霍爾太太都盤算好了。她已把自己最小的孩子、唯一的掌上明珠——生於一九〇六年四月六日的維吉尼亞——撫養長大，指望她嫁入豪門。上一世紀，芭芭拉是一名野心勃勃的年輕女秘書，成功嫁給自己的頂頭上司——富有的巴爾的摩銀行家兼戲院老闆愛德華・李・霍爾（小名「奈德」）——再也不願回首從前。她攀上東岸的上流圈子；社會地位的驟升讓她變成了一個「勢利眼」——起碼她自己的家人是這麼說的。畢竟，奈德的父親約翰・霍爾雖然曾在九歲那年駕駛自家帆船逃家出海，但他日後終究娶了一位女繼承人，當上第一國家銀行（First National Bank）的總裁。約翰的弟弟——維吉尼亞的叔公羅伯特——則是馬里蘭高級賽馬俱樂部裡最尊貴的大人物。芭芭拉目睹老一輩霍爾家族過著豪奢的生活——據說他們在巴爾的摩的豪華連棟別墅，通道寬敞得能供馬車和馬匹迴轉——她也想要那樣。然而，奈德沒有能力守住家產，更別提累積財富，芭芭拉的失望顯而易見。如今，霍爾家的排場已大不如前。奈德和芭芭拉在馬里蘭州巴克斯洪恩（Boxhorn）農場的鄉間別墅雖然氣派，卻沒有中央暖氣，還得用幫浦抽取溪水使用。他們在巴爾的摩市中心的公寓雖然雅緻，卻只是租的。嫁入豪門、恢復霍爾家族昔日的社會地位，是維吉尼亞肩上的重責大任。

在維吉尼亞的前半生，芭芭拉看著她被一群年輕的富家子弟追求，心中油然生出做母親的滿足感。她女兒在失去一條腿以前就是這麼魅力十足；維吉尼亞在貴族私立高中羅蘭德公園女校的同學，甚至給她取了「女唐璜」的綽號。她身材高䠷，四肢修長，有一雙閃閃發亮的深栗色眼睛和一副能融化人的笑容（如果她選擇拿笑容當武器），而且異常活潑，對那些夢想馴服她的年輕人，構成難以抗拒的挑戰。不過，維吉尼亞對愛慕者展現的熱情嗤之以鼻，反而抓住每次機會做中性打扮，穿起長褲搭配格子襯衫宣示自己的獨立。「我必須擁有自由，」一九二四年，十八歲的她在畢業紀念冊上宣告，「以及我想要多大就有多大的特許空間。」她鮮少按照母親的遠大計畫說話或行事。

維吉尼亞以反抗傳統為樂。她使用來福槍打獵、剝兔子皮、騎馬時不用馬鞍，有一次甚至戴活蛇編成的手鍊上學。膽大包天的少女「丁娣」（Dindy）——這是家人對她的暱稱——顯然和逃家出海的祖父一樣渴望冒險，即便那意味著吃苦受罪。羅蘭德公園女校堅持在天寒地凍的季節依舊敞開窗戶，女孩們得穿著大衣、戴上手套和帽子上課——對於這種狄更斯式的惡劣生活條件，她似乎絲毫不以為苦。

丁娣形容自己「脾氣暴躁且喜怒無常」[1]，同學們也這樣認為，但那並不妨礙她們認可她的組織能力和首創精神。她們把她視為天生的領袖，推選她擔任學生會長、校刊總編、球隊隊長，甚至「年級先知」。她的哥哥約翰從愛荷華大學化學系畢業後，認命地遵從從他一出生就鋪好的人生道路，回家為父親工作。相較之下，維吉尼亞喜歡探索新的天地，鼓勵同學期待她不按牌理出牌。她被同學們視為全校最「獨樹一幟」的人——她顯然很享受這樣的讚美；她承認自己盡力做到「時時刻刻不負眾望」[2]。如果說奈德縱容她活得如此我行我素，芭芭拉的想法就大不相同了。霍爾太太打定主意要女兒打消探險的念頭，全力爭取有錢丈夫和漂亮房子等更大的獎品。十九歲那年，維吉尼亞乖乖訂婚了，顯然注定和一九二〇年代許多即將成年的大家閨秀一樣，一輩子圈禁在家庭生活裡。

然而，就算那有錢的未婚夫在她母親眼中條件再好，維吉尼亞依然瞧不起他的自以為是和出軌不忠。的確，社會長久以來期望維吉尼亞這樣的年輕「閨秀」在家從父、出嫁從夫，但如今，隨著熱愛獨立的摩登女郎降臨巴爾的摩和其他城市，空氣中瀰漫著一股叛逆氣息。她們是一群新式的年輕女性，打破了禁酒時期的飲酒禁令，還把頭髮剪短、抽菸、隨著爵士樂翩翩起舞，做出種種敗壞門風的事。她們拒絕接受傳統婚姻對女性單方面的束縛，開始積極參與政治，尤其當經過一世紀的抗爭之後，美國女性終於在一九二〇年取得了投票權。維吉尼亞環顧四周：家庭生活令人窒息，但外面的世界似乎提供誘人且全新的自由。於是，她甩了她的未婚夫，令對方當場勃然大怒。（事實證明這是個正確決定，因為據說他後來歷經三段不幸福的婚姻，頻頻出軌。）

維吉尼亞或許遺傳了母親的雄心壯志，但她開始將野心放在發展事業及探索世界，而不是獵獲一個玩世不恭的丈夫，不論對方家世多好。芭芭拉年輕時除了當祕書以外別無選擇；十九世紀末，出身小康家庭的單身女子沒有太多路可選。她想不透女兒為什麼寧可遠赴外地工作，也不想嫁個好人家，一輩子衣食無憂。不過，維吉尼亞小時候全家多次旅遊歐洲的經驗，再加上衣衫畢挺的德國褓姆的影響，激發了維吉尼亞對隻身旅行的嚮往。她在校期間外語學得很好，夢想著有朝一日運用語言能力當上外交官，結識她所說的「有趣」人士，顯然無懼於這項顯貴的職位迄今僅限男性獨享的事實。維吉尼亞決心證明自己能夠在男性世界跟所有人平分秋色，為此，溺愛她的父親（她跟父親異常親密）允許她在接下來七年間，輾轉進入五家名牌大學求學。

她首先在一九二四年前往麻省劍橋市的拉德克利夫女子學院（Radcliffe，如今併入哈佛），但那裡一本正經的氛圍令她感到乏味。一九二五年，她轉學到位於曼哈頓都會區的巴納德學院（Barnard College），就學期間經常到百老匯看戲。不過，趕跑一位追求者後，她意識到自己依然被期待遵循傳統，盡快逮到另一個金龜婿。維吉尼亞沒有找到合適的對象，也沒有在師長心目中留下深刻印象，他們評價她是一個未能參與校園生活或出席體育課的「中等學生」。她最喜歡的科目是法文與數學（討厭拉丁文和神學），但儘管她「表現良好」，各科成績卻多半拿C，最終沒有畢業。她知道自己必須取得大學學位，但此刻她已迫不及待想進入真實世界展開自己的人生。巴納德或許還是太像家了，無法刺激她茁壯成長。

巴黎似乎提供了更開闊的視野，她說服父母相信，只要能出國讀書，她一定會有更好的表現。如同她之前和之後許多富裕的美國東岸人，維吉尼亞將法國首都視為一扇通往自由的優雅大門。每星期都有數百名美國年輕人登上通往歐洲的冠達（Cunard）郵輪，捎回巴黎的時髦女性——所謂「摩登女郎」——如何被允許追求獨立、熱愛運動、做中性打扮，並且隨心所欲地工作和愛的傳言。於是一九二六年，二十歲的維吉尼亞也遷往大西洋另一邊，到巴黎左岸的自由政治學院（École Libre des Sciences Politiques）註冊入學，遠離母親那令人厭煩的失望神色。在所謂瘋狂年月（Années Folles）的巔峰，她拋開美國的禁酒令與種族隔絕，來到多元藝術、文學與音樂蓬勃發展的人文薈萃之地，這地方吸引了諸如費茲傑羅（F. Scott Fitzgerald）、史坦（Gertrude Stein）和海明威（Ernest Hemingway）等作家，以及傳奇黑人舞者約瑟芬·貝克（Josephine Baker；以她在女神遊樂廳〔Folies Bergère〕表演的查爾斯頓舞蹈以及後來投身抵抗運動而家喻戶曉）。在聖日耳曼大道的咖啡館和蒙馬特高地的爵士俱樂部，維吉尼亞遇見了女演員、賽車手、知識分子和政壇新秀。這位來自巴爾的摩的大膽年輕女子抽菸、喝酒，和他們所有人共舞，比起老師教給她的內容，她從這群令人目眩神迷的新朋友身上學到的東西，更令她著迷。在這裡，她終於能盡情做自己。

一九二七年秋天，她轉學到維也納的領事學院（Konsular Akademie）學習語言、經濟學與新聞學，仍維持這種率性的生活方式。和在紐約時不同，在這裡，她輕而易舉地名列前茅，不費吹灰之力就能達到規定成績，還留下許多時間縱情享受這座城市瘋狂的派對活動。高䠷、修長、如今還優雅地穿著歐洲最新時尚的服裝，維吉尼亞吸引了許多男人的目光，尤其是一位經常陪伴她浪漫地漫步多瑙河畔、名叫埃米爾的帥氣波蘭軍官。他愛慕她那無拘無束的心靈，正因如此，他以從來沒有人能做到的方式贏得了她的芳心。但她的父親（似乎受到芭芭拉挑唆）因為埃米爾家世不明而提出反對，也不願意女兒就此定居歐洲，因此阻止兩人繼續交往。通常很有主見的維吉尼亞雖然傷心，仍乖乖聽命於她摯愛的奈德（她總是直呼父親的小名），解除了私訂的婚約。她後來有一段時間仍保留埃米爾的照片，但她的獨立自主也僅止於此。她從未再見到愛人一面，後來才聽說他可能在一九四〇年春天便已離開人世。二戰期間，成千上萬名波蘭軍官被俄羅斯祕密警察冷血屠殺，埋進卡廷（Katyn）森林的萬人塚裡，他很可能是其中一人。

走出心碎之後，維吉尼亞離開歐洲返回家鄉，蛻變成和一九二六年啟程遠颺時截然不同的女人。她帶回來的不僅是一個終於拿到的學位，還有強烈的婦女解放意識。那三年無憂無慮的時光，讓她對法國及其人民賦與她的自由，產生了一份深刻而持久的愛。她熱愛的地方即將經歷種種暴行，促使她冒著生命危險去捍衛她口中的「第二祖國」。她還磨練了她的五種外語能力——最有用的是法語和德語，但她也懂西班牙語、義大利語和俄羅斯語——儘管她從未擺脫拖沓的美國口音。不過，她成了一個歐洲通，熟知歐洲文化、地理——以及最重要的——政治情勢，達到常人不能及的地步。留學維也納時，她見到法西斯組織在血腥的政治動盪期間耀武揚威。越過國界後，她目睹希特勒的國家社會黨因為宣誓將德國置於優先地位而迅速崛起，大獲民心，而他在紐倫堡舉辦的黨代表大會，則成了納粹準軍事力量的大規模展示。在鄰近的義大利，獨裁者墨索里尼早在一九二五年就對民主宣戰，著手打造一個警察國家。就這樣，她親眼見證民族主義的烏雲籠罩整片天空。歐洲的和平以及維吉尼亞迷戀的「美好的巴黎生活」，已然面臨威脅。

一九二九年七月，丁娣回到位於馬里蘭州和巴克斯洪恩農場的家。不久後，華爾街崩盤和繼之而來的大蕭條將僅剩的家產一掃而空。霍爾家的建築和金融事業陷入困境，哥哥約翰丟掉了工作；維吉尼亞此時在華府的喬治華盛頓大學讀研究所，主修法文與經濟學，但愁雲慘霧的大環境似乎影響了她的學習。她時常翹課，但成績已足以報考美國國務院的專業外交人員工作；這依然是她的熾熱夢想。帶著年輕的自信外加語言能力和豐富的學識，她預料自己會順利通過規定的資格考。一千五百位外交官員當中僅有六名女性的事實，理應給了她充分的預警。拒絕來得又快又狠。她告訴她的朋友埃爾布里奇·德布羅（Elbridge Durbrow），國務院高層似乎不歡迎女人跟他們平起平坐，但她拒絕承認失敗，打算「走後門進去」[3]。

在此同時，維吉尼亞努力扶持父親撐過接踵而至的災難；奈德的生意迭遭變故，他既為數千名失業員工的困境發愁，自己也面臨了破產。一九三一年一月二十二日，奈德走出位於巴爾的摩市中心的辦公室，突然心臟病發倒在人行道上，幾小時後撒手人寰。他才五十九歲就與世長辭，對家人而言是一次殘酷的打擊，但或許維吉尼亞所受的打擊最大。他向來寵愛大膽無忌的小丁娣，縱容她沉溺於傳統的男性活動，例如打獵，甚至專門為女兒買了一把槍。現在他走了，大部分的財產也沒了。約翰夫妻為了省錢，帶著兩個孩子搬回巴克斯洪恩農場跟芭芭拉同住，也要求維吉尼亞跟他們一起過著安靜的生活。面對如此令人窒息的安排，維吉尼亞忍受不了太長時間，沒多久就開始找工作。困在家中七個月後，一九三一年八月，維吉尼亞迫不及待前往美國駐華沙大使館擔任辦事員。那份文職工作年薪兩千美元，是一份相當體面的薪水（當時正值美國大蕭條時期，許多家庭僅能勉強餬口，那份薪水比一個中等家庭的家戶所得還高出三分之一）。她終於衝出巴爾的摩的藩籬，擠進國務院的圈子。不過，縱使她學識淵博、志向遠大，她終究從事秘書的工作，跟她母親一樣。

儘管如此，維吉尼亞一上任就讓人眼前一亮。她才華橫溢、積極進取，出色地執行自己的工作——編寫並譯出電報密碼、處理郵件、辦理外交簽證，並在日益緊張的政治情勢中迅速將公文傳回華府。華沙是個生機勃勃的城市，猶太人口高居全歐洲第一，但波蘭（一戰之後才獨立建國的國家）在德國和俄羅斯兩大強權的夾縫中求生，前途未卜。那是個令人迅速成長的時代與地方，維吉尼亞無疑因為懷念她與埃米爾的感情而加深了對波蘭人的同情。密電編碼的訓練，或許也讓她首度窺探撩人的情報世界。無論如何，她覺得自己的豐富學識與閱歷浪費在打字機上頭，於是一年後，她在上司——包括如今成了駐華沙副領事的朋友德布羅——支持下，要求重新參加外交使團的資格考試。她對口試格外有把握，第一次考試就得到滿分，證明自己是個傑出的人選。維吉尼亞知道，面對面交流是她最有說服力、最令人難忘的時候。然而離奇的是，筆試題目始終沒有寄達，導致她錯過申請截止日期。正當她以為自己終於能擠進國務院核心，她再度被推到了邊緣。

七個月後，她沮喪地申請轉調土耳其的士麥那（Smyrna，今天的伊茲密爾）——對於一個熱愛戶外生活的人，這裡是理想的駐地，因為以潟湖與鹽鹼灘作為鵜鶘和紅鶴棲息地而聞名於世的蓋迪茲三角洲（Gediz Delta），就在不遠的地方。她在一九三三年四月就任，立刻發現她的正式職務不比在華沙時高明多少，事實上，士麥那的戰略地位還更無足輕重。然而，就在這麼一個意想不到的地方，一個熱愛冒險而且或許還很天真的年輕女子，被鍛鍊出格外堅毅的性格；在這裡，命運發給她一副牌，改變了她的一生。在這裡——蓋迪茲河注入璀璨愛琴海的地方——發生的事情，將在六年後，改變一個遙遠的國家在世界大戰中的命運。

到任後不久，維吉尼亞就開始呼朋引伴到沼澤地獵捕沙錐鳥。十二月八日星期五黎明時分，天氣爽朗溫和，她帶上心愛的十二毫米口徑霰彈槍——那是已故的父親送給她的——準備好好玩樂一天。那天有許許多多長嘴獵物供他們一行人射擊。雖然沙錐鳥的飛行模式飄忽不定，很難射中牠們的翅膀，但這群志趣相投的獵人依舊興致高昂。維吉尼亞非常好勝，也許是因為她急著率先打到這種善於偽裝的鳥，導致她分散注意力並決定不插上槍枝的保險栓。總之，濕地的蘆葦叢邊有一道鐵絲網，維吉尼亞在翻越鐵絲網時絆了一下。她摔倒了，霰彈槍從肩上滑落，被她長及腳踝的大衣勾住。她伸手拿槍，卻不慎在近距離朝自己的左腳開了一槍。

綢緞般的鮮血慢慢蔓延，染紅周圍這片泥濘三角洲的河水。她陷入昏迷，傷勢嚴重——她射出的霰彈又大顆又堅硬，填滿著如今深深嵌入她左腳的鉛丸。她的朋友一邊著急地把她抬上車、趕回城裡的醫院，一邊手忙腳亂用臨時湊出來的止血帶為她止血。士麥那的醫生火速行動，接下來三星期，她似乎逐漸恢復健康。她的朋友——以及位於華府的國務院總部——得知維吉尼亞一兩個月內就會恢復正常，莫不鬆了一口氣。當地的醫生並不知道，一種致命的病毒已悄悄滲進她的開放性傷口。耶誕節前一兩天，她的病情急速惡化，醫院緊急召來伊斯坦堡美國醫院的院長和兩位美籍護士。當他們搭了二十四小時的火車終於抵達，她的腳已腫大發黑，爛掉的肉開始發臭，一陣陣劇痛折磨她的全身。當時尚未發明抗生素，還沒找到有效的治療方法，維吉尼亞面臨器官衰竭的危險。耶誕節當天，在她的生死關頭，醫生毅然決然鋸掉她膝蓋以下的左腿，為挽救她的性命盡最後努力[4]。她當時二十七歲。

以當年的情況而言，截肢手術相當順利，不過等維吉尼亞甦醒過來，什麼都寬慰不了失去舊日生活帶來的傷痛。駐伊茲密爾的領事發電報給華府，表示「霍爾辦事員」正在「安心養傷」，預計兩、三個星期就會恢復健康，不過恐怕得花更長時間才能重返工作崗位。剛開始的日子，維吉尼亞想像不出任何一種堪能忍受的未來。她的生活被局限在醫院病床上，最慘的是，局限在其他人的憐憫裡。而且，她要如何告訴母親這個壞消息？霍爾太太從不希望她離家那麼遠，而且她已經失去深愛的奈德。鮮血與痛楚的意象有如萬花筒般翻騰旋轉，終其一生，那決定性的一天發生的事情，不斷在維吉尼亞腦中重新上演，讓她一輩子為自己的粗心大意懲罰自己。

美國領事派瑞．喬治（Perry George）發電報給華府，要求派一位資深官員「盡可能委婉」地通知霍爾太太維吉尼亞出了意外。正如維吉尼亞擔心的，芭芭拉聽到關於女兒的這個驚人消息，傷心得肝腸寸斷。不久後，媒體也報導了這起悲劇，但民眾的同情對芭芭拉沒什麼幫助，她擔心自己終將失去最小的孩子，害怕得不知所措。直到一月六日，伊茲密爾才傳來維吉尼亞脫離險境的消息。美國醫生終於返回伊斯坦堡，為自己的病人死裡逃生如釋重負。

過了十一天，警報再度拉響。出現了新的感染，看起來應該是膿毒——一種可能致命的敗血症。當地醫生再度瘋狂地為維吉尼亞的生命奮戰；他們朝她的膝蓋注射某種不明液體，企圖保住它，同時每隔幾小時就打電話諮詢伊斯坦堡的美國醫生。她的病情即便以現代的醫學水準來說仍屬危急，在當時，她的機會非常渺茫。護士每天幫她的殘肢更換浸滿膿血的繃帶，她疼得幾乎難以忍受，心臟經常不受控制地急速跳動。

一天夜裡，由於膿血在全身流竄而神智不清的維吉尼亞，因她後來稱之為「顯靈」的一起事件而乍然甦醒。儘管家鄉的親人遠在千里之外，維吉尼亞的亡父卻出現在她的床頭，帶來一則簡單的訊息。奈德告訴她，她不可以輕言放棄，「活下來是她的責任」，但假如她真的疼得受不了，他會再回來看她。維吉尼亞從來不是一個真正意義上的虔誠信徒，但她真心相信奈德對她傳遞了訊息。他的話深深留在她的心裡，力量強大。多年來，她經常談起奈德如何督促她為生存而戰[5]。就這樣，除了一縷鬼魂，基本上她獨力為自己的生命打了第一場硬仗——但絕非最後一場。她想，如果遇到這樣的大難還能不死，那麼她一定可以承受生命帶來的任何苦難。為了父親，她絕不會讓自己犯下的大錯阻擋了人生的道路。

維吉尼亞確實奇蹟似地挺過難關，美國領事對她關懷備至，每天都來醫院探望，走的時候總為她的毅力感到驚訝。她後來轉到伊斯坦堡一間比較現代的醫院進行復健。在漫長而緩慢的幾星期復原期間，她堅決不願被當成殘廢看待。一九三四年五月，她不顧醫生和上司的勸阻，執意在出院隔天回領事館上班。這是個糟糕的決定。當地醫生僅能供應最簡單且不合身的木頭義肢，她必須靠拐杖行動。在床上躺了幾個月後，哪怕行走最短的距離都讓她筋疲力盡。士麥那無法提供後續的醫療照顧，她的傷口依舊疼得椎心刺骨。有一次，她因為遠離家鄉、覺得自己孤苦伶仃，以致生理及心理狀況瞬間崩潰。「這是我們已預見且試圖避免的狀況，但霍爾小姐並不明白她眼前的處境多麼艱難，」派瑞領事致電華府國務院，「這是一場令所有人都很痛苦的實驗」[6]。

幾天後，維吉尼亞搭上返美的船班，歷經一個月，在六月二十一日抵達紐約。她的家人到碼頭迎接，看著她小心翼翼一瘸一拐地走向他們。她入院接受一連串所謂的「修復手術」，幾乎可以肯定的是，其中包括進一步切掉她的腿以避免食肉菌感染，並安裝新的義肢。儘管以一九三〇年代的標準而言，這條義肢看來相當先進，但它其實非常笨重，並且是靠皮帶和圍著腰部的緊身衣固定位置[7]。一到大熱天，皮帶就會磨破她的皮膚，殘肢也會起水泡流血。連接鋁製腳掌的塗色木腿雖然中空，卻依然重達八磅。光稍微走動就是對耐力的一大考驗，如今，她無疑不可能再度從事自己鍾愛的戶外運動。終其一生，疼痛始終與她長相左右。

夏天住在巴克斯洪恩農場的那幾個月，維吉尼亞重新訓練自己走路，不過她依然得對抗討厭的感染和揮之不去的憂鬱。她喜歡坐在迴廊上，也喜歡幫忙餵羊和餵馬。但是到了一九三四年十一月，重返工作崗位的念頭不斷撩撥她的心。她在歐洲取得了一個新的職位，這次是調派威尼斯。她但願那裡的情況會比土耳其「更好」；土耳其在她心裡留下了痛苦的記憶，她打算永遠不重遊舊地。

她並未要求減輕工作量，也沒有得到任何特殊待遇。唯有當她偶爾發發脾氣，就像一般人面對難以忍受的挫折那樣，才稍微讓旁人看出她的痛苦。她試著以長褲掩蓋自己的殘缺，但疲倦的時候，即便穿著如今不得不穿的平底鞋，她那左右搖擺的步態仍特別顯眼。上下階梯始終是格外艱難的挑戰——因此正如她即將發現的，很少有別的地方比威尼斯更不適合一個剛剛截肢的人。

威尼斯是個步行的城市。維吉尼亞驚恐地凝望城市裡滑溜溜的鵝卵石街道，以及橫跨在一百七十七條運河上的四百座拱橋，其中許多橋都有階梯。她很快想出一個聰明的解決辦法——一艘專屬於她、畫著璀璨金獅的貢多拉將是她的交通工具。忠心的當地人安傑羅負責為她划船，並在

「洶湧的波濤」令她「腳步不穩」時攙扶她[8]。她慢慢練出一套用人的本領，找到那些為她的魅力與流露的勇氣所傾倒、願意費盡心力幫助她渡過逆境的人。

維吉尼亞住進一座歷史悠久的宅邸，從她的陽台，大運河的美景盡收眼底。她又開始招待客人，把霍爾家的精緻瓷器與銀器好好派上用場。起初，在她依然覺得自己或許需要有人幫忙，尤其當她的殘肢在黏膩的威尼斯熱氣下「難受得厲害」時，她邀請母親過來同住幾個月。和焦慮的母親一起生活並不愉快，或許一部分是因為兩人針對維吉尼亞再度遠赴外地工作的決定再次起了爭執。總之，不論這兩個女人多麼真心愛著彼此，芭芭拉似乎再也沒有前往歐洲探望女兒。

儘管面對重重考驗，維吉尼亞再度令美國領事館的上司刮目相看。在那裡，職員負責辦理簽證和護照、送美國遊客回國，並為生意人安排海關事宜。她急著證明自己的價值，很快就開始處理一般交給專業外交人員而非辦事員處理，其他更複雜、更微妙的工作，甚至在副領事外出時暫代他的職務。她發現，保持忙碌是壓制陰暗念頭的最好辦法。領事注意到維吉尼亞很少休假，就連週末也不例外，她絕不允許自己的殘疾對工作造成阻礙。她如今猜想自己一輩子不會結婚，事業變得益發重要，因此她努力觀察時事，隨時掌握最新的政治發展。在她身邊掀起的法西斯熱潮讓她惶惶不安，她渴望參與外交事務阻擋法西斯主義繼續擴張。

那是個失業率高漲、極度貧窮的年代，似乎只有在歐洲各地奪取了政權的獨裁者給人民帶來希望。不久前還被評論家當成笑柄、說他成不了氣候的希特勒，如今當上了德國總理，受到千萬人膜拜；維吉尼亞的東道國義大利在墨索里尼執政下，靠著一群被稱作黑衫軍（squadristi）的惡棍支持，基本上成了一黨專政的法西斯國家；史達林則以殘暴的絕對命令統治俄羅斯。極端主義（不論極左或極右）似乎在各地推進，藏在政治宣傳、大量標語和專橫的媒體操作裡。

在後來被稱為謊言十年的年代，真相與信任淪為恐懼、種族主義與仇恨的犧牲品。維吉尼亞親眼見證日益脆弱的民主理念對現況束手無策，因而失去了民心。她的祖國是個罕見的例外，羅斯福總統的新政提供了緊急紓困方案，並透過大型公共建設計畫創造出薪資優渥的工作。維吉尼亞自然是羅斯福的支持者，在巴納德念書時，她也曾師從羅斯福的首席顧問——雷蒙．莫利（Raymond Moley）教授。但令她沮喪的是，美國仍小心翼翼避免捲入在它看來永無止境的歐洲紛爭當中，因此選擇對世界其他地方的險惡發展視而不見。在這樣的全球背景之下，儘管她置身富麗堂皇的環境，感覺起來，威尼斯的文職工作無關痛癢，簡直令人窒息。

一九三六年年底，維吉尼亞決定再度嘗試申請成為外交人員。基於她五年國務院職員的海外經驗，她已不再需要筆試，一次面試便已足夠。她深信這次終於能充分發揮自己的優勢，於是在一九三七年一月，她帶著威尼斯上司的祝福以及樂觀的心態搭船回到美國，著手申請工作。如今三十歲的維吉尼亞曾在三個不同的使館任職，深諳地方政治情勢，可以提供很大的貢獻。但她的申請立刻被打了回票，這一次引用的是一條禁止截肢者從事外交工作的冷僻規則。她一開始以為這不過是一時的阻礙，因此要求與國務院人員展開一連串會談，證明她的工作絕對不會受到影響。那是一次勇敢卻注定失敗的嘗試，她心灰意冷地回到威尼斯，心裡越來越瞧不起各種規章制度和它們的執行者。

國務卿科德爾．赫爾（Cordell Hull）親自簽書這項定案，但維吉尼亞的支持者——許多和霍爾家族一樣堅定的民主黨人——不願意毫不抗爭就輕易接受這樣的處置。幾位有力的家族友人頻繁聯繫，幾個月後，他們其中一人——豪斯上校——自告奮勇去遊說他在白宮橢圓辦公室裡的老朋友。他告訴羅斯福，維吉尼亞是個「才智過人的淑女」，可以「為我國爭光」，卻受到「不公平待遇」。儘管身上有傷，她仍然過著活躍的生活，包括划船、游泳和騎馬，「工作從不落於人後」，但她卻被告知永遠無法進入外交使團。一九三八年二月四日，羅斯福要求赫爾說明情況，後者似乎因為有人特地為她遊說而感到不滿。赫爾告訴總統，維吉尼亞的殘疾限制了她的表現，她無法應付外交工作的要求。赫爾顯然對威尼斯領事館傳來的輝煌報告視若無睹。他同意維吉尼亞或許能成為一位「優秀的職業女性」[9]，但僅限於辦事員層級。羅斯福本人曾克服小兒麻痺症造成的半身不遂，登上了至高無上的職位。然而諷刺的是，他看不出有任何理由繼續追究這件事情。

彷彿刻意對她的冒犯施以薄懲，不久後，高層不顧維吉尼亞的意願，命令她離開威尼斯，前往塔林的美國大使館報到。這座遙遠的城市，是愛沙尼亞（一個越來越極權的波羅的海國家）首都。當她要求過境巴黎——只繞了一小段路——以便為她的義肢進行緊急修復，卻被冷冰冰地告知路費不得報銷公款。同樣羞辱人的是，她在威尼斯的繼任者——一名男性——竟被賦與副領事的級別和較高的薪水。日益桀傲不馴的維吉尼亞決定自行前往法國首都跟老朋友敘舊，不辱自己的叛逆名聲。

在巴黎，沒有幾個人知道她曾遭遇意外，即便他們納悶她為什麼在春光明媚的時節仍穿著厚重的褲襪。他們當然不知道這條特殊的襪子有助於掩飾假腿，並為她的殘肢提供緩衝，盡可能舒緩疼痛、避免流血。儘管維吉尼亞自稱聖公會教徒，但她的母系家族其實源於有禁慾傳統的德裔賓州人——早期德國殖民者的後裔，與阿米希教派頗有淵源。她從小被教育絕不談論金錢、感覺或健康，並且對人有所保留。因此，她自然而然對自己的問題——和祕密——守口如瓶。她或許沒有嫁給一個冷漠的丈夫，但另一種形式的無聲痛苦，如今成了生活的一部分。

維吉尼亞在六月底抵達塔林，開始投入這份年薪兩千元的工作，七年來從未加薪。不過，愛沙尼亞廣袤的原始森林提供的豐富獵物是一大補償，維吉尼亞抓緊時間取得雷鳥、松雞和野雞的狩獵執照。儘管在沼澤地步履維艱，她打定主意不讓那起意外剝奪她打獵的樂趣。然而，低層級的工作令她厭煩。在歐洲瘋狂奔向戰爭之際，她只負責接接電話、把文件歸檔，然後驚愕地看著一九三八年九月英國首相張伯倫與希特勒在慕尼黑會面，暢談「屬於我們這個時代的和平」。維吉尼亞發現愛沙尼亞的情況和歐洲其他地方大同小異：民族主義熱潮也在那裡掀起了燎原之勢。政黨被禁、媒體受到審查、有外國發音之嫌的名字還原成愛沙尼亞語。維吉尼亞對未來憂心忡忡，既然毫無晉升機會，又被當成無足輕重的殘廢女人關在小房間裡，她索性在一九三九年三月從國務院辭職。儘管一開始充滿雄心壯志，但是到頭來，她的事業並不比她一度鄙視的傳統婚姻更可靠或更有價值。

在法西斯主義的陰影下生活七年後，她決定替美國報社撰稿，揭露她看到的「不實想法」、「腐敗」和「可怕的欺騙」，為喚醒祖國民眾盡更大的力量。的確，她曾在維也納的領事學院修新聞學，但寫作從來不是她的強項。撰稿工作是否成功、她的意見是否被聽到了，這一點不得而知。我找不到她在這段時期發表的文章，但她的護照證明她在塔林多停留了幾個月。老實說，她本來就不可能長時間甘於寫作。她想要行動，而不僅僅是報導而已。她如何突破生活的限制，進行真正有意義的事？她如何擊潰依然纏住她不放的憂鬱，證明自己的死裡逃生有其道理？

一九三九年九月一日，德國突然入侵波蘭，發動一場殘暴的攻擊。兩天後，英國與法國雙雙對德國宣戰。眾所周知，愛沙尼亞的鄰國俄羅斯也同樣抱著擴張版圖的野心。十月底，維吉尼亞決定趁還來得及趕搭最後一班開往倫敦的船。無論如何，她這時已另有打算。她準備投筆從戎，到英軍的女子輔助服務團（Auxiliary Territorial Service）擔任志工——不過當她到了募兵處，中士朝她的護照瞄了一眼，立刻表示他們不歡迎外國人。又一次慘遭拒絕。

面臨這樣的處境，大多數人可能選擇放棄，回到美國過安穩的生活——但對維吉尼亞來說，這麼做無異於承認失敗，絕對不予考慮。她回到巴黎，靠著堅韌的毅力，終於找到一個可以讓她積極對抗法西斯主義的角色。一九四〇年二月，她報名加入法軍第九砲兵團，擔任衛生勤務隊的救護車駕駛員。為了避免衝突，她刻意向母親隱瞞。她沒有醫療技能，但確實擁有駕照，而這項勤務是軍方少數開放給女性志願者——以及外國人——的工作。令她開心的是，他們立刻收下她（也許沒有注意到她的殘疾），並上了一堂密集的急救課程。她終於得到施展身手的機會。

上完培訓課程，五月六日，維吉尼亞前往法國東北邊境城市梅斯（Metz）的近郊報到，離德軍照理無法逾越的馬奇諾防線不遠。在後來被稱作「假戰」的最後一段日子裡，情勢平靜無波，士兵們無所事事，槍械也被閒置一旁。她趁此機會盡可能委婉地告訴芭芭拉她換了一份工作，並向母親保證，儘管她「疲倦且暴躁」，但她住在一間農舍裡「受到妥善照顧」，而且「有許多美食可吃」[10]。她的母親沒那麼好騙。當《巴爾的摩太陽報》（*Baltimore Sun*）的記者為一篇標題為〈馬里蘭女郎為法軍駕駛救護車〉[11]的報導進行採訪，芭芭拉告訴記者，維吉尼亞的話「雖然出自善意，卻安慰不了我，因為照她的個性，她總是報喜不報憂」。她問自己，她的女兒為什麼逃離舒適的家，奔向更艱苦、更多硝煙、更恐怖的生活？

在那之後，維吉尼亞有好長一段時間再也沒有傳來消息。五月十日，德軍發動一次致命攻擊。他們繞過整條馬奇諾防線，穿越毫不設防的比利時阿登山區，一舉攻進法國。幾個師的裝甲部隊衝過邊境，把一群志得意滿的法國老將軍殺得措手不及，擊潰了毫無準備的法軍。維吉尼亞從救護車上看到潰逃的士兵。法國人固守一種過時的防禦心態，整日坐在圍牆背後，靠信鴿傳遞訊息。納粹部隊以令人聞風喪膽的速度、火焰噴射器和一波又一波閃電般的轟炸展開猛烈攻擊，他們根本無力抵抗。年長的法國菁英分子玩忽職守——甚至貪腐——讓一個世界強權在短短六周內國破家亡。正如當時的一名法國愛國分子所言，政客與軍方以「堅不可摧的幻象」愚弄人民，一受到德軍考驗，立刻證實是一場「不法的欺騙」[12]。官方的傳單一再吹噓：「我們將贏得戰爭，因為我們是最強大的！」法國政府和軍方高層從沒有設想潰不成軍的可能性，直到它成為事實。

十幾天後，法國與比利時的殘餘部隊連同大批英軍被德軍切斷後路，在敦克爾克的海灘上等待撤離。似乎已沒有任何事情能阻擋希特勒橫掃全歐洲。維吉尼亞驚愕地目睹同單位絕大多數救護車駕駛員驚慌失措，棄倒地垂死的傷兵於不顧。不過話說回來，許多軍官——以及市長和議員等文官——也同樣丟下自己的責任，溜之大吉。就連法國政府都在六月十日棄守首都，撤退到南方的波爾多（Bordeaux），但那裡沒多久也在混亂中被攻陷了。

四天後的黎明，當德軍穿越文森門（Porte de Vincennes）暢行無阻地湧入巴黎，維吉尼亞已上路前往羅亞爾河河谷的瓦朗賽（Valençay），深入法國中心地帶。她聽說這裡有一位意志堅定的法軍上校還在搜尋傷兵，並開車把他們送到兩百英里外的首都就醫。由於部隊四處潰散，他亟需幫助，維吉尼亞應召而來。接連幾星期，她接力將傷兵送往巴黎，然後前往插了巨大卍字旗的莫里斯飯店，向剛剛在那裡設據點的納粹當局申請油票和通行證。她發現身為名義上中立的美國人，她比一同工作的法國人擁有更大的自由。一個想法開始在她腦中萌芽。

新上任的法國領袖、強硬右派的菲立普．貝當元帥（Philippe Pétain）已取得政權，六月二十二日在貢比涅（Compiègne）的火車車廂上跟希特勒簽訂停戰協議，意味他的國家向納粹投降。幾天後，維吉尼亞正式退役。在這團混亂中，她至少可以投奔學生時期的一位老友，後者住在巴黎的布勒特伊大街。她曾在路上遭遇戰火洗禮，但在首都，嚴格的宵禁、報復性殺戮，以及頭幾批的圍捕令她深感不安。她也譴責法國當局與納粹串通一氣，換取擺明要付出代價的和平。為住在巴黎頂級飯店的納粹提供保護的，是法國的警察；允許德軍在他們的領土上興建集中營、囚禁成千上萬的同胞的，也是法國人自己。

維吉尼亞知道，她最想做的事，莫過於幫助她熱愛的法國抵制統治者的不作為、起身為恢復自由而戰鬥。唯有這件事能帶給她長久渴望的使命感，讓她走出最黑暗的念頭。她深信法國的重振指日可待，與此同時，她會回到倫敦靜待發展。英國如今獨力對抗希特勒，但如果沒有外援，它還能支撐多久？令維吉尼亞沮喪的是，美國拒絕跟舊日的盟友並肩作戰——國會不同意讓美國人跑到遙遠的大陸為一場無關國家利益的戰爭犧牲生命，尤其因為上一場歐戰才剛剛結束不久。社會輿論、甚至大學校園一面倒地反對與英國結盟，拒絕參與再次上演的德法衝突。但維吉尼亞曾親眼目睹法西斯的真實面目，祖國的孤立主義阻止不了她以自己的力量加入戰爭。哪怕外交工作關上了大門，總有其他方式可以讓維吉尼亞在眼中這場真理與暴政之戰中證明自己的價值。她必須找到辦法。

第二章　時候到了

一九四〇年八月底，一個烈日當空的大熱天，英國地下情報員喬治・貝洛斯（George Bellows）正在塵土飛揚的西班牙邊境城市伊倫（Irun）工作，留神觀察車站裡來來去去、行色匆匆的人們。西班牙當時正由另一個法西斯獨裁者——弗朗西斯科・佛朗哥將軍——統治，雖然官方持中立立場，但到處是納粹眼線。每天都有數百名甚至數千名難民從法國邊境湧入，其中或許有人能針對第三帝國鐵蹄下的情勢提供關鍵消息。自從希特勒入侵和敦克爾克大撤退以來，英國情報單位已幾乎和距離最近的歐陸鄰國斷了所有聯繫。一度遍布法國的情報員若非已經逃離，就是被殺，或者被判定不值得信任。儘管納粹似乎隨時可能大舉越過英吉利海峽侵略英國，但倫敦只能依靠空中偵察或中立的外交人員和記者提供粗略報告，設法查明希特勒和他的盟友在打什麼算盤。英國正在為國家的生死存亡而奮戰，但只能在幾乎盲目的情況下進行。

貝洛斯的目光被一位迷人的美國女郎吸引；她正在售票窗口問問題，頭頂上方，希特勒、墨索里尼和佛朗哥的大型肖像橫幅投下了邪惡的凝視。他好奇地靠上前，找個話題跟這位剛剛從法國抵達、想搭火車去葡萄牙，然後坐船到英國的年輕女郎搭訕。他自稱是一名推銷員，熟知戰時的交通難題，可以幫助她安排路線。兩人聊著聊著，維吉尼亞向這位友善的同伴說起她那不尋常的經歷（不過照例有所保留）。貝洛斯聽到她如何在戰火下駕駛戰地救護車、如何由於無法忍受向納粹德國投降的恥辱而獨自走過大半個法國，以及如何穿越有重兵駐守、大致沿著羅亞爾河將法國一分為二的停戰分界線。她就事論事地詳述南方（即所謂「自由區」或「非占領區」）的情勢如何急速惡化；這塊地區名義上是由維琪政府統治，主政者是未經選舉、自行上任的貝當元帥。占領區（涵蓋法國北部與西部）已由進駐巴黎的德軍直接控制；她憤怒地描述宵禁、食物短缺、大規模逮捕，以及雷諾汽車工廠的員工由於抗議工作環境不良而在牆邊遭集體槍決的事件。

貝洛斯聽著她鋒利而激切的言論，越來越佩服維吉尼亞在戰火下的勇氣、觀察力，以及最重要的，她想幫助法國反擊的強烈欲望。憑著對直覺的信任，他做出人生中最重要的一個決定——一個為盟軍最終在法國取得勝利重新燃起希望的決定。和維吉尼亞告別時，他在她手中塞了一位倫敦「友人」的電話號碼，這位友人可以幫助維吉尼亞找到有意義的新角色；貝洛斯勸她一到倫敦就打電話給他。就算美國國務院不懂得欣賞她，貝洛斯知道他剛剛遇見了一個非比尋常的人才[1]。

貝洛斯並沒有透露任何消息，但從她申請的簽證來看，維吉尼亞似乎認為到了英國之後，她極有可能重操駕駛救護車的舊業。事實上，那個號碼的主人是尼可拉斯・薄丁頓（Nicolas Bodington），他任職於一個新成立且備受爭議的英國情報機構，是獨立運作的法國科（或稱F科）的高階人員。成立特別行動處的決定於一九四〇年七月十九日通過，正是希特勒在柏林國會大廈前得意洋洋地發表演說、吹噓戰績的同一天。為了回應希特勒，邱吉爾親自下令特別行動處展開史無前例的破壞、顛覆與偵查行動，在各地搧風點火，「讓歐洲熱烈燃燒起來」。他希望特別行動處的幹員——事實上更像特種部隊而不是情報人員——想辦法點燃抵抗的火焰，向法國和其他被征服的國家證明他們並不孤單，協助他們起身對抗納粹占領者。透過一種新型（仍有待定義與檢驗）的非正規戰爭，他們需要為英軍重返歐洲大陸的那遙遠一天做好準備。若說這種新型態的第五縱隊（fifth columnists）準軍事力量違反了有關國際衝突的昆斯伯里規則（Queensberry Rules，有關競爭雙方的行為、階級與制服等規範），那也是被納粹所迫，他們別無選擇。

邱吉爾認為，特別行動處的成員必須具備大無畏的勇氣，願意為了追求崇高目標而赴湯蹈火。但是不難想像，要找到智勇雙全的人祕密潛入法國，隻身行動，就算出了差錯也沒有援手，是特別行動處的一大難題。沒有人想過派女人執行這項近乎自殺式的行動。然而貝洛斯相信，他在伊倫車站邂逅的這名美國女郎，有可能正是特別行動處需要的人才。

不過，維吉尼亞沒多久就把那個電話號碼忘得一乾二淨，因為她反常地改變了心意。九月一日抵達倫敦後，她不願再讓母親為她擔驚受怕，或許也開始懷疑自己是否真的能發揮什麼用處。

她前往美國駐倫敦大使館，以國務院前任員工的身分，詢問對方能否在她等待返國期間給她一份臨時工作。維吉尼亞一開始並未受到歡迎，畢竟她曾拋棄自己的公職。的確，她掌握的法國最新訊息非常寶貴，她也殷勤地寫了一份鉅細靡遺的報告，詳細說明宵禁、食物短缺，以及她認為「除了妓女，法國人仍努力維持尊嚴」等現象：她認為法國妓女厚顏無恥地勾搭上了德國人[2]。然而，國務院更看重她的語言與打字能力。使館的武官需要一名秘書。不到兩星期，她再度坐到打字機後頭。

一星期一星期慢慢過去，在德軍猛烈轟炸倫敦之際，她幾乎夜夜不能成眠。霍爾太太督促女兒盡快回國，耶誕節前夕，維吉尼亞答應去訂票，她以為身為國務院的前任職員，理應可以得到一張返美船票。不，人家告訴她，太遲了。她已離職超過一年，失去買公務票的資格，而在戰爭時期，其他交通管道全都受阻，無法通行。就這樣意外困在倫敦，她挖出之前在伊倫拿到的電話號碼。曾擔任路透社巴黎特派員的尼可拉斯．薄丁頓接了電話，邀請她在新年之初，前來跟他和他的美國妻子伊麗莎白共進晚餐。他們住在梅菲爾區查爾斯街二十號的一棟時髦白色灰泥房屋，離維吉尼亞的落腳處不遠。

雖然圓框眼鏡為薄丁頓添了一絲學者氣質，但他的行事風格略嫌拖沓，甚至備受爭議，尤其因有欠圓融而出名。不過，那個嚴寒的冬夜，在遮光窗簾後頭，他展現出自己最長袖善舞的一面，並且升起了火爐，擺出戰時所能允許的精美大餐，盡力讓維吉尼亞賓至如歸。她對東道主真正的戰時工作一無所知——也不知道他正為F科努力了六個月之後，仍無法讓任何一位情報員成功潛入法國而氣惱——但她沒多久就開始談起自己的計劃，吸引了他的注意。如今既然無法回到美國，她打算再度前往法國。她快活地暢談她的旅行，彷彿是要出門度假，而且似乎無懼於任何危險或阻撓。她詳細說明自己如何做好了全盤計劃，包括她打算如何逼迫國務院的熟人加速辦理她的簽證。路線也安排好了；她準備從西班牙北部的巴塞隆納搭火車穿越邊境進入法國蔚藍海岸地區，佯裝幫忙救濟貴格教派的難民，趁機為家鄉的報社撰寫報導。畢竟，正如她享用完大餐後對興高采烈的主人指出的，身為照理中立的美國人，她可以大大方方進入法國四處旅遊。

隔天一大早，一九四一年一月十五日，薄丁頓急急忙忙趕到貝克街六十四號的特別行動處絕密辦公室（這條路正巧因為虛構的偵探夏洛克・福爾摩斯住在這裡而名聞遐邇）[3]。他搭乘出了名搖晃的電梯到五樓，相當激動地口述一份緊急報告，交給行動處內部人稱「F」的頂頭上司。「我認為這位來自巴爾的摩的女士，」他告訴F，「可能非常適合這項任務，我們可以促成她的行程，贊助她的旅費，換取她為我們提供服務」[4]。如今特別行動處面臨以行動證明其存在價值的巨大壓力，薄丁頓越思考琢磨，越覺得維吉尼亞是特別行動處不可多得的機會。她是美國人，所以不必設法祕密登陸或空降；截至目前為止，這類艱巨的滲透方法已證明屢屢失敗。她帶有腔調的法語也不成問題，因為她可以用美國記者的身分做掩護，如此一來，也可以說明她為什麼需要四處旅行打探消息。

薄丁頓對這個想法的價值深信不疑，因此逕自通知軍情五處（ＭＩ５；英國國內的反情報與國家安全機構）的史壯上校對她進行積極審查——一項被稱為「身家調查」的嚴格甄別程序。身家調查的內容，甚至涉及和各式各樣不良分子、堆得像山一樣高的檔案進行交叉比對，尋找與德國有聯繫的任何蛛絲馬跡。那是一個曠日費時的過程，但F很快就同意維吉尼亞是絕佳人選，他們不能再等了。遠在她的「清白」判決於二月十七日出爐以前，維吉尼亞就已受到延攬。這一次可不是任何人心裡猜想的打字工作。

幸運的是，維吉尼亞從來不為錢而工作，因為一年五百英鎊的酬勞，跟她閒坐在國務院辦公桌前的薪水相去無幾。維吉尼亞原本過著她自認沒有出路的生活，陷入一份沒有出路的工作，如今，熱愛冒險的她，怎麼抗拒得了潛入法國擔任祕密聯絡官（A級別）的誘惑？她將是F科的第一位女性幹員，也是包括男性和女性在內的第一位聯絡官。她的任務是在當地抵抗領袖與未來的特別行動處幹員之間進行協調。長久以來，她的才華始終不被器重；這項任命無疑是對她的一次莫大認同。一九四一年四月一日，她再度從國務院辭職，開始為沒有人說得清楚工作內容的祕密任務作準備。

逐漸明確的是，特別行動處這種新的、極度「不光明磊落」的作戰部門，可以從愛爾蘭民兵組織對英國發動的恐怖攻擊學到很多。在一九一九年到一九二一年的英愛戰爭中，英國見證了正規軍隊如何被一群有敵意的人民擊潰，而人民的意志，又是如何因為幾名果敢的槍手而益發堅定。如今，特別行動處的幹員被期許效法愛爾蘭恐怖組織的領袖——鼓舞、控制並協助法國人在時機成熟時起身對抗入侵者，並且毫不留情地除掉任何一個阻礙行動的絆腳石。不過，特別行動處首先得完成大量準備工作，否則毫無希望激起堪稱另一場法國大革命的抵抗運動。

顯然不可能大張旗鼓為這種顛覆性的工作招兵買馬——政府從未公開談論特別行動處，若被問起，必定會否認它的存在。傳統上，英國情報機構都是從同一個小圈子——聽著帝國冒險故事長大的上流社會男孩——中挑選人才；但這種血統重於才智的態度，很難跟德意志第三帝國的殘忍手段匹敵。軍情六處的幹員習慣靜靜蟄伏，耐心蒐集情報，避免任何正面行動。特別行動處的情報人員就不同了。的確，他們會默默觀察，但也會招募和訓練游擊力量來進行煽動、散播謠言，以及最終的殺人與破壞。正如一位間諜小說作家所言：假如軍情六處的幹員看見敵軍正在過橋，他們會從遠處觀察，估計敵軍的人數，而特別行動處的人則會索性炸橋。老派間諜看不慣這種被他們視為「高級戰略、低級戰術」的做法——曾經先後為特別行動處貼上「業餘」、「魯莽」和「冒牌貨」的標籤——並且從一開始就設法阻撓特別行動處的發展。

邱吉爾指派個性好鬥的工黨大臣休．道爾頓（Hugh Dalton）執掌特別行動處。不難想像，道爾頓發現要找到能夠「堅決保密」、具有「極度熱忱」[5]，並且能打破成規的新血，簡直難如登天。必須把那些念念不忘所謂「道德標準」的鐵桿軍人排除在外。事實上，絕大多數政府官員都得敬而遠之。例如，一名內閣成員就曾拒絕有虔誠宗教信仰的外務大臣哈利法克斯伯爵（Lord

Halifax）參加特別行動處會議，因為他不是「當幫派分子」的料[6]。

這就是英國當時的處境：在準備應付德國入侵之際，邱吉爾本人將最高希望寄託於特別行動處。其他人也視其為一種富有想像力、甚至孤注一擲的另類作戰模式，有別於一次世界大戰的「前線苦戰」。在英國竭盡全力打造有朝一日重返歐陸所需的武力之際，特別行動處或許能運用計謀與勇氣，幫忙瓦解納粹的力量。而且，雖然沒有人能預測反攻之日，但大軍登陸地點肯定是在法國（距離最近也最大的西歐國家），使得法國成了西半球的關鍵戰場。然而，迄今仍沒有一套詳盡計畫或經過驗證的辦法能煽起法國的抵抗運動。維吉尼亞加入的是一個還不被任何人放在眼裡的情報單位，早期的行動屢屢失敗。一艘載著三名情報員前往法國北部海岸的船，在撞見德國船隊後鎩羽而歸。另一名情報員搭上飛機準備空降，最後卻臨陣畏縮，拒絕跳下飛機。大部分新進人員甚至走不到那一步，他們一得知任務內容就嚇得打退堂鼓；還有一些人則是被發現精神不正常或素質不良，最後被逐出門外。即便在倫敦，F科總共只有八個人，整個特別行動處也只有區區十條電話線。

從各方面來看，這都是一場豪賭。縱使維吉尼亞能夠安全進入法國，這位來自巴爾的摩的辦事員真的有本事完成任務？是否真有希望創造一個自由法國？或者，抵抗運動只是一個虛幻的神話？更早以前，道爾頓曾信誓旦旦地說，到了一九四〇年底，被德國人蹂躪的「奴役之地」就會起身反抗，導致納粹的占領「像春天的雪一般融化消失」[7]。當然，他所說的情況並沒有發生。

例如，一位著名的法國愛國人士歷經三個月努力奔走，最後只號召不到五個人成立新的抵抗組織。那麼，法國究竟有沒有人支持英國繼續戰鬥？法國人民是否可以轉變成有效的準軍事力量，幫助英國對抗法西斯主義？或者，他們是否淪為第三帝國的奴僕，成了英國的敵人？聽命於英國的情報員，是否能在法國存活夠長時間、把情報傳回英國？對於這些問題，特別行動處完全沒有答案。

特別行動處的第一線行動無疑非常嚇人。太多人因難而退，特別行動處後來不得不設立一間「冷藏庫」——一棟位於蘇格蘭荒原的偏僻鄉村別墅——把半途而廢的人關起來，直到他們從特別行動處得到的訊息不再有用為止。一九四一年七月，F科只有十人還在受訓——維吉尼亞是其中唯一的女性，也是唯一的殘疾人士。

不過，維吉尼亞的檔案從未提及她的義肢。特別行動處似乎絲毫不以為意。從她在法國駕駛戰地救護車的經驗，她的上級已經知道她會開車。當她被問到會不會騎馬、駕船、射擊、爬山、滑雪或騎自行車，她一律回答會、會、會、會、會、會。的確，她承認她不會打鬥，也沒辦法跑步——這是攸關情報人員生死的生存技能[8]。但對維吉尼亞來說，這項任務是她自出事以來，首次不被那起意外局限的事。她絕不輕言放棄。

然而，一連串令人氣餒的事件導致她的行程一延再延。彷彿即便現在，美國國務院仍故意拖她的後腿（國務院當然不知道她前往法國的真實原因）；他們以「無法給與霍爾小姐任何特殊協助」[9]為由，不允許倫敦大使館加速辦理她的簽證。國務院官員不願意在內部拔擢她，似乎也不情願放她到別的地方開闢自己的道路。也許在某個檔案中，她的名字曾被標註記號，顯示她在報考外交人員時曾要求特殊待遇。

與此同時，一九四一年五月，特別行動處終於成功空降兩名情報人員潛入法國，兩人都是法國人。有貴族血統的皮耶・德沃梅庫（Pierre de Vomécourt，化名「盧卡斯」）是特別行動處的第一個小組召集人，喬治・貝格（Georges Bégué）則是第一個無線電發報員，因此也是特別行動處與法國的唯一直接聯繫（無線電發報員負責傳送情報與接收指令，扮演至關緊要的角色）。兩人日後各以不同方式成了傑出的幹員，但是光靠他們自己，很難掌握全法國廣達二十五萬平方英里的疆域。他們空前迫切需要維吉尼亞加入，但是此刻，她的記者掩護身分出了一點問題。特別行動處曾透過中間人接洽美國《PM》雜誌的老闆羅夫・英格索（Ralph Ingersoll），請他聘用維吉尼亞擔任特約記者。「我們要求霍爾小姐做的，無非睜大眼睛和張開雙耳」[10]，他們如此告訴英格索；他拒絕了。相較之下，特別行動處跟《紐約郵報》發行人、「極度親切」的喬治・拜克爾（George Backer）打交道的過程就順利多了；後者同意安排維吉尼亞當他的特派通訊員。拜克爾「顯然很清楚」特別行動處的「背後動機」[11]，但他懂得裝傻，一名開心的特別行動處人員向總部如此報告。

一如維吉尼亞此生的命運，前方還有更多障礙需要克服。邱吉爾的內閣禁止女人參加任何形式的前線工作。政府的法務顧問表示，一旦被捕，女人的處境特別危險，因為她們不屬於戰鬥人員，不受國際戰爭法保護。特別行動處內部也普遍存在老派的態度。對於女人從事譯電員、打字員和聯絡員等支援角色以外的任何任務，每個階層都出現「相當程度的敵意」[12]。另外，維吉尼亞是美國人，她可以信任嗎？英國情報單位一般只任用英國公民。在珍珠港事件之前，她的祖國並沒有跟德國打仗，美國跟維琪政府的關係也密切得可疑，而維琪政府則對英國極不友善。「我跟CD（特別行動處處長）以及各相關科別提過這個問題，我不認為她可以勝任情報員的工作」[13]，一名資深的國安人員在她加入特別行動處幾天後如此表示。看來，如今只有她的殘疾沒有成為人們反對她的理由。

到最後，維吉尼亞的支持者成功說服持懷疑態度的人，只要效忠於反納粹的目標和英國的作戰行動，新進人員的國籍並不重要。特別行動處無可避免將成為一個跨越國籍的組織，不容存在任何形式的民族主義。而且，他們如此迫切需要派遣情報人員潛入法國，既然合適人選屈指可數，當中有個女人的事實也只能忽略不計。事實上，陷入絕境的特別行動處決定，「只要有助於打敗納粹」，它必須準備好，「與任何男人、女人或機構合作，不論對方屬於羅馬天主教或共濟會、托洛斯基派或自由派、工團主義者或資本主義者、理性主義者或沙文主義者、激進派或保守派、史達林信徒或無政府主義者、異教徒或猶太人」[14]。

於是特別行動處的急迫成了維吉尼亞的突破點。特別行動處以他們道地的行事風格把規則手冊（如果真有的話）丟到一邊，確認維吉尼亞的任務是「在維琪法國從事聯絡與情報蒐集工作」——不過她沒有被授予相稱的軍銜，這在特別行動處幾乎是絕無僅有的個案，或許是因為殘疾會阻礙她通過行前體檢。這項疏忽導致她在接下來的戰爭期間備受困擾，但是此刻，沒有軍銜的霍爾小姐奉命蒐集關於行動地區的廣泛情報，並協助比她晚進入法國的情報人員。現在，特別行動處終於可以對她展開所謂的「特殊」訓練。

儘管她的工作內容範圍廣泛，但培訓課程卻非常馬虎，跟後進情報人員受到的大量訓練相去甚遠。她被關進伯恩茅斯北部新森林區深處，一棟戒備森嚴的現代化房屋，幾天的時間裡，她學會了有關編寫密碼以及情報作戰與安全的基本知識——如何散播親英的文宣、如何在第一線使用化名與代號，還有在執行「不符合常理且非比尋常」的任務時，「看起來稀鬆平常的重要性」[15]。那幾天從早上六點開始訓練直至入夜，她學會了如何察覺有人盯哨（看鏡子），以及如何擺脫跟蹤（原路折返）；她得知何時應該更改地址、如何製作隱形墨水（尿液遇熱後會清晰地浮現），甚至如何隱藏她的個性（透過改變獨特的笑聲、手勢或舉止）。她被傳授如何將微縮影片文件（相當於九張信紙大小）塞入微型容器，藏進她的鼻腔或直腸——或者，如她發現的那樣，藏到金屬鞋跟的一個小洞裡。她學會如何不留痕跡地快速翻閱檔案或翻找桌面，甚至把灰塵鋪回光滑的平面，也學會如何無聲無息地接近有人看守的房子。一名已金盆洗手的竊賊前來示範撬鎖的方法。穿著德軍制服的人員模擬蓋世太保審訊的標準程序，三更半夜用槍托和強光叫醒她，對她咆哮，「滾出去，你這渾蛋！」。

她顯然已很熟悉槍枝操作，但是此刻，她得學會如何在盛怒之下用槍。她或許曾獲准到貝克街地鐵站下方的射擊場練習；這座詹姆士·龐德風格的靶場隸屬於倫敦交通局步槍俱樂部。（不過，一九四一年的英國，彈藥極度短缺，她或許只獲准在最受歡迎的新型斯登衝鋒槍上裝卸子彈，無法真正開火。相較之下，大多數受訓人員都得用「討厭的老式湯姆衝鋒槍」練習[16]。）她依照特別行動處的安排練習各式各樣的武器，不過大多數情報人員——或許也包括維吉尼亞——一開始拿到的都是方便靈巧的點三二口徑柯爾特左輪手槍。然而，由於對法國的最新情況幾乎一無所知，沒有任何訓練課程可以幫助情報人員真正做好準備，面對即將在第一線遇到的危險。舉例來說，倫敦一家旅行社提供的老舊米其林旅遊指南，幾乎就是地圖的唯一來源。

「對於應該教我們哪些事情，」另一位情報員弗朗西斯·坎馬特（Francis Cammaerts）說，特別行動處的幕僚只能用猜的，「他們試著傳授他們自己都不知道的東西」。的確，要深入敵後，在陌生的土地從零開始建造一個抵抗組織網，誰也說不上來有哪些核心工作——因為從來沒有人真的做過這件事。倫敦的特別行動處參謀人員原本在新聞界和商業界過著優越的生活，住在將近一百年未被敵人入侵的島國，對占領者的殘酷根本毫無概念。「不得不承認，我們一開始全都覺得這整件事就像一場遊戲」，一位很快覺醒的早期幹員回憶，「雖然事態嚴重而且可能致命，但終歸是一場遊戲，充滿樂趣、刺激與冒險」[17]。但德國人不是鬧著玩的，而維吉尼亞將成為一種全新戰爭型態的先驅——一個得即興發揮、見機行事的業餘者，對抗專業又殘忍的蓋世太保和維琪警察。她在受訓期間的表現紀錄並沒有保留下來——或許根本從來沒有紀錄。一般認為到了第一線，她如果無法迅速學習，就只有死路一條。無論如何，她的大多數同事都認為女人沒有能力應付如此吃力且危險的工作，她必須活下來證明他們錯了。

維吉尼亞在歐茶路六號的F科辦公室最後一次聽取任務說明，地點就在波特曼廣場的塞爾福里奇百貨公司後頭。原本在國民西敏銀行巴黎分行擔任門房、鑲了金牙的亞瑟·帕克（Arthur Park），此刻歡迎化名潔曼·勒孔特（Germaine Lecontre）的維吉尼亞進入鋪著厚厚地毯的門廊。雖然這棟辦公室裝修華麗，但幹員們發現，那間裝了黑色浴缸、黑色磁磚、黑色洗手台以及寒光閃閃的鉻金屬水龍頭、陰森得詭異的廁所，占據了自己對倫敦的最後記憶。

一名特別行動處指揮官指示維吉尼亞通知母親她即將前往「歐洲某個地方」。接著，指揮官向她說明什麼時候可以使用她的殺人執照——以及如何使用。她偏好的方法是特別行動處實驗室提供的各式藥丸。她所說的「藥丸」，很可能是L片（或稱「致死藥片」）——包著氰化鉀的微型膠囊，也可以供自己在受不了折磨時使用。膠囊的外層不可溶解，如果放進嘴巴整顆吞下，膠囊會通過身體後排出，不造成任何傷害。但如果咬破，或打開膠囊、將內容物摻進食物，可以讓人在四十五秒內斃命。根據特別行動處內部的道德標準（這是他們與恐怖主義的最大區別），她被囑咐只有在自己或同志的人身安全面臨立即危險時才能殺人。他們說，第一次的「剷除」行動最難下得了手。

還有別種藥片能導致高燒和傷寒等其他症狀，如果上醫院有助於脫逃，這些藥片特別好用。當他們需要讓某個人——包括警衛，或甚至護士——暈過去四小時，以嗎啡為基底的K藥丸也能派上用場。不過，最多人使用的是很苦的藍色苯丙胺（即安非他命）藥片。睡眠是一線人員的奢侈品，但疲憊時犯下的錯誤往往有致命的危險。大多數人會帶走一兩打，很快就要求補貨。如今做好一切準備，一九四一年八月二十三日星期六，維吉尼亞拋下她的舊日生活，頭也不回地搭上前往里斯本的船，朝著未知的未來出發。

在倫敦，沒有人認為三八四四號情報員有超過五成機會活過開頭幾天。就算維吉尼亞本事再大，派一個獨腿的三十五歲文職人員前往戰時法國進行一項盲目的任務，從理論上看來，是一次近乎瘋狂的豪賭。她的任務——代號「五號地質學家行動」——會讓她暴露在難熬的恐懼以及無時無刻不在的死亡陰影下。沒有接風小組準備好迎接她，也沒有已成立的情報組等著她加入。不過，她被獲准——甚至被要求——執行從破壞到殺人的各式各樣犯罪行動。為了生存，她必須過著幾乎毫無破綻的雙面生活，並且不計一切代價避免被捕。她的殘疾或許可以保護她——因為那讓她成了最不可能的特工人選——但也同時令她特別引人側目。

當她抵達非占領區的首都維琪，踩著堅定的步伐走進樸素的和平飯店，戰爭已打了兩年。遠方的暴風雨發出不祥的隆隆聲，歷經漫長的夏季乾旱，空氣熱得令人窒息。然而，當這位散發貴族氣質、體態優美、頭髮如火焰般的新客人爬上大堂階梯，還是引來數十雙眼睛的注目。任何一個不尋常的人，都成了人們向德國人或德國的維琪奴才告發的目標。賞金很慷慨。

隔天，一九四一年九月四日，維吉尼亞前往憲兵隊登記入境，用的是美國公民身分和她的真實姓名，表明自己是《紐約郵報》的特派員。為了證明，她表示自己已經透過西聯電報公司發出一則報導，標題是〈獨家新聞：維琪的廁所辦公室——首都人滿為患〉。這則新聞的發表，是她在生涯之初首次展現自己的冷靜與效率——貝克街因而爆出一片歡聲。維吉尼亞不僅撐過了開頭幾個小時，也成功建立了聯繫。靜默了那麼久以後，特別行動處終於跟法國的政治核心地區搭上了線。

這篇文章表面上說的是貝當政府徵用了這座新都的每一吋土地，包括飯店廁所。但令倫敦著迷的是她在報導中提到城市裡沒有計程車，而她剛取得的配給簿，只允許她每星期吃十盎司的肉、每天十盎司麵包，但是沒有米飯、義大利麵或巧克力。「我還沒看到奶油，牛奶也很少……〔而且〕女人不再有權利購買香菸」[18]。這些零碎的資訊有可能決定生死。在倫敦加倍努力派遣更多情報人員滲透到法國之際，一開始最需要的就是這類情報[19]。好比說，一名不知道法國咖啡館只能每隔一日賣酒的幹員就遇上了麻煩。他的無知立刻揭穿了他的偽裝身分，他必須在店老闆打電話報警時趕緊逃命。由於信件會受到審查，電話也都受到德國人監聽，維吉尼亞能夠安全地透過報紙文章向上級透露的訊息很有限。有些文章含有原先約定好的暗號——但大多數時候，她必須挑明陳述自己的要點。她表示「人們寫信時往往不會長篇大論或大發牢騷」[20]，利用這種看似無惡意的評論警告貝克街，跨越停戰分界線的信件會被定期檢查，即便親人間的明信片也不例外。倫敦沒有辦法直接聯繫她。

縱使在所謂自由區，「殘酷、邪惡至極」[21]的蓋世太保依舊無處不在，雖然他們經常身穿便衣；維吉尼亞的記者身分是她唯一的保護。所以，鞏固偽裝身分成了她最初幾天的第一要務。她結合天使般的笑容以及對法國真摯的愛，成功結交了許多資深的維琪官員和警察。沒多久，她就訴諸他們的愛國精神和自尊心，說服他們心甘情願為她服務。日後，有些人甚至為了救她一命並幫助其他人，不惜冒上丟官的風險。正如一位歷史學家指出，「她似乎徹底迷倒了認識她的每一個人」[22]。

她也向美國大使——威廉・李海上將（Admiral William Leahy）——引薦自己，但他似乎對她的魔力比較有抵抗力。美國的孤立主義依然無可動搖，而且儘管貝當的立場顯然傾向納粹，華府也已承認貝當的極權政權。不過，羅斯福總統要求這位退休老友重出江湖，派他全權處理與維琪政府的關係，恰恰是因為羅斯福（私下）擔心法國會幫助軸心國打敗英國。儘管官方採取不干預的政策，但美國已開始向法國運送食物與援助，希望削弱他們對德國的倚賴、贏得他們的忠誠。因此，每天準時上下班以至於當地一家行李箱店以他的行動校準時鐘的李海，認為他最大的責任就是與貝當元帥維持友好關係，即便維琪政府打著重整法國道德秩序的大旗，採納了納粹主義最惡劣的幾項措施。此時，貝當已禁止猶太人（他稱之為「移民」）上大學或從事重要行業；他對猶太人的迫害往往比希特勒的手段更殘酷。李海的某些自由派同事不免擔心，他「對維琪政權的同情，似乎超越了外交與策略上的權宜手段所需」[23]。

李海明確表示，他不希望他的手下——或其他美國人——跟諜報活動有任何牽連，以免打亂他精心編排的外交舞步。他已注意到在原本純屬男性的媒體圈中，有一名擁有獨立見解並對消息求之若渴的「女記者」，很快對她起了疑心。看得出來，她巧妙贏得了幾名法國重要官員的心，挖到遠比其他同僚更多的訊息。蘇珊·貝迪永（Suzanne Bertillon）——維琪政府新聞部外國媒體審查科科長——是從一開始就願意費盡心思幫助維吉尼亞的幾個人之一。這名外國人身上的某種特質贏得了貝迪永的信任，兩人成了好朋友。貝迪永是狂熱的戴高樂派，她不僅不審查維吉尼亞的文章，還為維吉尼亞建立遍布法國的聯絡網，找到九十個人（例如市長、農民和實業家）每星期為她提供對英國軍事行動極其重要的消息。因此，維吉尼亞可以蒐集到種種情報，包括彈藥庫與燃料庫的位置、德軍的行進方向、工業生產，以及後來被盟軍炸毀、當時正在馬賽興建的納粹潛水艇基地[24]。的確，維吉尼亞對戰時法國的情況瞭若指掌，連李海的幕僚都猜想她必定是在替英國的情報機構做事。很快地，她說服他們其中幾人冒著危及事業的風險，小心翼翼避開大使的耳目來幫助她。其中最突出的，是瞞著上司接觸抵抗組織早期成員的美國武官羅伯·休

（Robert Schow）。後來有證據顯示，另一位名叫強尼・尼可拉斯（Johnny Nicholas）的非裔美籍官員也直接參與了工作[25]。尼可拉斯和維吉尼亞極可能曾有接觸，但是沒有紀錄顯示兩人曾經會面；這是有原因的。那是非常大膽的行為，因為萬一遇上麻煩，他既沒有可供藏身的祕密據點，也拿不到偽造的身分文件。納粹對當時在歐洲相對罕見的黑人抱著病態的恨意，每占領一個地方，他們照例會四處搜捕黑人，將其拘禁[26]。

儘管聯絡工作頗有進展，在剛開始的那段日子，維吉尼亞面臨了難以應付的障礙。她很快發現維琪市——一個帶有輕歌劇氣氛、業已式微的溫泉小鎮——太狹小也太擁擠，很難落實記者兼特務的雙面生活。雖然李海對法國政府很友善，但他的大使館始終遭到嚴密監視[27]；事實上，這座小鎮布滿了臥底的蓋世太保，他們虎視眈眈伺機而動，越來越無所顧忌。自由區或許逃過納粹的大規模占領，但它的自由不過是個假象。正如一位歷史學家所言，真實情況是，維琪法國是「受德國控制的傀儡」[28]。貝當此時高齡八十五，八成已經年邁昏聵。他每天早上都得注射安非他命以保持清醒，不過下午藥效退了，他往往昏睡不醒，或者意識模糊、語無倫次。然而，儘管他一九四〇年十月在巴黎南部的蒙圖瓦爾（Montoire）與希特勒握手言歡，倡言與納粹合作，讓法國各地的眾多支持者大為震驚，但他依然深受人民敬重。他倔強的行動，已導致許多人相信抵德國人無異於犯罪。在大多數法國人眼中，元帥象徵著法國僅存的榮耀；對仍因為法國迅速投降而深感屈辱與震驚的法國人而言，起身反抗第一次世界大戰的戰爭英雄等同於叛國。而且對南方人來說，他是阻擋德國全面占領（以及同樣令人害怕的俄羅斯紅軍）的最後一道藩籬。他為戰敗找到託辭，得到機會掌握他渴望已久的權力。他的肖像被貼在教室牆上和商店窗戶，他的頭像則被印在錢幣和郵票上。

面臨如此強大的造神運動——靠的是惡意箝制獨立媒體的言論——維吉尼亞沮喪地發現，法國人毫無重新加入作戰的意願。貝當顛覆了聖女貞德和拿破崙等法國英雄傳統，說服（或至少聽任）法國人相信戰敗也是一種榮譽。他絕不允許任何人反對他與德國結盟，或反對他推翻民主制度；他勒令剷除內部敵人，靠逮捕、拘留，必要時甚至出動行刑隊來貫徹執行。反對的聲音始終零碎而薄弱。沒有一個主要政黨曾經團結起來反對解散國會或表態支持抵抗德國——如今各黨通通被廢。唯有厄爾盧瓦爾省（Eure-et-Loir）的省長讓・穆蘭（Jean Moulin）劃破自己的喉嚨，面對酷刑，他寧可結束生命也不答應簽署親德的宣言。不過，他雖然活了下來，卻遭到孤立。一位名叫夏爾・戴高樂的年輕法國將領兼卸任國防次長，也有勇氣表明自己不接受投降。邱吉爾創立特別行動處的前一天，這名法國人向願意與他一起繼續奮戰的同胞發出邀請。「無論發生什麼事，」一九四〇年六月十八日，他在流亡倫敦時用顫抖的聲音透過ＢＢＣ宣誓，「法國的抵抗火焰絕不能熄滅，也絕不會熄滅」。作為回應，貝當隔空宣布以叛國罪判處戴高樂死刑。無論如何，戴高樂的呼籲沒有激起太多漣漪，絕大多數法國人認命地接受了戰敗的代價。在這種情況下，維吉尼亞就算為了散播抵抗的福音而說得口乾舌燥，又起得了什麼作用？

在維琪停留一個月後，維吉尼亞轉移陣地，前往東南方七十英里外的里昂。她認為這座城市更適合行動，並且遠離李海大使的視線範圍。里昂的布爾喬亞外觀掩飾了過去的叛亂歷史，以及在她聽來有可能萌芽的反叛行動。十三世紀，該城市的同業公會曾起身反抗教會；一七八九年大革命期間，里昂市民更堅決不向巴黎的雅各賓黨人妥協。在那之後，諸如共濟會等祕密結社茁壯興起。這裡至今仍是外人很難打進的一座城市。

里昂地處中立國瑞士的邊境附近（往東僅八十英里距離），由於維吉尼亞仍然沒有無線電發報員，這項地利之便也有助於開啟一條新的聯繫管道。高低落差很大的地勢以及令人摸不清方向的城市布局，是里昂天生適合發起地下運動的另一個因素。這座城市分為幾大區塊，市中心是由羅訥河（Rhône）與索恩河（Saône）交會構成的半島區，兩條河之間由十七座橋梁銜接，外圍是林木繁茂的山丘。紅十字山高地（Croix-Rousse heights）位於十七世紀市政廳所在的沃土廣場（place des Terreaux）後方，數百層陡峭的石階往上通向里昂舊城區。在這裡，錯綜複雜的串廊（串連建築物與街道的祕密廊街），「堪稱地面上的下水道系統，而且幾乎一樣骯髒、臭氣熏天」[29]。正如蓋世太保發現的，只有當地人能在這座迷宮摸清方向。城鎮之外是一片廣大的沖積平原，是日後空降情報員和空投補給品的理想地點。

維吉尼亞得到消息，幾名特別強硬的里昂人聚集在煙霧繚繞的小餐館（這座城市著名的家庭式小吃店）謀劃行動。其中幾個人透過簡略的小型地下報紙——例如《法國小翼》（*Les Petites*

Ailes de France）和《鎖鏈上的雄雞》（*Le Coq Enchaîné*）——發表最初的反納粹宣傳；有幾個人「寧死不肯接受德國統治」[30]。他們的精神正要開始激起人們的血性，鼓舞民眾不再怯懦地認命。上百萬名法國丈夫、兒子與兄弟至今仍被關在德國的戰俘營回不了家，這讓法國人的心底悶著一股怒氣；維琪政府的「新道德秩序」要求人民成為更好的基督徒、士兵或順從的妻子，這些訓詞讓一些里昂市民怒不可遏。他們蔑視貝當宣布廢除法蘭西第三共和的決定；第三共和曾孕育出傑出的文學與藝術，卻被貝當斥為「同性戀與女人統治」的時期。貝當以維琪法國的格言「勞動、家庭、祖國」取代法國大革命的「自由、平等、博愛」精神，也讓里昂人覺得受到背叛。德國在六月打破互不侵犯協議進攻蘇聯，更激起了法國共產黨人的怒火。

於是停戰以來第一次，基於各式各樣的矛盾理由，里昂的商店老闆、醫生、工廠工人、鐵路工人和實業家之間開始出現喃喃的街談巷議。但不論他們如何憤慨，迄今沒有人能夠加入「抵抗」運動，因為這類組織尚未真正存在。欠缺來自上層的行動藍圖，成員們只能利用偶發事件見機行事。他們依舊說得多、做得少，因為他們既沒有槍砲彈藥，也沒有使用槍砲彈藥的技能。倫敦方面的協助仍然遙不可及；真實的消息也同樣難以取得，因為維琪政府對戰爭狀況的宣傳，早已掩蓋了真實的新聞。況且，他們得時時刻刻提防鄰居、同事、甚至家人告發，以至於對外人保持高度戒心。

當維吉尼亞抵達里昂的佩拉什車站（Gare de Perrache），眼前有更急迫的事情需要解決。這裡人滿為患。大約二十萬難民為了逃避納粹在北方的迫害，湧進這座五十七萬人口的城市。每一家飯店和賓館都客滿，她找不到待租的公寓，也沒有朋友可以投靠。後來，疲憊的維吉尼亞拖著腳步爬上索恩河畔的青翠山坡，來到拉穆拉蒂埃區（La Mulatière），輕叩聖伊莉莎白修道院的大門。幸運的是，難得接待客人的修女動了憐憫心，為維吉尼亞在「強勁北風日夜吹拂」[31]的塔樓小房間騰出一張床，條件是她必須在每天傍晚六點半鎖門以前回到修道院。她承認，這和她在戰前巴黎的派對生活相比，「確實是一大改變」。頭戴「古雅頭巾——兩邊翹起的白色荷蘭式女帽」的修女，供維吉尼亞吃她們自己在農場上栽種的蔬果。修女們雖然不問世事，卻成了她在里昂最初的庇護者，也是她最早吸收的成員。多虧了維吉尼亞的橫向思維，F科在維琪法國取得了早期行動的最佳祕密據點。

不過，一有空房間，她立刻在格羅萊街的格蘭德飯店訂房，搬進市中心。這家飯店是設置指揮中心的理想地點：它有七個出入口（對迅速逃脫至關重要）、鄰近三號電車車站（方便到處走動），而且最重要的，它距離美國領事館所在的交易所廣場不遠。維吉尼亞用特別行動處提供的假文件，以布麗姬．勒孔特（Brigitte Lecontre）之名登記入住。這份文件是由倫敦西南部肯辛頓區小巷中一位友善的偽造者（特別行動處的另一位地下線人）製作，然後蓋了章並刻意毀損，直到看起來老舊得剛剛好。布麗姬很快步上正軌，每天一大早出門，傍晚六點返回，然後一邊坐在吧檯喝酒，一邊閱讀前台轉交給她的留言。

後來，她偶爾到飯店附近的一家小餐館用餐，在那裡，總到黑市囤貨的希臘老闆像對待親生女兒一般疼愛這個漂亮女郎。他拒收她的飯票，卻為她堆滿一盤盤通心粉、她餐前最愛喝的琴酒和苦艾酒，甚至不顧女人不得買菸的禁令，為她提供珍貴的英國菸[32]。他是她吸收的另一名早期成員。

她以維吉尼亞本名小心翼翼地親近美國領事，幾乎天天以《紐約郵報》特派員身分登門拜訪。不過，出現在維琪的那個滿頭紅髮的霍爾小姐消失了。她已經懂得韜光養晦，不再是在西班牙吸引喬治．貝洛斯目光的那個耀眼女子。她把頭髮染成淡棕色，紮成一個緊密的髮髻，露出「颯爽的容貌」以及「在友善環境中閃閃發亮」的「漂亮而鎮定的雙眸」[33]。

她也拋棄了時髦的巴黎服飾，改穿小資階級的樸素花呢套裝，避免維琪文宣上所說「猶太布爾什維克潑婦」[34]的豔麗打扮。她最喜愛的褲裝不能再穿了，因為維琪政府將女性解放運動歸咎於褲裝；而在戰前巴黎令維吉尼亞深深著迷的女性解放運動，則被貝當黨人視為「道德敗壞」[35]的同義詞。如今失去這些自由，在這新的禁錮時代，女人莫不做出端莊的裝扮，以免引起法國警察或他們的德國主子注意。好處是，在最初的幾個月，這些倒退的觀點意味著大多數男人很難相信女人會參與顛覆行動。

靠著她在讀書時期對戲劇與裝扮的熱愛，她懂得如何在短短幾分鐘內改變外觀，迎合她即將接觸的對象。換髮型、戴寬邊帽、戴眼鏡、改變妝容、戴不同的手套隱藏雙手，甚至在嘴裡塞進橡膠片鼓起臉頰：這些方法出奇有效。只要稍微就地取材，她一下午就能變成三到四個不同的女人——布麗姬、維吉尼亞、瑪麗或潔曼。不斷移動、不斷改變；這讓她很難被人盯上。

在交易所廣場，美國副領事喬治・惠亭希爾（George Whittinghill）熱情地接待維吉尼亞。儘管副領事對外必須保持中立，但是她很快看出他內心的真實態度，立刻吸收他成為最重要的幫手。沒多久，這對搭檔找到可靠的方法，利用外交郵包將她的訊息偷偷運出法國，送到伯恩的美國大使館。然後從瑞士首都，武官巴恩韋爾・萊格（Barnwell Legge）上校——他曾公開讚美維吉尼亞是個「優秀的榜樣，也是最可靠的工作人員」[36]——再忠實地將報告送達倫敦。他會將貝克街的答覆與現金，放在寫著「請萊恩轉交瑪麗」的密封袋傳回來。萊恩是惠亭希爾的化名。現在，維吉尼亞掌握了一條可靠得令人羨慕——而且快速——的溝通管道。

然而，她真正需要的是無線電發報員。沒有即時的通訊方法，幾乎不可能為新的情報員和補給品安排空降事宜。截至目前為止，特別行動處僅成功派遣兩名發報員進入整個自由區。第一位發報員喬治・貝格的工作量已超出負荷，而且專屬於在沙托魯（Châteauroux）行動的盧卡斯使用，遠在將近兩百英里外。唯一的另一名發報員——化名克里斯多福的吉伯特・圖爾克（Gilbert Turck）——八月份空降進入自由區，但著陸時受到撞擊失去意識，隨即遭法國警方拘捕。他的前途似乎充滿凶險，後來卻由於維琪高層的一次神秘干預，傳出他「不可思議脫逃」的消息；這是特別行動處即將遭到重挫的第一個徵兆。

一九四一年九月，特別行動處正快馬加鞭為他們在法國的行動布局，日子過得熱火朝天。維吉尼亞隨時待命，準備跟十幾位透過空降或者從地中海海岸登陸的F科情報員接頭。九月六日深夜跳傘而來的人員包括《紐約時報》前任特派員喬治・朗格蘭（George Langelaan）、有領袖氣質的年輕英國廚師麥克・特羅托巴斯（Michael Trotobas）、猶太紡織商人維克多・葛森（Victor Gerson，暱稱「維克」），以及勇氣過人的蘭開夏工程師班・考伯恩（Ben Cowburn）。九月十九日，更多名F科幹員搭乘改裝貨輪上岸，包括準備前往里昂與維吉尼亞會合、化名阿朗的喬治・杜柏汀（Georges Duboudin），以及留在蔚藍海岸、化名奧利佛的法蘭西斯・巴辛（Francis Basin）。

正當維吉尼亞在格蘭德飯店安頓下來，十月十日星期五的月夜，又有四名幹員連同特別行動處首度空運來的現金、炸藥和武器，在多爾多涅（Dordogne）的貝哲哈克（Bergerac）附近降落。一名新來人員特別受歡迎：尚・菲利浦・勒哈里維爾（Jean Philippe Le Harivel）上尉奉命前來里昂，擔任維吉尼亞的無線電發報員。他和另外兩人受到由前任社會黨眾議員讓・皮埃爾—布洛赫（Jean Pierre-Bloch）及其妻子蓋比（Gaby）帶領的接風小組熱烈歡迎，後者連忙藏好所有物資，並火速將幾名情報人員送到祕密據點。但一名新來人員不知所蹤。在混亂之中，他——連同絕大多數物資——在偏離預定路線四英里的地方降落，著陸時撞上岩石，暈了過去。隔天早晨維琪警察逮捕他的時候，在他的口袋找到倫敦一時大意發給每位出勤情報員的一張紙。那是一張地圖，圈出特別行動處在馬賽的祕密據點——一個叫做林園別墅的門禁宅邸，屋前有一座花木蔥籠的大花園——克里斯多福逃出來後就一直躲在這裡。警方目前掌握了多條線索，全都指向馬賽港郊區的這個地址；這張地圖只是其中之一。

近期在巴黎及其他地方爆發幾起對抗占領軍的暴力事件後，維琪當局和他們的德國主子開始強力鎮壓，展開了大規模抓捕和血腥報復。一名德軍上校在羅亞爾省的南特市（Nantes）遇刺身亡，導致四十八個平民百姓遭報復性槍殺。法國警方跟納粹一樣急著遏制更多麻煩，「迫使異議分子屈服他們的淫威」[37]。特別行動處或許還不清楚維琪政府對付抵抗者的「效率與殘酷」，因此沒有善盡警告情報人員之責[38]。不過，他們很快就明白維琪政府比蓋世太保更可怕，因為維琪的國安機構非常擅長設圈套和滲透[39]。法國當局是非常出色的納粹走狗。

正當維吉尼亞開始在里昂站穩腳步、著手規劃未來，某種程度上，南特槍擊事件成了她的可趁之機。這起事件掀起了反對德國及其維琪爪牙的輿論，激發人們開始思考全國性的抵抗運動。她向倫敦報告，南特悲劇（儘管特別行動處並未牽涉其中）突顯了有必要適當協調法國各地的戰略、訓練與補給。顯而易見，抵抗組織如果沒有跟歐洲唯一持續作戰的自由國家，建立多重且可靠的無線電聯繫，將永遠無法對占領者造成真正威脅。比較不明確的是，維吉尼亞要如何招募當地人員，形成日後所需的戰鬥力量？雖然她的官方身分還只是聯絡官，但她已開始籌建自己的小組（代號「質問者」），不過幾乎得從零開始，而且沒有人可以教她如何在當地吸收成員。剛到里昂的那段日子特別艱難。就連她難得找到的、有意願作戰的人也必須格外沉得住氣。他們此刻的職責無非耐心等待；他們是一支祕密軍隊的核心，等到有朝一日盟軍終於發動反攻，他們便從內部攻擊德軍，與盟軍裡應外合。在此同時，不論多麼心癢難耐，貝克街嚴令禁止任何可能被視為「蓄意衝突」的暗殺行動或引人注目的破壞活動。時機成熟以前，維吉尼亞得阻止性急的人鋌而走險；她必須攔著她的組員做出更多沒有計畫且最終毫無意義的舉動，例如以悲劇收場的南特事件。特別行動處的一份文件指示，「火或許會莫名其妙自燃」、引擎軸承或許會突然「過熱」、德軍車輛或許會因為油缸被摻了糖而無法正常運轉，但絕不允許出現「深夜裡的大爆炸」[40]。「我們最大的危險莫過於太早點燃法國的抵抗運動，」後來的F科科長解釋，「因為盟軍還無法及時登陸支援這類行動」[41]。維吉尼亞深知，她必須在行動時機成熟之際做好一切準備，但在那之前，她的招募工作必須極其謹慎，避免不必要的犧牲。

離開英國之前，特別行動處大致上根據停戰以前的資訊，給了她一份九人名單。這份名單既不安全（因為已無法確定這些人真正支持的對象），也不充足。無論如何，她寧可建立自己的門路，找她認為可以信任的人；由於殘疾而遭受冷眼與敵意多年之後，她認為自己非常懂得判斷人心。她需要能幫忙傳送訊息、錢和武器的聯絡員；需要祕密據點供剛到的情報員或準備離開的逃亡者藏身；也需要更多「信箱」——幫忙收發祕密包裹與訊息而不多過問的人。她還需要假的身分文件、駕駛許可證和配給卡，而且要快。事實是，像維吉尼亞這樣初來乍到、孤軍奮戰的情報員，往往面臨被發現或背叛的巨大危險，最初因為無知或輕率而提出的問題，很可能傳到光靠告密者的不實訊息就能隨意逮人的蓋世太保耳中。一句不得體的話或微不足道的過錯，都可能輕易引來災難。她急需某個可靠的引路人幫助她展開工作。

個性低調的貝格也同樣迫切希望幫助特別行動處在法國展開行動。他是法國人，曾在英國北部的赫爾大學讀工程學。此刻，他正瘋狂地從沙托魯的一間小旅館房間向倫敦發送電碼。五個羽翼未豐的小組仰賴他，但儘管他顯然身處險境，卻沒有人想到為他提供保護。維琪政府和德國人已開始出動無線電偵測車，透過三角測量系統，一段時間後就能追蹤到祕密無線電信號的來源[42]。身為特別行動處在法國南部唯一的現役無線電發報員，貝格在發報機前待的時間太長，離他勢必被抓到的日子也不遠了。

「感覺警察的呼吸熱呼呼地吹在他的脖子上」[43]，貝格決定聯絡自由區唯一的另外一名無線電發報員，據說他已重獲自由。克里斯多福的回應，就是邀請南法各地的所有幹員到馬賽的別墅會面——全然違背了基本的安全法則。他的動機很快成了激烈爭論的主題，遺憾的是，那時已有許多人應邀而來。有些人是想抱團取暖；他們發現第一線行動比原本預期的更加艱難。還有些人是來領取最近空投的現金，他們已窮得幾乎三餐不繼。許多人被由肆無忌憚的當地人組成的接風小隊搶光了身上的錢，不知道為什麼，當地人認為那是他們應得的報酬[44]。最大的問題在於特別行動處的情報員與抵抗分子依然各自行動，既沒有明確的指示，也得不到當地或倫敦的奧援。第一線需要一位有威望的領袖來帶領行動，刻不容緩。

維吉尼亞在里昂翹首等待她期盼已久的發報員勒哈里維爾；她也同樣感到無依無靠。隻身工作七星期後，她也覺得欠缺指引或支援。然而，似乎有某種第六感阻止她參加特別行動處幹員的這場大聚會。她很久以前就被迫學會靠自己，而她也遠比同齡人老練多了。相較之下，十月十日在貝哲哈克著陸的四名空降人員之一——個子很高、頭髮濃密的技術指導員馬克．朱穆（**Marc Jumeau**）上尉就不如她謹慎，一心想在這可怕的世界尋找友善的夥伴。他率先抵達林園別墅，無視之前打電話到這棟屋子都無人接聽的事實，也完全不理會一個女鄰居覺得克里斯多福行跡可疑的警告。他沒有注意到暗藏在茂密林木裡的厄運，快活地踏上通往大門的二十碼小徑，從幾名埋伏警察身邊走過。不過，迎接他的不是他的特別行動處夥伴。三名來自法國反恐部隊——可怕的安全局（**Sûreté**）——巡官從屋裡打開大門，將他逮捕。

十多名特別行動處幹員——包括勒哈里維爾和朗格蘭——緊接著被捕。後來又有另外五人在別墅中落網，其中包括讓與蓋比．皮埃爾－布洛赫夫婦（他們隨身帶著包在毛巾裡倫敦寄來的五百萬法郎），兩人都是猶太人。這引來了沙托魯及昂蒂布（Antibes）地區的進一步抓捕行動。最後，十月二十四日夜幕降臨，特別行動處在自由區最後一名行動中的無線電發報員——特別行動處與廣袤南法地區的唯一直接聯繫——走到了別墅柵門外，看見這棟房子大門深鎖。貝格起碼嚴格遵守了安全規章，半小時前先打了電話探聽情勢。一個聲音跟克里斯多福一模一樣的男人向他保證一切「正常」[45]。不過，當他按了門鈴等待進門，六名安全局人員也抓捕了貝格，連同其他人一起送進審訊者最愛在深夜拿噴燈燒囚犯腳跟的監獄中。貝格相信，從來不討人喜歡的克里斯多福是在知情的情況下，讓安全局的人尾隨他到別墅設下圈套。其他人[46]則認為他靠積極誘捕同事，買來自己的自由。不過，唯一未被拘捕的克里斯多福，始終堅稱自己是清白的。不論他變節與否，事實是，法國（而不是德國）警方差不多將整個自由區的特別行動處幹員一網打盡。幾乎每一位最有潛力的情報員，以及自由區的兩名無線電發報員全都遭到關押，面臨了連續幾週被刑求、最後槍決的命運。大多數人甚至還沒來得及展開他們的情報工作。

幾天後，負責從占領區發送無線電的安德烈．布洛赫（André Bloch），只因為長得像猶太人而遭到法國鄰居告發，隨即失去了蹤影。從來沒有人認真想過這種額外的危險。他遭到蓋世太保刑求拷問（後者開心地發現了他的發報機），不過布洛赫勇敢地堅持到最後一刻，槍決之前始終沒有出賣任何一名同志。如今，特別行動處在全法國只剩一名無線電發報員還可以自由行動。

F科進入一段新的「黑暗時期」[47]，聽不到情報員的任何音訊。歷經十五個月的密集活動，積極招募、訓練，最終滲透了二十多名幹員之後，此刻，倫敦「在第一線上除了霍爾小姐之外別無所有」[48]。唯有她有管道聯繫貝克街。唯有她的小組仍在成長，沒有蒙上拘捕的陰影。唯有她能提供關於維琪政府及納粹占領者的關鍵訊息。如今，盟軍未來在法國的情報活動，只能靠一個成年以後飽受輕視、處處碰壁的女人獨力支撐。

第三章 我的窯姐兒朋友

林園別墅的慘劇重創了特別行動處。倫敦出現大幅度人事異動，許多人被指責太不專業，應驗了死對頭軍情六處之前的預測。好幾位幕僚人員在壓力下崩潰，不到幾個月，組織內部人稱「CD」的特別行動處處長——曾任國會議員的法蘭克．尼爾森（Frank Nelson）——因為健康狀況急遽惡化而退休下台。新任的F科科長莫里斯．巴克馬斯特（Maurice Buckmaster）銜命前來整頓，但他既沒有受過情報戰或正規戰爭的訓練，也沒有任何實際經驗。他原本在福特汽車法國分公司擔任經理，據說為貝克街「注入了銷售總監的進取精神」。不過有時候，這位伊頓校友的樂觀其實是一種天真，而上級之所以起用他，純粹因為「沒有其他人選」[1]。沒多久，這位四十一歲新上司就開始每天工作十八小時，大半夜從家裡騎單車到切爾西區，不過在這段難熬的漫長時期裡，始終收不到任何一位幹員的消息。林園別墅事件與布洛赫之死是特別行動處的轉捩點，意味著再也沒有人認為他們的工作是一場遊戲。「法國方面一片死寂，這對我們的精神帶來了極大壓力，也阻礙了工作的進展，」巴克馬斯特回憶，「除了等待，我們什麼也不能做」[2]。巴克馬斯特發狂地抽著菸斗，他無計可施，只能仰賴維吉尼亞想辦法好好活著、弄清楚情況，然後將消息傳回倫敦。不過，倫敦的參謀人員雖被要求隨時保持樂觀，心裡卻免不了內疚，總覺得自己沒有善盡責任保護寶貴的情報員——要是他們知道該怎麼做就好了。

特別行動處如今一隻手就能數完自由區的其他幾名倖存幹員——被弟弟盧卡斯吸收進來的菲利浦・德沃梅庫（Philippe de Vomécourt，化名「高蒂耶」）、蔚藍海岸的法蘭西斯・巴辛（奧利佛），以及在里昂和維吉尼亞合作的喬治・杜柏汀（阿朗）。這是一支極其精簡的隊伍，而維吉尼亞是其中的主心骨——最主要是因為只有她有可靠的管道，可以透過外交包裹與倫敦保持聯繫。不過，每份訊息都得歷經幾天的時間才能送達；倘若沒有無線電發報員，特別行動處在法國的立足點撐不了太久。

不會有任何時候比此刻，更急切需要維吉尼亞重啟全法國的行動。她幾乎無時無刻都在設法挽回頹勢。然而，正當越來越多人因為維琪與德國暴政的刺激而有意加入抵抗組織，被掃蕩的危險也與日俱增。受到林園別墅的成功鼓舞，維琪當局及其德國主子會突然逮捕任何一個有支持抵抗運動之嫌的人。許多異議分子成了明顯的靶子；維吉尼亞驚恐地看著他們公開聚會、慷慨激昂地陳辭、沒有調查新成員的背景、使用自己的真實姓名、跟競爭的組織激烈爭吵。他們不顧南特事件的前車之鑑，繼續做出徒勞無益且往往引來恐怖報復的舉動。維吉尼亞不過是個聯絡官，控制不了其他組織的行動。但是，當招攬自己的人馬，她會設法挑選懂得聽從命令的成員，納入分散各地的小組，建立更安全、更有紀律的組織。他們也必須明白粗心大意的代價。她絕不允許林園別墅事件再度上演。

里昂暫時能讓難民過上一段安穩生活，不過這座城市受到德國情治單位的嚴密注意。蓋世太保（納粹祕密警察）和阿勃維爾（Abwehr，德國軍事情報機構）雙雙在此潛伏，兩大機構熱烈地彼此較勁，逼迫法國當局加強管制。市政廳由納粹走狗把持的事實，對他們不無幫助。人人害怕隔牆有耳——每天都有超過一千五百人遭舉報；大多數人噤若寒蟬，唯恐違反法律。維吉尼亞失望地發現，沒有幾個人願意為了解救自己的國家而置自身安全於不顧——但這也許是人之常情。

人們壓根不相信英國會持續奮戰；這也造成了很大的問題。貝當嚴厲指責英國應該為法國的戰敗負責。邱吉爾也許能把敦克爾克大撤退美化成某種奇蹟，但對於被維琪文宣強力轟炸的法國人而言，敦克爾克代表著英國的背信棄義。如今，軍事挫敗再度讓英國的威望一瀉千里，例如胡德號（HMS Hood）戰鬥巡洋艦三兩下就被擊沉，而克里特島戰役打得荒腔走板，導致上萬兵力被迫撤離。一般認為倫敦會步上巴黎後塵，很快就會投降乞和。儘管英國尚未屈服，但除了仍然難以攻克的俄羅斯，德軍勢如破竹，連戰皆捷。納粹被視為必然的勝利者，只有瘋子才會跟他們作對。何苦為了明知不可為的目標而冒上被嚴刑拷打甚至死亡的風險？作為地下幹員、隸屬於不被信任的英國情報機構，維吉尼亞該如何尋找願意接受她的命令並提供幫助的人？

在法國人眼中，英國人不僅軟弱無能，而且——基於兩國長達數世紀的嫌隙——特別敵視法國。一如德國在北方的作法，維琪政權控制了南方的報紙與廣播電台，所以信任在貝當與德國合作的一開始便折損無蹤，而四處蔓延的仇恨、飢餓與疾病則是最終結果。舉例來說，大多數法國人被誘導相信，英國實施封鎖是導致食物、酒和燃料短缺的主因。維吉尼亞知道那是謊言。納粹的計畫性侵吞，奪走了法國生產的大部分燃煤以及一大部分的豐饒物產，例如肉類、蔬菜、水果和魚類。維琪政府跟德國沆瀣一氣，幫忙將這些戰利品大批運到它的宗主國。難怪維吉尼亞很快請求倫敦指導她如何破壞準備運送到柏林的食物。最好的辦法是在動物屠體中塞進「一小塊腐爛的肉」、在罐頭上打洞、在糖中摻入鹽水，或者設法讓蔬菜和穀物受潮[3]。

在《紐約郵報》的一篇文章中，維吉尼亞描述小額盜竊如何取代了著名的法式激情犯罪（crimes passionelles）——窮途末路的人們一把搶走購物籃裡的食物，或者拆掉籬笆當柴薪。就連廣場上骨瘦如柴的鴿子或養在公寓陽台上的兔子，都成了珍貴的佳餚。人民的平均體重比戰前少了十四磅，許多人因為營養不良而掉牙齒和指甲[4]。飢腸轆轆的兒童停止了生長，許多人被尋常的小病奪去了性命。不良的飲食引發了猩紅熱、白喉、結核病、傷寒、癤和膿皰等疾病的大流行。儘管維吉尼亞一有機會就到她最喜愛的里昂小吃店用餐，但就連她也承受不住，繼續掉體重了。

在寄給《紐約郵報》的一通電訊中（和許多訊息一樣，這通電文並未在報上發表，而是直接送到特別行動處），維吉尼亞指出里昂有三十個病人患有營養不良性水腫（饑餓導致的身體腫脹）而入院治療[5]。隨著冬季降臨（拿破崙戰爭以來最酷寒的冬天），嚴寒讓許多人的健康更加惡化。由於勞力不足以及其他多重因素，人們很難買到衣服，尤其是女性胸衣。皮料被德軍徵用，所以日常的鞋子極度短缺。店裡偶爾還買得到簡便鞋，這種鞋子以木頭做鞋跟，踩在街上會大聲地喀喀作響──這項戰爭時期的特色，成了納粹統治下的背景音樂。

鑒於當時的種種情況，這裡絕非發展英國情報工作的沃土。但是當美國領事館的喬治．惠亭希爾介紹她認識一位幾乎天天來拜訪的英國皇家空軍飛行員，維吉尼亞碰上了好運。早在一九四〇年五月，德軍發動閃電攻擊的第一天，威廉．辛普森（William Simpson）的轟炸機便在比利時上空被擊落，他嚴重燒傷，住院好幾個月，全身裹著塗油脂的繃帶。如今，在法國仍允許人道遣返的時候，他正等著被遣送回英國。原本英俊的臉龐如今布滿斑駁的疤痕，一部分鼻子和左眼皮也不見了。他的手指被截肢，沒有人協助就無法解開褲子拉鍊，所以上廁所時總需要別人幫忙。他的左邊腳掌和膝蓋燒壞了，即便拄著手杖，走起路來仍痛得步履蹣跚。人們難免對他流露驚恐或憐憫的表情，他不得不堅強面對。維吉尼亞顯然很能體會他的痛苦，為此，辛普森願意盡全力報答她，並抓住再度成為有用之人的機會。兩人一見如故。

辛普森認為，他或許有辦法解決她迫切需要吸收可靠成員的燃眉之急。他提議介紹維吉尼亞認識全里昂人面最廣的一個人。這位女士曾冒著生命危險幫助他在里昂找到藏身之所，並且盡自己的本分對抗納粹，幾乎完全靠一己之力見機行事（如同當時許多抵抗分子）。能不能贏得他的法國朋友信任，並且徵召她協助成立抵抗組織、聽從倫敦與特別行動處的指令，就看維吉尼亞的本事了。辛普森相信，如果有誰能做到這一點，非維吉尼亞莫屬。他覺得她和其他女人不同；她擁有在他看來（以當年的觀念而言）男性化的「勇氣與堅定意志」，與她「充滿女人味的外表」[6]形成強烈對比。

辛普森最喜愛的里昂人（據他表示，這人幫助他找回了「男子氣概」），絕非任何人心目中典型的抵抗分子。三十七歲的傑美恩．基林（Germaine Guérin）是一位「火辣的棕髮女郎」，擁有「充滿獸性的性吸引力」，是里昂當紅妓院的合夥老闆。她在妓院樓上的住家舉辦夜間沙龍，全身珠光寶氣，身上穿著綾羅綢緞和貂皮大衣，散發「吉普賽的熱情」，一群黑貓圍繞身旁——其中一隻小貓甚至會忠心耿耿地跟著她上街。她的住家大樓從外觀看來，不過是里昂陋巷裡一間不起眼的建築（如今改建成法國財政部的現代化辦公室），但她在大樓裡頭的住家是一間掛滿織錦的寶庫，金幣塞滿一個個木箱，衣櫥裡掛滿巴黎的最新時裝。有錢有勢的男人為了討她的歡心勤獻殷勤，心甘情願對她唯命是從。

在樓下的妓院，光彩照人的傑美恩分別招待德國軍官、法國警察、維琪官員和實業家。她高價供應他們黑市的蘇格蘭威士忌和頂尖牛排，但也會留一點給她的朋友一飽口福。她的客戶想都沒想過她可能別有用心，更別提搜查她的屋子。他們樂得為她提供原本難以取得的汽油（從未想過她會開車載送情報員和逃亡者）和燃煤（這在一九四一年的冬天是有錢都買不到的奢侈品）。傑美恩「生活在低賤的環境，而且她的道德標準不符合常規」，辛普森回憶，不過，他也看到了她內在的高貴。「她……像海獅一樣乾淨得閃閃發亮」[7]。

初次見面時，維吉尼亞和傑美恩都抱著戒心。這位法國女郎心高氣傲，而且有一顆熾熱的愛國心；她本能地排斥加入任何正式組織，尤其不願意聽命於外國人。維吉尼亞已經號召拉穆拉蒂埃區的修女成為她的忠實助手，此刻，她發現自己正在向道德光譜另一端的人招手。在此之前，就連她對冒險的渴望，也從未帶領她進入和她的古板家庭如此天差地遠的世界——一個以女性身體進行金錢交易的世界。兩個女人都沒有結交閨密的習慣，但儘管背景顯著不同，辛普森觀察她們，發現許多共同之處：和危險打交道是她們最開心的時候，她們都有一種淘氣的幽默感，都有能力「化腐朽為神奇」，而且同樣「鄙視自己的恐懼」[8]。看來，傑美恩被維吉尼亞顯而易見的正直與勇氣打動了，無疑也明白與倫敦聯手對解放法國大有幫助。她答應提供妓院的一處和另外三間公寓作為祕密據點（並用她的違禁燃煤供應暖氣），不過，兩個女人一開始都假裝傑美恩不知道祕密據點的用途。傑美恩後來成為維吉尼亞整個里昂行動意想不到的重要支柱，也是最英勇的特工之一——不過，維吉尼亞立刻發現她必須善加管理她的新朋友，至少設法教會她基本的安全防備。辛普森曾警告維吉尼亞，傑美恩的時髦風雅可以騙過男男女女，但她也可能因為大膽而「掉以輕心」，而且「魯莽得無可救藥」[9]。

不過，多虧了維吉尼亞，傑美恩成了許多特別行動處幹員行經里昂時的「集結點」[10]，也曾收容逃出占領區的猶太人、趕赴前線的波蘭人，以及準備南下西班牙的逃亡者。她希望協助「推翻德國占領者的革命」，重建她所謂的「陽剛法國」，因此她為每個人找到藏身之地，為他們提供食物、衣服和偽造的身分文件，送他們踏上通往自由的道路。她似乎以冒險為樂，但儘管傑美恩表面上吊兒郎當、漫不經心，但她的加入標示出維吉尼亞的任務進入一個全新階段。在特別行動處看來，維吉尼亞的「質問者」小組如今已「基礎穩固」[11]，擁有一群格外能幹且忠心的新血，而小組的核心，就是這兩個跌破眾人眼鏡的女人。

傑美恩在法國上層社會的勢力，開啟了各式各樣的大門。一位富有的里昂工程師尤金·朱尼特（Eugène Jeunet），擁有一張能穿越停戰分界線、往來法國兩邊之間的通行證。他是一名鰥夫，膝下有三名子女。他自願為維吉尼亞和巴黎的地下組織傳遞消息，這讓她有機會將情報網擴大到和她的里昂基地相隔遙遠的法國首都。他也為情報員提供交通工具、石油、住宿和食物，並且把武器、炸藥和發報機藏到他的公司裡。最幸運的是，朱尼特的姊夫是當地的警察首長，他被說服對維吉尼亞的作為睜一隻眼閉一隻眼，並且在他的手下即將發動襲擊或進行拘捕時，事先向她通風報信。他的及時警告數度幫助維吉尼亞逃過抓捕，也救了許多位她最看重的情報員。

不過，為了替維吉尼亞提供情報而冒著最大風險的人，或許是傑美恩手下的「姑娘」。在鴇母的鼓勵下，她們給客戶灌酒，設法打開他們的話匣子，並且趁他們睡著，在他們的口袋裡翻找有意思的文件或照片。一年前，在發給美國駐倫敦大使館的報告中，維吉尼亞曾表示自己特別看不起那些招待德國客戶的娼妓，但是現在，她親暱地把這些女人稱為她的「窯姐兒朋友」。正如她所說，多虧了她們的「德國佬床伴」，她們的消息「非常靈通！」[12]。她們把掌握到的情報傳給維吉尼亞，但有幾位窯姐兒朋友甚至做得更多。她們拿倫敦透過美國外交郵包偷運進來的海洛因，誘使醉醺醺的德國佬「稍微吸一口」，「看看會產生什麼效果」。如果一切照計畫進行，這些人很快會上癮，然後莫名其妙喪失工作能力；有幾名飛行員視力受到影響，被下令停飛[13]。這種作戰手法雖然屬於旁門左道，風險很高，但非常有效。

傑美恩還介紹維吉尼亞認識跟姑娘們往來密切的另一個關鍵人物。讓・盧賽（Jean Rousset）醫生性格開朗，有一張圓臉和時髦的小鬍子。他是這群風塵女郎的婦科醫生，經常上門替她們看病，深受愛戴。他有「許多可以使德國客戶狼狽不堪的邪惡點子」[14]，其中似乎包括讓許多人感染梅毒或淋病，多多益善。他發出特別的白色卡片，證明某個姑娘沒有傳染病，但其實根本不是這麼一回事。一兩個姑娘似乎在趕緊尋求治療以前，把病傳給了十多位敵軍——德國士兵被鼓勵去尋花問柳，因為上層相信這能提高他們的作戰意願。還有一些姑娘在客戶的衣服上撒搔癢粉，讓他們難受得不得了。幸運的是，這位仁醫巧舌如簧，總能讓自己從窘境中脫身——這項本事日後會救他一命。

盧賽醫生在安東尼龐賽特廣場七號一扇雄偉的大門後，經營他的婦科與皮膚科診所。這棟古老的蜂蜜色石造大樓，很快成為維吉尼亞的祕密指揮中心。這是個方便的安排，因為她身上確實長了疹子，可以聲稱自己是到診所就醫。盧賽醫生在這裡照顧受傷或生病的情報員、接收訊息、介紹她認識另外十多位有用的線人，並且在樓上開設一間假的精神病院，做為另一個祕密據點。德國人不可能來這裡搜查，因為他們被告誡要對精神病患敬而遠之，盡可能避開有約束衣、尖叫或嚎叫聲的地方。盧賽是一名後備軍人，一九四〇年退伍後便開始收容猶太人和脫逃的戰俘。他厚重的診間家具裡，藏匿了大量的地下文獻，而他也一直在等待機會為盟軍盡一己之力。如今，倫敦終於派人前來組織抵抗運動並提供外援。維吉尼亞一見到盧賽就很喜歡他的樂觀、活力，和他那一大群志同道合的朋友。他和許多人一樣，隨即被她的人格力量折服。不論做什麼事或身在何處，她的身上總有一股盎然的生機。她的威信、本事與魅力有目共睹，她的無私也同樣顯而易見。兩人都明白，戰亂中，高貴有可能在意想不到的地方浮現。但是從此刻起，他們和他們的同志將被維琪政府和德軍列為恐怖分子。

盧賽認為自己毫無理由不冒著生命危險，聽從這位外國女郎的命令。畢竟，當許多他的同胞只想苟且偷生，這位女郎卻為了他的國家而將死生置之度外。在當時社會環境的襯托下，盧賽的合作意願更顯得難能可貴。維琪法國的保守政權認為，女人的愛國職責就是待在家裡、結婚、起碼生四個孩子。墮胎是犯法的，有可能被送上斷頭台（難怪僅僅一年多時間，在里昂所屬的羅訥省，生育率便提高了百分之三十五）[15]。一九二〇和三〇年代的都市女性解放運動，引來了強烈且極端的反撲力量。女人如今成了附庸，沒有投票權，依法必須服從丈夫，而且照維琪政府所言，「會被刺耳的噪音惹得神經緊張」[16]。然而，盧賽不顧種種社會束縛，決心成為維吉尼亞「最有價值的幫手」[17]。她給他取的代號是皮朋（Pépin），意思是「種子」，並指派他擔任她的第一副手。

維吉尼亞還結識了前任法國情報官羅伯特．勒普雷沃（Robert Leprevost）。他是另一位關鍵人物，已幫助多名失事的英國皇家空軍飛行員從馬賽逃出法國。幸運的是，他非常善於把不會說法語、長得也不像法國人的英國軍官偷渡出境。這些軍官往往比他們的高盧東道主更高、更魁梧、更白，而且有一雙大腳——這讓維吉尼亞和其他人傷透腦筋，很難替他們找到合腳的便鞋。光出現在街上就會為他們自己以及幫助他們的人造成危險。美國參戰之後，挑戰益發艱巨。嚼口香糖被明令禁止，羅圈腿的德州人痛苦地學習歐洲人的走路姿態，避免把手插入口袋，那被視為「洋基佬」的毛病。勒普雷沃的本事對他們特別有幫助。

喬治．惠亭希爾也暗中幫忙維吉尼亞，協助許多人逃離法國。戰爭期間，他數度自掏腰包，幫助上百名英國飛行員和另外二十名英國與比利時情報員偷偷越過西班牙邊境。維吉尼亞剛到法國幾星期，英國飛行員就被告知，一旦被擊落，他們應該前往里昂的美國領事館，聲稱自己是「奧利佛的朋友」。這是跟瑪麗・莫寧（Marie Monin；維吉尼亞的另一個化名）聯繫的暗號。透過傑美恩和友人們的幫助，她得以藏匿許多飛行員、供他們吃飯，然後安排他們撤離法國。「里昂的瑪麗」締造的奇蹟開始廣為流傳。

維吉尼亞每天忙得團團轉，幾乎沒有一刻停下來思索自己的問題。她已經設立了以盧賽和傑美恩為核心的情報網，此刻，她希望將組織擴大到全里昂，然後拓展到整個法國南部和其他地方。做為聯絡官，她表面上的職責是協調（而非領導）各個情報小組，但由於特別行動處亟欲推動工作，再加上她有能力鼓舞並凝聚三教九流的法國人，她的行動遠遠超過了最初的任務。她陸陸續續吸收許多人，包括一位五十歲的香水製造商，名叫約瑟夫・瑪尚（Joseph Marchand），他為情報員提供里昂的一個祕密據點，日後並成為維吉尼亞手下的一名情報組組長；英勇而年長的費洛特姊妹（Mesdemoiselles Fellot），這兩位抱獨身主義的女士在古董店地下室儲藏抵抗組織的補給品，並在自己家裡藏匿在逃的情報員；里昂一家內衣店的老闆，法蘭絲・佩約特（France Pejot；未來的音樂人讓—米歇爾・雅爾〔Jean-Michel Jarre〕的母親、夏綠蒂・蘭普琳〔Charlotte Rampling〕的婆婆），她將武器藏在一堆蕾絲胸罩底下，並在店裡的密室舉辦汗臭熏天的抵抗組織會議；以及多位理髮師幫忙收容遇到麻煩的抵抗組織成員，並幫助他們喬裝易容。亞伯特（Alberte）女士利用她的洗衣店接收各個抵抗領袖傳來的訊息，如果她將兩隻補過的襪子並排掛在窗口，就表示她有消息要傳遞；如果分開擺放，就表示沒有收到任何訊息。維吉尼亞在波士頓的大學同學、如今在勒皮（Le Puy）開工廠的讓（Jean）和瑪麗路易斯・朱利安（Marie-Louise Joulian）夫婦，幫忙將逃亡者藏進上羅亞爾省的山區，並在倫敦沒有透過外交郵包送錢過來時，借錢給維吉尼亞使用。她還招募了一位偽造文件工作者，這位雕版師傅在稱作「上帝之家長廊」（Passage de l'Hôtel-Dieu）的高級商店區一帶頗負盛名；尚皮亞德（Chambrillard）先生成了仿造官方文件的專家，他為維吉尼亞提供的文件，甚至能唬過眼神最銳利的檢查者。他和維吉尼亞的其他支持者都知道，一旦被捕，很可能得付出生命的代價。

特別行動處比法國人自己更早認清，若要有效地滋擾敵人，幾股分散的抵抗力量必須擰成一支有紀律的祕密大軍。大多數組織不知道彼此存在，而且由於欠缺中心人物統籌規劃，他們的行動很難發揮作用。維吉尼亞跑遍各地，不放過每一個可能派上用場的線人，爭取為特別行動處建立必要的聯絡點，而且最重要的，以提供外援的承諾為法國人帶來了希望。她居中運籌帷幄，促使形形色色的抵抗分子（成人、青年、天主教徒、新教徒、猶太教徒、無神論者、男人或女人）攜手合作。透過別人穿針引線以及謹慎地接洽陌生人，越來越多人願意為她提供幫助。她發現只要稍微吐露她對戰爭的想法以及對光復法國的熾烈渴望，就有辦法使人們對她敞開心胸。不過，她也明白表示，唯有成為特別行動處旗下的小組並聽從她的命令，她才能保證繼續送來武器、炸藥、食物、經費和藥品。唯有特別行動處才有能力與意願提供上萬噸補給品——但她吸收的新血也必須兌現自己的承諾。問題是，許多人仍然更關注自己的派系鬥爭——包括共產黨員與越來越多的戴高樂支持者之間的鬥爭——勝過切實接受倫敦指揮，為盟軍的目標服務。

維吉尼亞奮力前進，拒絕在這些爭執不休的政治派系之間選邊站。她始終展現出凝聚的力量，接納每一位真心把打贏戰爭當成第一目標的人，不論他們各自擁護的對象是誰。為求成功，她前往馬賽與勒普雷沃一起規劃逃亡路線；到亞維儂延攬當地的婦女充當聯絡員，並替未來的無線電發報員設立了一個祕密據點；並且再度前往勒皮，吸收一位名叫尤金．拉布里埃（Eugene Labourier）的運輸商人，請他提供卡車載運日後的空投物資，暫時存放在他的倉庫裡（一九四一年秋天開始運送小量的武器與炸藥）。她到昂蒂布拜訪奧利佛，為他剛剛在蔚藍海岸成立的小組提供協助（蔚藍海岸是迎接渡海而來的新幹員，或者送人搭船離開的理想地點）。她還前往西班牙邊境的佩皮尼昂（Perpignan）拜訪其他線人，規劃穿越庇里牛斯山的幾條逃亡路線。她接觸立場友善的律師，後者向她透露盟軍囚犯的消息，以及每樁案件的嚴重性。她鎖定願意提供房間的友善的旅館業者、可以拿到官印替偽造文件蓋章的市政廳公務員，以及提供穀倉存放物資的農夫。當然，她還定期回到維琪拜訪美國大使，並且聽取她在維琪政府裡的內線提供的政治情報。

然而，她最了不起的一次行動，或許是滲透進入安全局——這個「冒牌的蓋世太保」[18]曾在林園別墅設下圈套，並透過「探耳」（snoop ears）[19]行動巧妙追蹤到祕密無線電信號。她慧眼識人，吸收了具有理想主義、相貌英俊、來自科西嘉的三十歲軍官馬歇爾．萊夏（Marcel

Leccia）.，這位以利摩日（Limoges）為工作據點的軍官，後來竟不可思議地接連吸收了他的助理（伊麗莎・阿拉德）和上司（列昂・古斯）。現在，如果再有類似林園別墅的圈套，維吉尼亞八成會事先得到消息，並且可以期望安全局更寬厚地對待已經被捕的幹員。

在那段黑暗時期，維吉尼亞的祖國是自由民主的燈塔。受到這項事實鼓舞，許多人——工廠工頭、鐵路工人、警察、政府官員和家庭主婦——開始鼓起勇氣接近這位美麗女郎，主動幫忙。「身為美國人，人們願意對她推心置腹，這讓她很容易得到幫助，」被維吉尼亞推崇為特別行動處最傑出幹員的班・考柏恩佩服地說。雖然考柏恩只是來法國執行臨時任務，但他經常拜訪她，驚訝地看著這些不請自來的法國當地人，源源不絕地為她提供「有用的門路」[20]。她一點一滴侵蝕維琪政府的根基，撼動了法國人整體的認命心態。她比其他人吸收了更多有頭有臉的人物，從原本的一無所有，如今幾乎打進法國的每一個重要階層。美豔動人又威權果決，沒有人比她更適合宣傳英國的作戰目標或鼓吹抵抗運動。盟軍在法國的勢力已徹底改頭換面。

然而，隨著冬天降臨，在凍雨、大雪和爛泥中持續旅行——用維吉尼亞自己的話說——是「不得小覷的嚴酷考驗，弱者痛苦不堪，即便強者也感到筋疲力盡」[21]。德軍徵用了現代化列車，只留下慢吞吞、骯髒、沒有暖氣且常常故障的老古董火車，一整天可能只行進一、兩百英里。比起戰前，火車班次大幅減少，沒有幾個人買得到汽油供他們的汽車使用。所以，維吉尼亞在報告中指出，火車「擠得超乎想像，彷彿華德・迪士尼的腦力激盪畫面」[22]，許多人貼在窗上或擠在入口階梯，導致車門無法好好關上。維吉尼亞偶爾被擠在門口動彈不得，接連兩小時緊緊抓著車廂內某個陌生人的手，跟死亡（或者她所說的「空無」）擦身而過。有些女人在衣服下塞軟墊，但願某個乘客會因為同情孕婦而起身讓座。不過，哪怕這樣的計謀也很難得逞，因為「空氣中充滿令人冷到骨裡的恐懼與猜忌，車廂內悄然無聲，人人自危」[23]。有時候，只有一兩片庫存告緊的苯丙胺，才能帶給她支撐下去的勇氣。

維吉尼亞充分利用她的記者身分以及非正式受到警察保護（起碼在里昂如此），解釋她的旅行和不規律的作息時間。她盡可能頻繁地寫文章來維持掩護，報社的主編確實滿意她的工作，甚至發給她一千法郎的獎金。有關政治新聞的敏感文章並未發表，而是直接送到特別行動處，以免引來當局對她的注意。不過，一九四一年十一月二十四日刊登在《紐約郵報》上的里昂電訊是個例外，這篇報導將維琪政府對猶太人的日益壓迫公諸於世。

為了自身安全，維吉尼亞盡量避免發表社論，但是對於猶太人所受的待遇，她越來越難掩飾自己的憤怒。如今，猶太人基本上被排除在任何有地位或影響力的職業之外，他們不得擔任銀行行員、股票經紀人、公關人員、生意人或房地產仲介，或甚至從事戲劇、電影或媒體業。她引述一位「當權的政府官員」的話，表示「預防勝於鎮壓」，預示即將出現更嚴苛的法律。

儘管維吉尼亞寫文章時小心翼翼、字斟句酌，但她常年四處奔波，危險在所難免。火車——尤其是南下馬賽的快車——經常遭警察突擊檢查，偶爾還有蓋世太保為他們撐腰。旅行時最保險的做法，是把祕密文件（上頭有長得背不下來的訊息，或者關於潛在破壞目標的詳細資訊）拿在手上。這表示到了必要時候，可以快速把文件塞進椅縫、丟出窗外，或甚至吞進肚裡。有些幹員在火車進站時，會拿起小鏡子舉在窗戶邊，看看有哪些人準備上車，以便預知麻煩降臨。維吉尼亞發現，祕密警察對最便宜的座位比較感興趣，所以她總是訂頭等艙。她把要去的地址背下來，而不是寫在紙上，並且總會預先編好出行的合理理由，再三演練。儘管如此，每一趟出門都可能有生命危險——而她的木腿，讓她少了像其他人那樣跳出車外、跑到躲藏處的最後選項。每一次會面，接頭的人都可能是雙面間諜或叛徒，或者他們已經被捕、受到刑求，最後出現的是安全局或蓋世太保的人。

不過，最難熬的一刻，或許是當她終於回到里昂的旅館房間。戶外氣溫降到攝氏零下十五度，但是由於沒有暖氣，房間裡也好不到哪裡，她得拿破布堵住從窗縫鑽進來的冷風，並且在衣服裡塞報紙保暖（這讓她走起路來發出窸窸窣窣的聲響）。旅館有一點點熱水，但只在星期天上午供應。幸好，她在羅蘭德公園女校讀書那幾年讓她學會了耐寒。對她來說，最糟糕的莫過於沒有肥皂可洗澡或清洗衣服床單，因為每一樣東西都給人既冰冷又骯髒的觸感。一陣子後，她決定盡量穿深色衣服，因為比較不顯髒，但那實在有違她天生講究的性格。「如果您能寄給我一塊肥皂，」她透過外交郵包寫信給倫敦，「我將非常快樂，並且乾淨許多」[24]，而且也更能抵抗人類一百多年來首度出現的疥瘡大流行；跟一大群營養不良且沒有清洗的乘客擠在火車裡，意味著疾病近在咫尺，許多人抓癢抓個不停。最棘手的，或許是沒有了給殘肢穿的特殊醫療襪子，少了這些襪子，驚險的火車旅行益發考驗她的耐力。

在房裡獨處的時候，情報員必須面對恐懼、豎起耳朵聆聽任何可疑的動靜。儘管維吉尼亞跟當地警察關係良好，但她那導致某些人給她取了「瘸腿女士」之名的不尋常走路姿態，使她特別引人注目。「恐懼從未減輕，」一位率直的法國修女回憶，「為自己感到害怕；害怕被告發，害怕被人跟蹤而不自知，凌晨聽見或以為自己聽見有人甩門或上樓的聲音時，害怕會是『他們』……最後，害怕恐懼的感覺，也害怕自己無法克服這種感覺」[25]。抵抗運動有賴孤獨的勇氣，有賴能夠獨力作戰的男男女女。但孤獨是一種無止境的折磨。一名情報員甚至坐在鏡子前吃飯，因為除了自己的倒影之外，沒有任何人可以信任。在敵後，忠誠出現了不同的意義，到頭來，效忠的對象是理念，而不是某個人或某一群人。維吉尼亞心知肚明，卸下戒備即可能招來殺身之禍——即便是跟其他幹員或線人吃一頓飯或喝一杯酒的時候。每個人都感到孤獨，都有跟別人傾訴想法與恐懼的衝動。但生存取決於克制。自從失去一條腿以來，隱藏情緒和堅定的自我依賴已成了維吉尼亞的第二天性。況且，恐懼與混亂的情緒總勝過心如槁木。她在進行一件重要工作，而且做得有聲有色。她得到了一個要角。雖然時時刻刻活在被捕的陰影中，但她從未感到如此自由。

可以確定的是，遠在耶誕節之前，維吉尼亞就起了一個精采的開頭。事實上，特別行動處認為她「極其成功」，並以「鼓舞人心」[26]評價她的工作表現和行動能力。不過，並非每個人都對她的進度感到滿意。阿朗（也就是喬治．杜柏汀）是少數幾位躲過馬賽圈套的幹員之一，他的工作據點也在里昂，離她不遠。他是法國人，比維吉尼亞小一歲，娶了一個英國女人，戰前任職於倫敦的里昂信貸銀行（Crédit Lyonnais bank）。他曾受金．費爾比（Kim Philby；後來被揭穿是蘇聯劍橋情報網的一員，不過當時替特別行動處工作）親手調教，被倫敦譽為「不可多得的頂尖人才」，是「天生的領袖」[27]。阿朗被正式任命為組長，有自己的一個初具雛形的小組，因此嚴格來說，他的職位在維吉尼亞之上。他認為由他——當然不是某個殘疾女人——主持特別行動處在里昂的整體運作，再恰當不過。

他一抵達這座城市，維吉尼亞就幫他聯繫發行《鎖鏈上的雄雞》的抵抗組織，並居中牽線，介紹他認識負責製作偽造文件以及蒐集武器供日後行動的其他人員。她已盡自己所能幫助他起步。但阿朗的第一線工作始終施展不開；他常常缺席重要會議，而且似乎沒有能力吸收援手，即便真的招到人，也往往留不住他們。他向總部謊稱自己招到了上萬名人馬，等待時機成熟就會發動一場大規模的破壞行動；貝克街聞言欣喜若狂。但即便亟欲得到好消息的倫敦願意相信他，維吉尼亞知道真實情況並非如此。她發現阿朗不安於地下工作生活，並痛恨這份工作所需的孤立與警覺。由於欠缺一般士兵可以從小隊中輕易得到的同袍之情，他轉而靠酒精和形形色色的女人

（沒有一個是他的妻子）來穩定自己。儘管他裝模作樣地扮演祕密情報員的角色，維吉尼亞擔心他的虛張聲勢會為她和整個特別行動處構成重大的安全問題。「最令人害怕的就是自己人」，另一位幹員回想起當時的情況。他們掌握了太多關於你的訊息[28]。

因此，她不願意讓阿朗接觸她自己的小組，更別提讓他接掌主持工作——這份拒絕顯然令他很不痛快。他們是她個人的內線，只信任她一個人，每當貝克街建議由阿朗負責指揮，維吉尼亞必須不斷警告貝克街「不要插手」[29]。縱使倫敦並不清楚，但從短暫的第一線工作經驗，維吉尼亞已明白有必要效法共產黨的諜報組織，每個獨立的基層小組僅由幾個人構成，每一位新成員都必須有舊成員的推薦，而且只跟自己的上級單線聯繫。在林園別墅事件失去大多數同事之後，她深知鏈條上只要出現一個脆弱環節，就會帶來極大的危險。諷刺的是，那場災難拯救了她，迫使她從一開始就認清，仰賴自己——似乎也包括避免擁有情人——是維持自由與活命的第一法則。她已從自己的人生經驗學會粗心大意的可怕代價。她獨自度過每個夜晚，不必大費周章設法保密。她的殘疾讓她覺得有必要拉大和別人的距離。棘手的是，她必須確保她的線人也遵守同樣的法則，或者將他們畫分成幾個獨立而明確的小組，對彼此一無所知，而且除了她的幾個不同化名，對她所知不多，藉此在他們違反安全規定時，設法將損失降到最低。她堅持只靠在安全信箱或者如亞伯特女士的洗衣店等中間聯絡點留言的方式，跟他們傳遞訊息。不過阿朗是個需要人哄的業餘人士，必須把他摒除在外。

然而，由於她成功建立了可靠的情報來源，並且非常善於解決問題，瑪麗．莫寧的傳奇甚至在里昂以外的地方傳了開來。她的情報網變得非常龐大也非常成功，她再也無法像她一開始喜歡做的那樣，親自挑選每一個成員。精通這份工作使得她成了特別行動處眼中「大家的姨媽」，「每個人一遇到麻煩就會立刻想起她」[30]。不過，替那麼多人解決問題，無可避免使她成了注目的焦點。

維吉尼亞依然為了收取留言，經常光顧格蘭德飯店的酒吧。這個酒吧如今遠近馳名，成了大家尋求幫助的地方。事實上，正由於它聲名遠播，倫敦擔心這個地方會「焚毀」——特別行動處的行話，意思是「暴露」。維吉尼亞樂得仰賴她在警方的內線為她通風報信，也很滿意這個酒吧有許多出入口的事實。然而，當全法國「幾乎每一位幹員」[31]接二連三前來這裡要求經費、安全庇護所、假文件或逃生路線，這個地方很難維持安全。另外，由於遲遲沒有無線電發報員到任，大家都知道她在領事館的內線是與倫敦聯繫的唯一安全管道。初來乍到的幹員直奔她而來，請求她幫忙他們熟悉情況或站穩腳跟。她也為他們提供糧食、香菸、酒、衣服、鞋子和肥皂的配給票。事實上，儘管（或許正因為）維吉尼亞當初得不到這樣的幫助，她太樂意幫助別人了。被人看重的感覺真好。

比起維吉尼亞剛來的時候，新來的情報員如今或多或少得到更充分的準備。林園別墅事件之後，總部更重視情報員的化名與身分、流利的法語和安全訓練；這一部分得歸功於維吉尼亞的關鍵報告。然而，大多數人開頭幾天仍然覺得自己可疑得難受。「你幾乎想像自己額頭上閃著霓虹燈，一閃一閃地宣告自己『產自英國』」[32]，彼得．邱基爾（Peter Churchill）回憶道；這位三十二歲的退役冰上曲棍球員在一九四一年十二月離開倫敦，搭乘潛水艇抵達法國南部。和幾乎每個人一樣，他一上岸就直奔里昂的格蘭德飯店，希望在飯店酒吧找到維吉尼亞。他當天從白天到晚上一共來了好幾趟，每次都得經過卡爾登飯店——維琪警方層層戒備的蓋世太保總部。由於別人答應給他的糧票並未兌現，他已經二十六小時粒米未進，飢腸轆轆地在酒吧枯等了兩小時。邱基爾終於放棄，他遵照貝克街的指示，在櫃檯給她留了一張字條，確保上頭寫了「瑪麗親啟」幾個字，署名「拉烏爾」，並在其中四個字母底下畫線[33]。

維吉尼亞之所以沒有露面，似乎是為了考驗邱基爾的誠意。因為當他一回到凡爾登飯店的房間，幾乎立刻接到她的電話（他在房間藏了一塊珍貴的肥皂，免得被女服務生發現）。他表示有她「妹妹」蘇珊的消息——另一個暗號；她邀請他共進晚餐。他們去她最喜愛的餐館吃飯，維吉尼亞把他餵得飽飽的，並且承蒙她在食品管理當局的一位朋友幫助，為他提供他所需的各種食物票券。這頓飯的水準讓邱基爾大為詫異——兩人各以一打生蠔當開胃菜——但她告訴他，這得花很多錢，而且只有熟客介紹的朋友才享受得到。

他們用法語閒聊時，維吉尼亞態度親切、充滿魅力、舌燦蓮花，讓邱基爾備感輕鬆，直到他脫口說出「英國」這個字眼。她打斷他的話，表示他「永遠不該提起那個地方的名字，我們會用

『老家』代替。另一個字眼很容易引來注意」[34]。她用和原本一樣平靜的語氣申斥他，以免讓鄰座的客人察覺有異。不過，她的嚴肅無庸置疑。邱基爾不由得注意到她的笑容消失了，雙眼流露出疲憊。

維吉尼亞知道，任何細微的錯誤都可能導致情報員——以及她本人——喪命。曾有一名同志走到一輛車前，一時忘了法國人的駕駛方向和英國人相反，立刻被眼尖的蓋世太保逮到。維吉尼亞提醒新來的人，吃東西要跟法國人一樣——拿麵包吸乾淨盤子上的湯汁，風捲殘雲地不留一滴食物，當然也絕不要像家教良好的英國人那樣，用餐完畢之後把刀叉擺放成六點半鐘的方向。由於已經離開英國，他們應該戒掉隨身攜帶雨具的習慣。維吉尼亞設法做到滴水不漏。由於被禁止買香菸，無法讓她的「男孩們」在他們所謂「煙癮上來時」解癮，她轉而在咖啡館的地上撿菸屁股給他們抽。這也可以幫助他們融入當地。撿菸屁股已經成了全國性（而且相當體面的）休閒娛樂，是比另一種流行的做法——用秋天的葉子捲菸——更聰明的選擇。那個習慣使得里昂的街頭散發篝火的氣味，並且經常引發人們猛烈乾咳。

然而，儘管她一身本領，就連彼得·邱基爾這些新進情報員都看得出來，阿朗不負責任的行為有可能將她置於險地。邱基爾明白，這個時候失去她，會比林園別墅災難的損失更巨大。但阿朗顯然不斷扯維吉尼亞後腿，並且拒絕接受她的幫助。事實真相是，阿朗是個廢物，儘管氣勢洶洶，但他從未建立任何一個足以擔負未來破壞行動的組織。邱基爾幾星期後回到倫敦，立刻向F

科報告阿朗帶給維吉尼亞的挫敗感。他形容阿朗是個惡霸，甚至建議在阿朗造成更多傷害以前，趕緊把他召回倫敦。

另一方面，邱基爾極盡所能地讚美維吉尼亞，建議倫敦明確下令由她主持大局，這能讓她的日子好過一點，也更能反映第一線的現實。她被情報員視為真正的「一線主管」，他解釋道，她「在里昂以美國鬥士之名為人所知，得到一切最好的服務」。他補充說，她是「行走的百科全書，認識每一個人，與每一個人為伍，受到每個人喜愛」[35]。受人喜愛，此言不差，但她也稍微令人感到害怕。如今在她心裡萌生的狠勁，程度上跟她的助人熱忱不分軒輊。她定期到里昂郊區的山上打獵，磨練自己的射擊技術（並且藉此向倫敦保證，卡斯伯特——她給假腿取的小名——完全不礙事）。而且，她告訴邱基爾，靠著精良的鋼鐵，她的「夥計」可以「解決掉」涉嫌走漏消息給法國警方的線人[36]。然而，正式授予她組長職位，或者明明白白地把主持第一線工作的大權交給一個女人，這種做法實在駭人聽聞，就連特別行動處也邁不出這一步。儘管她為特別行動處在法國扎下唯一一個穩固的立足點，但不論她立了多大功勞，也不論阿朗的自我吹噓最終被戳破牛皮，在她和阿朗之間，倫敦依舊更重視阿朗的說詞。對於她拒絕接受他的命令，也不願把她的情報網交給他指揮，阿朗的怒氣逐漸升溫。

熱情奔放的彼得．邱基爾也是貝克街的紅人。他（而不是維吉尼亞）被賦與一項至高無上的任務，負責調查林園別墅災難中被捕的十幾名探員目前的處境。他發現這項任務比他預期的艱難。離開里昂後，邱基爾追著一條聽起來十拿九穩的線索來到馬賽（他以為那些人被關押在這裡）。他身上帶了用來買通消息的大量現金——和一塊藏著的肥皂。維吉尼亞負責當他的導遊。她在馬賽聖夏爾車站的穹頂下等他下火車，然後陪他走下月台、前往出口。她一發現檢票口有一群蓋世太保，立刻領著他鑽進擁擠的車站咖啡館，從無人監視的側門溜出來，沒有引人多看一眼，也沒有多說一句話。等到他們匆匆步下這座車站著名的雄偉石階、走進繁忙的後街小巷，維吉尼亞在邱基爾心中已是一個「可以克服一切阻礙的女人」。她以鏗鏘的腳步穿行在小鎮的赭色街道和營養不良的馬賽人潮之中，速度之快，也叫他瞠目結舌。他忍不住打破沉默問她，她有假腿的傳言究竟是否屬實。她證實了傳言，並且笑著取下卡斯伯特敲打桌面，讓他聽清楚裡面是空心的。不過，她從不喜歡談起斷腿的經過——特別行動處許多人信了有關她摔下公車的荒誕故事。她寧可讓這類流言滿天飛舞，也不願意多談自己，尤其不願談論她因為這場戰爭而終於能夠拋到腦後的那段黑暗人生。她提高了戒備，也提醒邱基爾保持警覺。她警告他，馬賽是個危險的地方，他應該避開盤踞濱海路一帶的蓋世太保眼線，尤其是舊港四周的一幫無賴。

邱基爾出發去見他相信可以幫忙營救林園別墅幹員的一位政府律師；他這一次是隻身行動。不過，儘管他提出一百萬法郎當作酬金，這次會面跟他預期的情況完全不同。事實上，氣氛極為緊張，邱基爾不禁以為自己掉進了圈套，甚至可能害囚徒的處境變得更糟。後來，維吉尼亞坐在咖啡館寫明信片時，邱基爾走進來，維吉尼亞推測他帶來了壞消息。她對他說，「我看過聽到本國球隊剛剛輸掉灰燼盃（the Ashes）的一群人，你看起來就跟他們一模一樣」[37]，顯示她很熟悉英國與澳大利亞之間的板球對抗賽有多麼激烈。維吉尼亞自動請纓，建議由她去接觸她的一位線人，潔美・龐索─莎皮麗（Germaine Poinso-Chapuis）夫人，後者證實的確比邱基爾的線人更有用。夫人很快傳來消息：這群人不在馬賽，而是被送到兩百英里外的佩里格（Périgueux），關在一座戒備森嚴的要塞。維吉尼亞想付錢給她的線人，但夫人拒絕接受賞金，儘管她只能穿著破爛的衣服四處奔走。

這是漫長的三個月以來，第一次得到這些幹員還活著的確切證據。營救特別行動處頂尖幹員的行動，終於出現了一線曙光。不過時間有限，邱基爾很快就要返回倫敦。佩里格有太多囚徒若非死於低溫、鼠患或營養不良，就是某天清早列隊站在牆邊遭到槍決。少了《日內瓦公約》對正規軍人的保護，他們活著出獄的機會十分渺茫（事實上，戰爭期間在法國被捕的一百一十九位倫敦特別行動處幹員之中，只有十五人——亦即每八人當中只有一人——生還）[38]。很顯然，營救行動必須要快，但總部將這項任務重新指派給蔚藍海岸的奧利佛，而不是維吉尼亞，所以邱基爾把用於賄賂的一百萬法郎轉交給他。不久後，特別行動處在法國的另一位線人（化名卡爾特）傳來了可喜的消息，他說根據他自己的消息來源，這群人很快就會獲釋。這位喋喋不休、甚至沒有基本安全意識的畫家向還很天真的邱基爾保證，他會親自處理整件事情，不需要把其他人——包括維吉尼亞——捲進來。貝克街津津有味地聽著卡爾特描述他掌握了一支三十萬人的祕密大軍，深信不疑。然而，他不過是另一個滿口大話卻光說不練的空想家。不論維吉尼亞還有多少工作要忙，特別行動處在這件事情上的無所作為，不停啃噬她心裡的一個角落。她開始默默替獄中的幹員籌劃藏身之地和逃亡路線，以備有朝一日需要她出手相助。

邱基爾在第一線的短暫行動已讓他筋疲力盡；他打算回英國之前，跟維吉尼亞在馬賽見最後一面。他不顧維吉尼亞的警告，決定穿過舊港區臭氣熏天的小巷，走捷徑去約定的咖啡館，卻在路上被兩名男子攔下來，其中一人戴著維琪警察頒發的白色臂章，有權抓捕黑市商人。他們要求邱基爾出示身分證明，當他低下頭，他們其中一人把大衣底下的某個東西往前頂，彷彿是一把槍。邱基爾掏口袋時，兩人看見他的錢包裡塞滿了鈔票，於是脅迫他把錢交出來，否則就把他送到德國幹苦役。幾分鐘後，這名特別行動處幹員平安脫險，只不過全身顫抖，而且口袋裡少了兩萬五千法郎。

與此同時，在附近的另一家咖啡館，維吉尼亞與奧利佛剛剛結束會面，正準備離開。當他們起身，外頭傳來一片吵鬧聲與騷動，哨音與尖叫聲不斷，十多名武裝警察衝進來，命令所有顧客靠牆排隊站好。維吉尼亞站在奧利佛身旁，察覺他們掉進了一個危險的陷阱。警方正在圍捕無辜的平民百姓，準備送到德國，滿足納粹對奴工的巨大胃口，供德國工廠奴役（正如邱基爾的攻擊者發出的威脅）。維琪政府原先允諾送數千名自願工作者到它的宗主國；他們保證讓每個人享受好食物、好工資、音樂會和休假時間，但是沒有幾個人上鉤，送出的人數遠遠低於納粹的要求。如今，維琪已答應強迫遣送，下令在好幾個城市隨意抓人。馬賽必須在三天內送三百名工人前往德國，否則警察自己就得被捆上東行的火車。維吉尼亞與奧利佛在錯誤時間出現在錯誤地點，當天夜裡就會被武裝的警衛送走，連道別或打包行李的機會都沒有。警方封住了整條街，無路可逃。

維吉尼亞慌亂地思索脫身之計時，市警局局長走進來檢閱他的獵物，許多人哭了起來。當一名督察跟在局長身後進門，奧利佛突然勾住她的手，維吉尼亞以為這是一個好心的安撫動作，但其實是他急中生智，發出他們倆是同夥的信號。督察也注意到了，他指著奧利佛和維吉尼亞，簡單扼要地命令一名手下把他們關進裡屋，他打算在那裡「私下」處理他們。

幾條街外，邱基爾正急急忙忙從遇劫現場趕往他和維吉尼亞的約定地點。但她沒有照承諾在咖啡館等他，這令他既驚訝又失望。她辦事那麼可靠，遲到不像她的行事作風。況且，只要她在身邊，他就覺得什麼事情都沒那麼糟糕。他面向大門坐下來，叫了一杯琴夏洛（Cinzano），點起所剩無幾的一根香菸，假裝看報來鎮定情緒。不過，維吉尼亞還是沒有出現，他開始納悶這地方為什麼空無一人。他嗅到空氣中的緊張氣氛。他喝光杯中的酒，再點了一杯，多給自己一點時間思索。

維吉尼亞和奧利佛聽到房門在他們身後上鎖的聲音，以為自己在劫難逃。不過，他們很高興地發現這間屋子有一扇朝向後巷的小窗戶。其他客人在咖啡館前面被推上卡車發出陣陣尖叫之際，他們悄無聲息地爬上窄窄的窗口，相繼擠身出去。維吉尼亞用她好的腿翻過窗台，在跳下另一邊之前，及時把卡斯伯特拽出來。她盡力跟上奧利佛的步伐，兩人連忙離開去找邱基爾。

終於，在似乎永無止境的等待之後，奧利佛大步流星地走進邱基爾所在的咖啡館。「趕緊走，」他抓起這名英國人的手臂，壓低聲音說。邱基爾看見維吉尼亞站在門口查看街上的動靜，立刻明白必定出了什麼大事，他們三人必須快速行動。他把僅剩的其中一張鈔票扔到桌上，跟著維吉尼亞走出咖啡館。奧利佛催促他們鑽進另一條小巷，三人不停回頭張望。「他們突襲咖啡館抓人，」他帶著他們快速爬上階梯、進入做為祕密據點的一間公寓並鎖上門後，對邱基爾說明情況。他還笑著說，他跟那名督察在戰前就有交情，督察認出他了，故意給他們製造逃跑的機會。兩人在千鈞一髮之際僥倖脫險。

他們的直覺反應是立刻出城。不過，維吉尼亞勸另外兩人等到隔天早上，因為可能還有更多波抓捕行動，車站會「擠滿怨氣沖天的人」。邱基爾在馬賽的最後一晚，維吉尼亞告訴他，那兩名逼他交出兩萬五千法郎的騙子是假冒維琪警察的黑幫分子。他們的另一種手法是把涉嫌參與抵抗運動的人賣給德國人，換取現金或被害者的財物。邱基爾突然被眼前的重重危險壓垮了，覺得比任何時刻更崇拜她、更需要她。

在他們焦急等待逃跑的幾個鐘頭，也許是他的脆弱激起了維吉尼亞罕見的溫柔。「我們第一線的人老得很快，但年歲帶來了智慧，」她安慰他。維吉尼亞坦承，由於時時刻刻面臨危險，她覺得自己彷彿「一百歲了」。他們這天雙雙僥倖逃過一劫，兩人再也回不去「從前的自己」。維吉尼亞也預測，等到邱基爾回到英國，他會忍不住拿貝克街的「同伴生活」跟「我們（這裡）的孤獨生活」做比較[39]。

「等你回到家，站在遠處看，感覺會不太一樣，」她停下來點菸時笑著調侃他，「你會忘了自己冷得多麼厲害——只不過下回別忘了帶暖一點的衣服；你會忘了種種恐怖經歷，記憶中只剩下那分刺激」[40]。

第四章　告別丁娣

《紐約郵報》的喬治．拜克爾發了一封電報給維吉尼亞，催促她趕緊回家[1]。一星期前，一九四一年十二月七日，日本轟炸機在早餐時間偷襲美國的珍珠港海軍基地，這一天已被羅斯福總統形容為「必須永遠記住的恥辱一天」。美國因為這起事件而猛然投入對日戰爭，並在幾天後對德國與義大利宣戰。拜克爾知道，身為美國人，維吉尼亞的處境變得比以前更加凶險，她應該重新考慮自己的任務。法國雖然名義上保持中立，但置身在實為納粹傀儡的國家，從現在開始，她的記者身分已發揮不了保護作用。

為了討好德國主子，貝當對抵抗運動發起另一波鎮壓。維琪警察將數十名、甚至數百名囚犯交給納粹執行大規模槍決，並親自將其他囚犯送上一排排特製的斷頭台處斬。對許多抵抗分子來說，遠在倫敦、除了人格力量與英國資金以外別無所有的戴高樂將軍，仍然只是收音機裡的聲音，和他們隨時有生命危險的日常生活相隔十萬八千里遠。有些人即便偷聽戴高樂將軍的ＢＢＣ

廣播——這是被嚴格禁止的事——也不確定是否該相信他的話。至於如今以里昂為行動基地的抵抗領袖、前首長讓・穆蘭等先知，則將這位身高六呎五吋的死硬派，視為凝聚整個解放法國運動（Free French movement）的核心力量。不過維吉尼亞知道，戴高樂仍然是個會引發分裂且遠在千里之外的人物。他的大多數同胞仍然覺得孤單無助、受到遺棄，而且毫無希望。

這份感覺在法國媒體搧風點火下益發強烈。法國媒體如今受到前所未有的嚴密控制，言辭激烈地反對英國與美國結盟，形容英美同盟意味著對史達林「可怕的」俄羅斯共黨低頭。媒體一再告訴法國人民，無論如何，倫敦已被大轟炸夷為平地，納粹肯定隨時會對英國發動全面攻擊。法國新聞部長保羅・馬里昂（Paul Marion）被賦與執行新聞審查以及持續散播維琪文宣的責任，目的是勾勒出一個前後連貫的虛構現實，最終形成「反對民主及其猶太支持者的統一意見」[2]。同樣的不實訊息一再受到強力宣傳，直到幾乎所有人都深信不疑，就算鐵一般的事實擺在眼前也毫不動搖。否定、持不同意見或偏離主流的人都被視為叛國。然而，報上並未揭露維琪政府多麼積極地為德軍的戰事出力，包括供應五千噸石油以及一支支卡車車隊給隆美爾元帥在北非的大軍[3]。由於相信希特勒勝利在望，法國越來越向德意志第三帝國靠攏，並且以前所未有的決心碾碎擋在路上的任何一顆小石頭。然而儘管戰爭風向不利於她，維吉尼亞仍拒絕離開。她唯一的重大讓步，就是在她寫給《郵報》的文章上，把發稿地點標註為籠統的「法國某地」。喬治・拜克爾因為戰事升溫而督促她放棄任務，反而加深她堅守到底的決心。

一九四二年初，維吉尼亞一反常態地顯露陰鬱的心情。情報工作人員——特別是那些已有妻小的人——把家裡寄來的每一個隻字片語視若珍寶，靠這些家書撐過最灰暗的時刻。不過，自從十四年前和駐維也納的波蘭軍官埃米爾分手，維吉尼亞再也沒有認真談過一段感情，而且自珍珠港事件以來，除了母親在耶誕節透過特別行動處的正常外交管道送來一封電報，維吉尼亞和美國的家人完全斷了音信。最令她難過的是，她從頭到尾沒收到霍爾太太寄出的自製水果蛋糕。「我們從不絕望，」她一月五日寫信給遠在貝克街的尼可拉斯．薄丁頓，「但我們猜想這樣有趣的美食應該無法到手了……這似乎不公平」[4]。

孤單且無疑感到害怕的維吉尼亞，在寫給「我親愛的尼克」的一封極為私密的書信中卸下防備；當時，凍雨不斷敲打她的窗，她置身陰冷蕭瑟的里昂市格羅萊街，在旅館床上用打字機打出這封信。儘管她打定主意留下來，但她承認自己健康狀況不佳，綿綿不絕的「冰霜雪雨……地獄般的陰暗歲月」害她得了感冒，「喉嚨很痛」。總是想辦法自我安慰的維吉尼亞寫著，「太令人激動了。看來有可能拿到一些奶油……卑賤的心靈——老想著吃的」。她知道，那群在倫敦過著相對舒適生活的人對她所做的犧牲毫無概念，因此會覺得她如此幻想食物實屬「瘋狂」，但是「有朝一日……你們說不定也能明白……生活不外乎圍著一兩件事情打轉，首先是填飽肚子，其次是買不到鞋子」。然而，儘管她故作強悍，努力在男性的世界裡生存，就算到了此刻，她的教養仍讓她無法口出穢言。她說，她的心情可用「最純粹的盎格魯撒克遜人」和「一團狗屎」來形容。

「我實在受夠了，」她接著發出感嘆，懇求貝克街工作人員寫信給她，聊慰收不到家書的遺憾。「我討厭這樣子書信全無，討厭我身處的這片荒漠。天哪，我恨透了這種狀況！」她接著從心底發出吶喊，「我痛恨戰爭、政治和前線……事實上，我的心情非常煩悶」。不過，她在結尾用典型的樂觀語氣表示她會「挺過去」。她最後問候局裡的每一個人，以一句英式告別辭和她在家的小名落款：「願共勉之，丁娣」。

這是一封惹人愛憐的信，或許也是從前的那個維吉尼亞最後一次發出類似的訊息。事實是，她恐怕永遠無法從神祕莫測的薄丁頓身上得到她想要的安慰。戰爭已經進入更加殘酷的階段，瑪麗如果想活下來，絕不可以再次顯露這樣的脆弱。攻擊性不可或缺；她必須時時刻刻鼓起全身上下的攻擊性，必須帶著攻擊性「吃飯、睡覺、生活」，專心掌握每一次機會「傷害敵人」[5]。丁娣必須被遠遠地留在過去。

嚴酷的冬天意味著沒有新的情報人員——更別提無線電發報員——空降進入法國，取代仍在牢獄之中受苦受罪的林園別墅囚犯。由於白天行動太過危險，飛行員只能在欠缺現代導航工具輔助的情況下，憑藉月光辨認湖泊或山丘等種種地標。這意味著空投任務深受天候影響，每個月能成功行動的機會寥寥無幾。降至冰點的溫度、時速超過二十英里的強風和厚重的雲層，在在令飛機無法起飛。歷經幾星期的無線電靜默，F科還是只能仰賴維吉尼亞那一條緩慢的通訊管道，透過美國領事館向幹員傳遞訊息。某些急不可耐的情報組組長無法忍受這種狀況，例如維吉尼亞抵達法國的第一天就開始共事、在巴黎占領區行動的情報組組長盧卡斯。他料想，必定還有獨立於特別行動處之外的其他無線電發報員能向英國傳送訊息，他打算自己去找——過程中無可避免地導致維吉尼亞一步步陷入納粹的圍捕。

她第一次嗅到麻煩是在二月的一個傍晚，一個滿臉于思、衣服又髒又硬的傢伙在她的里昂住處瘋狂敲門的時候。再次潛入法國執行短期任務的班·考伯恩顯然又餓又累，幾近崩潰，她趕緊在他吸引不必要的注意之前領他進屋。考伯恩冒著被納粹和維琪警察抓捕的風險，連續五天不眠不休穿越法國，前來警告維吉尼亞她的處境非常危險。由於被他憤憤地稱作「女病毒」的一位女雙面間諜出賣，德國人很可能已經知道維吉尼亞的存在和活動地點，前來抓她是遲早的事。考伯恩懇求她立刻離開里昂以保全性命——她畢竟已經在法國工作六個月，那一般被視為任何一項任務的極限。考伯恩本人會盡量縮短任務時間，以免暴露身分或過於疲倦。但維吉尼亞只顧著安排他洗澡（他已經一星期沒洗澡了）、換一套乾淨睡衣。在此同時，她傳話給馬賽的線人，為考伯恩籌畫翻越庇里牛斯山進入西班牙的逃生路線，幫助他避免被捕。維吉尼亞似乎對考伯恩的警告無動於衷，準備聽完整個故事再自行判斷自己的處境。這是她的第一個真正考驗，她不打算被擊潰。她此刻的鎮定讓考伯恩深感震撼，令她顯得與眾不同。情況越危險，維吉尼亞似乎越冷靜、越堅毅。

考伯恩說起，幾星期前，一九四一年十二月二十六日，盧卡斯跟一位綽號小貓咪的黑髮法國女郎瑪蒂達·卡雷（Mathilde Carré）在香榭大道的一間咖啡館碰面，迫切希望她有管道取得發報機。這位有著強烈性慾和一雙奇妙綠色鳳眼的女郎，曾是代號「盟友」（Interallié）的波蘭駐巴黎情報站站長的情婦。她戴著一頂紅色帽子，那是她的標誌。她證實儘管情夫已經被捕，她仍有管道使用他的發報機。她答應幫忙向倫敦傳送訊息，並在不久後立刻行動，盧卡斯和倫敦都因為終於重新連上線而開心不已。

盧卡斯被小貓咪的風情萬種迷了心竅，沒有追根究柢盤問清楚，或者納悶何以她的情人被捕，她卻依然逍遙法外。事實上，小貓咪（化名「薇朵兒」）過去六星期一直跟阿勃維爾的一名軍士同居，盧卡斯的每一份密電都是經由他傳給倫敦的。在雨果·布萊謝爾（Hugo Bleicher）中士的迷人魅力下（他會言之鑿鑿聲稱自己是希特勒和蓋世太保的敵人，藉此贏得囚犯信任），隱藏著一份嚇人的老謀深算和征服慾望。加入阿勃維爾前，他原本是漢堡市的一名普通職員，但是在一次大戰擔任二等兵期間，他曾驚人地四次從戰俘營脫逃。如今，他再度證明自己是德國最頂尖的反間諜高手。利用小貓咪提供的盟軍時間表、代碼和安全檢查資訊，他透過擄獲的波蘭發報機向倫敦傳送假訊息——甚至一度誘騙英國海軍總部讓兩艘德國軍艦在他們的眼皮底下完成著名的「海峽衝刺」行動（Channel Dash）。香恩霍斯特號（Scharnhors）和格奈森瑙號（Gneisenau）

巡洋艦超過十二個小時躲過偵測，成功從法國西北部的布利斯特港（Brest）返抵德國，令英國及其情報單位顏面掃地[6]。如今，在德國人所謂的「電台遊戲」（Funkspiel）中，布萊謝爾也能譯出盧卡斯傳給F科的訊息以及他們的回覆。他特別好奇的是，這些訊息經常圍著羅訥地區一個尚未暴露身分的人物打轉。拜盧卡斯的急躁和貪欲所賜，布萊謝爾如今緊緊盯上了維吉尼亞的蹤跡。

等到盧卡斯幾個禮拜後開始起疑，傷害已然造成。布萊謝爾已經掌握許多關鍵的人名和地址。盧卡斯質問小貓咪，她情緒潰堤，忍不住承認自己是一名雙面間諜。她確實曾替盟軍工作，也確實曾是波蘭情報站站長的情婦。但是當「盟友」的幾名領袖在一九四一年十一月被捕，她答應成為德國線人，換來保命以及每個月賺六千法郎的機會。她毫不猶豫地背叛原本並肩作戰的七十名同志，眼睜睜看著他們一個接著一個被捕——絕大多數人有去無回——顯然毫無悔意。和布萊謝爾幾度吃著鵝肝醬、喝著香檳慶祝之後，小貓咪成了他的情人。

事到如今，盧卡斯應該除掉小貓咪、找個地方躲起來，並且盡速聯絡維吉尼亞，讓她知道她的身分或許已經曝光，甚至可能即將被捕。他沒有這麼做。相反的，他打算以一套高風險的計畫力圖自保。他準備策反小貓咪，讓她成為一名三面間諜（一邊與德軍保持聯繫，一邊重新效忠於盟軍），並帶她回倫敦接受訊問，然後說服貝克街利用這條通訊線路傳送假情報給布萊謝爾，以他們自己的電台遊戲扭轉局面。小貓咪深知不合作的代價——但盧卡斯輕率地將同志維吉尼亞蒙在鼓裡，害她全然不知自己的處境。

小貓咪非常善於撒謊，輕易說服她的上級兼愛人布萊謝爾讓她跟盧卡斯一同前往倫敦。誘餌是，她將成為深入特別行動處核心的德國間諜，而特別行動處已成了阿勃維爾日益擔憂的對手。如今有許多特務成功地公然進出法國，惱怒不已的德軍也可藉此機會觀察英國情報員的接送模式。這個念頭令布萊謝爾十分興奮，他答應小貓咪的請求，並以擄獲的波蘭發報機，假冒盧卡斯的身分安排以船隻接運特別行動處的幹員和另一名重要人士。盧卡斯無法警告倫敦他跟德國人有牽扯，也無法說明德國人會觀察整起行動——而且小貓咪其實不值得信任。當倫敦在不知情的狀態下同意這項安排，整件事情的利害關係達到了頂點。

二月十二日星期四，月黑風高的深夜，盧卡斯、小貓咪（穿戴著她的紅色帽子和一件貂皮大衣）和班．考伯恩一行人，準時前往洛基雷克（Locquirec）的布列塔尼渡假村附近一處偏僻的小海灣。小貓咪告訴布萊謝爾，考伯恩純粹是來幫助他們離開，但他本人會繼續留在法國。事實上，考伯恩雖然對整樁陰謀詭計抱著懷疑態度，但他知道德國人打算事後立刻逮捕他，所以計畫在最後一刻跳上船。午夜時分，一群阿勃維爾在岩石後方各就觀察位置，這時，一艘英國的機動砲艦出現了，艦橋上，薄丁頓的白色外套清晰可見。當兩艘橡皮艇破浪而來，盧卡斯沮喪地看著小艇上一位穿著軍服的皇家海軍軍官，以及眾人期盼已久的兩名特別行動處無線電發報員，一步步走向他親手設下的陷阱。或許，鋌而走險的盧卡斯壓根沒料到倫敦會藉此機會滲透更多幹員進入法國，不過話說回來，倫敦並不清楚其中的危險，因而希望充分利用這次任務一舉數得。當軍官和幹員隨著划船送他們上岸的兩名船員踏上沙灘，盧卡斯壓低聲音警告那五個人，他們已被德國人包圍。由於事先約定好帶小貓咪到英國，敵人不會傷害小貓咪和盧卡斯，但新來的人會被立即拘捕。海軍軍官絕望地以手電筒向他的船發射求救訊號，但他明白自己不應該把更多人拖入險境。

小貓咪毫不遲疑地往其中一艘小艇爬，但是單薄的小艇被洶湧的波濤打翻，她渾身濕透，行李箱也掉進水裡。在滾滾巨浪中掙扎一小時後，正當德國人開始走出他們的藏身之地，兩名水手放棄接運他們的新乘客，趕緊滑著小艇回到大船。海灘上一群人最後見到的景象，是砲艦在黎明前掉頭衝回英國。海軍軍官明白自己已無路可逃，於是舉手投降；他知道身上的軍服意味著他能以戰俘的身分得到相對較好的待遇。兩名特別行動處幹員已經往內陸逃跑，不過一名農夫為了賞金出賣他們，兩人隔天就被捕，很可能遭到處決。

放棄任務後，盧卡斯、小貓咪和考伯恩在德國人監視下動身前往巴黎，並傳信號要求倫敦重新安排行動。不過考伯恩知道，他有責任趕緊警告維吉尼亞，以免為時太晚：阿勃維爾已經滲透盧卡斯的小組，她隨時有生命危險。盧卡斯的組員都認得她，也知道她的所在地點。萬一他們被捕且遭到刑求（這已是近在眼前的事），阿勃維爾很快也會得知一切。和彼得．邱基爾一樣，考伯恩明白，失去她將是特別行動處的最大災難。她的人脈、她的訊息管道和她的決心無人能及。他也必須找到方法讓特別行動處知道那台發報機是在德國人手上，特別行動處必須停止將更多幹員送進幾乎必死無疑的陷阱。由於沒有無線電發報機，他唯一的選擇就是前往遠在法國（和停戰分界線）另一面的維琪，到美國大使館尋找與維吉尼亞交好的武官，說服他幫忙發出警告。事成之後，考伯恩會繼續前往里昂，找到毫不知情的維吉尼亞。

為了不讓負責監視他們的德國人起疑，考伯恩和其他人一起搭上前往巴黎的火車，一直搭到勒芒（Le Mans），但是一抓到機會，他便悄悄脫隊，跳上通往圖爾（Tours）的慢車。小貓咪依照指示對相當好騙的看守者說，考伯恩只是去計劃另一條逃生路線，以備不時之需。不過，儘管考伯恩想盡辦法佯裝成法國人，他知道自己看起來很可疑；當一名男子笨拙地試圖搭訕，他明白自己依然被人跟蹤。所以到了圖爾後，他走出車站混進人群，然後溜回月台，跳上通往波爾多的列車。他甩掉了跟監，但是為了避免另外遇到麻煩，他再度徹夜未眠，身上還穿著髒鞋以及因乾掉的海水而變得硬梆梆的衣服。清晨時分，他在安古蘭（Angoulême）車站跳下火車，趁巡邏人員不注意偷偷溜過分界線，搭了好幾班公車抵達利摩日。歷經五天五夜神經緊繃的漫長旅行，他終於到了維琪，穿過蓋世太保的重重監視，進入如今只剩下骨幹人員駐守的美國大使館，乞求他們將消息傳給倫敦（自從美國在珍珠港事件後參戰以來，這麼做已變得越來越艱難）。最後，他蓬首垢面且筋疲力盡地搭乘另一列火車，前往里昂和維吉尼亞的新住處（她已經搬出格羅萊街）[7]。

儘管考伯恩懇求維吉尼亞聽他的警告，但維吉尼亞決定按兵不動。她在法國的工作尚未完成，沒有達成使命絕不離開。德國人如今盯上她的事實，更令她下定決心逃過抓捕以證明自己的價值。她再也不會向薄丁頓或任何一個人露出她的脆弱。正如多年前在土耳其，父親在夢中告訴她的，她有責任活下來，為自己的大難不死找到合理的理由。

兩星期後，小貓咪和盧卡斯在一個風平浪靜的夜裡成功溜出敵境，回到英國；多虧考伯恩的努力，貝克街事前便已得到充分警告。巴克馬斯特本人在德文郡京斯威爾（Kingswear）這個舒適的海濱村落等待二人到岸，一行人隨後前往倫敦，路上沒有再出現任何波折。盧卡斯說出小貓咪的真實身分，特別行動處立刻對她展開監視，並監聽她的房間。他們對她的紅帽子特別感興趣，認為那很可能是她對德國主子發出的信號。等到她不再有利用價值，便將她送進監獄直到戰爭結束。

在此同時，盧卡斯迫切渴望回到法國拯救他的情報小組，儘管這麼做顯然會為他本人以及維吉尼亞（尤其是如果他再度聯繫她）造成危險。四月一日返抵法國後，他將化名改為西爾萬（Sylvain）；這是基本的安全措施。不過，他仍然面臨沒有無線電發報員的難題。不可思議的是，僅僅過了十四天，西爾萬便卸下安全防備，派兩名聯絡員去找維吉尼亞，請她透過外交包裹傳遞訊息，彷彿什麼事也沒發生過。其中一名聯絡員平安抵達維吉尼亞的住處，另一名則在分界線的軍事檢查站被攔下來，受到三天的嚴刑拷打。他攜帶的文件流到布萊謝爾手上，後者不認得西爾萬這個名字，但對他的筆跡再熟悉不過。得知獵物如今回到了法國，布萊謝爾決心對之前透過小貓咪擺了他一道的西爾萬施加無情的報復。身為搜捕高手，他立刻利用無線電及後續審訊得到的詳細訊息，派蓋世太保抄掉了西爾萬的整個小組，不浪費半點時間。四月二十五日，他們在巴黎一家咖啡館逮到了西爾萬本人。審訊期間，這名嚇壞了的法國人試圖吞嗎啡自殺，可惜功虧一簣；後來，他不知怎地靠著如簧巧舌躲掉了處決的命運，最後進了科爾迪茨（Colditz）戰俘營。無線電發報員的人手不足，再次引發了災難。維吉尼亞再次成了透過線人得知逮捕始末、負責向倫敦傳遞壞消息的那個人。另一名情報員的魯莽，再次為她的生命造成了莫大威脅。

事實上，布萊謝爾如今專心將他致命的追捕天賦，放在西爾萬的訊息打算傳送的對象。西爾萬究竟要把訊息傳給自由區裡的哪一個人？是誰顯然有一條可靠的管道可以聯絡倫敦？阿勃維爾已經對特別行動處和F科的莫里斯·巴克馬斯特瞭如指掌，但究竟是誰持續在法國運籌帷幄，無懼於種種抓捕行動？情報指向一個以里昂為大本營的關鍵人物。不論這個足智多謀的「傢伙」是誰，「他」顯然是盟軍情報工作的軸心；他的F科情報網被柏林視為國家內部安全的「頭號敵人」[8]。他們必須查到並除掉這個狡猾而危險的特工。

就連西爾萬被逮也無法嚇阻絕不服輸的維吉尼亞。在貝克街，一份接著一份報告指出她如何憑藉奧利佛在沿海一帶的些許幫助，有效地指揮整個自由區的行動。傅特（M.R.D. Foot）在特別行動處的官方史料中記載，若不是她，「F科早年在法國的半數行動恐怕根本無從著手」[9]。

的確，在特別行動處倖存的作戰日誌中，她的名字出現的頻率勝過其他任何一人，顯示她不斷擴展自己的角色，遠遠超出特別行動處原本的預設；她的工作內容包羅萬象且至關緊要，以至於在戰後被形容為一個「全方位人物」[10]。儘管風險日益升高，她仍持續蒐集詳盡的情報，包括法國的政治情勢、維琪文宣的範圍與效果、用來愚弄英軍空中偵察的木造模擬飛機、德國軍團的特徵與調動、法國抵抗組織之間的派系鬥爭、架設在巴黎平面屋頂上的機關槍，以及可做為日後破壞攻擊目標的地點名單；攻擊這些地點可以降低空中轟炸的必要性，因為空襲總難免傷及平民的性命。透過她所謂的「政治情報組」（由她吸收的現任與卸任官員組成），她得以向倫敦提供重大情報，揭露維琪政府與軸心國之間的往來，包括貝當與赫爾曼·戈林（Hermann Göring，希特勒副手），以及齊亞諾伯爵（Count Ciano，墨索里尼女婿）與弗朗索瓦·達爾朗海軍上將（François Darlan，貝當副手）之間的幾次機密會談；這些情報十之八九都送到了邱吉爾首相本人手上。她也在報告中描述法國人民的「心性」，特別是有多少人因為盟軍的種種挫敗——包括英國二月間在新加坡向日本屈辱投降，以及德國軍艦的「海峽衝刺」脫逃（這得部分歸功於布萊謝爾）——而感到灰心喪志。法國人民「仍然對勝利懷抱希望，而且許許多多民眾仍然願意幫忙，」她指出，「但他們希望看見撤退之外的其他具體行動」[11]。

然而，許多地方隱隱出現希望的徵兆，例如在原本的盲從當中，異議開始逐漸萌芽。法國各地的工人罷工抗議缺糧缺油，或者乾脆弄丟重要文件或調換物資標籤，拖延德國軍需品的生產進度。三月間，一群人阻止民眾觀賞德國愛樂交響樂團在里昂的演出，確保演奏廳空無一人；這是最早的大型公開抵抗行動之一。越來越多警察倒戈，改向維吉尼亞傳遞情報，包括傳來英國皇家空軍日前轟炸雷諾汽車工廠（該工廠替德軍製造卡車與坦克），行動極其成功的大好消息。

維吉尼亞的勤勉，使她成了盟軍在全法國的耳目——也使里昂成了法國地下活動的重鎮。即便無法靠無線電與倫敦直接聯繫，她的存在證明盟軍還沒有完全出局，而且隨時願意為法國豁出性命。與此同時，盧賽醫生和傑美恩持續孜孜不倦地替他們的「老大」招募幫手、尋找新的祕密據點。盧賽的名氣遠播，受人愛戴，只要他一開口，大多數人都會熱切地答應他的請求。事實上，「我是代表醫生來的」已成特別行動處在法國南部各地的標準暗語。願意為傑美恩助一臂之力的也不乏其人；她從不羞於勸告她的同胞為了國家更像個「男子漢」，而他們也往往願意給她這個面子。這三人形成特別行動處的固定架構，衍生出南至海岸、東抵瑞士邊界的許多新的情報組——甚至有人遠從巴黎前來參與行動。如今，從里爾（Lille）到佩皮尼昂，維吉尼亞可以號召數百名男男女女的協助，他們來自各行各業——從醫生、獄警到火車工程師。等到時機成熟，這些人將是一支祕密大軍的堅實核心——要是能有一座發報機即時與倫敦商討計畫、接受指令，那該有多好！

一九四二年六月，當勇敢的考伯恩回到法國執行另一項短期任務，攻擊圖爾（位於法國中部）附近的鐵路線，他發現維吉尼亞非但沒有聽他的警告離開法國，她的公寓更成了法國的「抵抗運動中心」[12]。維吉尼亞的名聲，意味她冒著巴克馬斯特所說的「瘋狂而驚人」的風險，大量吸收各種來路的人員參與行動。但她不是傻子。她數度更改化名，從瑪麗到伊莎貝爾，再到後來的菲洛美。她謹慎地變換回家的路線、隨時留意是否遭到跟蹤、從不直接走進一間房子或咖啡館而不先在附近繞過一圈、避免每天前往同一地點，並且經常改變她的容貌。她也取得了新的法國駕照，以免頻繁搭乘火車。她的生存，實質上成了一段足以媲美荷馬史詩的鬥智過程。

然而，背叛與滲透的風險與日俱增。她的運氣、行動技巧和警方保護人，不可能永遠維護她周全。西爾萬被捕後，布萊謝爾對里昂一名神秘人物的執迷，引發了蓋世太保的注意。一天晚上，維吉尼亞不認識也從沒聽過的一名年輕人出現在她的門口，聲稱自己是跳傘而來的特別行動處人員。他的態度堅定而且說詞頗為可信，不過她的第六感嗅到了麻煩，因此佯裝無知地打發他離開。有驚無險！不久後，她聽說有許多德國「密探」試圖打進她的情報網。如今，阿勃維爾和蓋世太保執意逮到這個惡名昭彰的特務——兩方人馬分頭行動卻又攜手合作；他們知道這名特務就躲在城裡某個地方。布萊謝爾是個文人雅士，偏好智取敵人而不靠刑求。蓋世太保就沒有這麼多顧忌了。

維吉尼亞察覺危險升溫，加強了自己的安全防備。她搬進奧利爾廣場三號一間新的三房公寓。奧利爾廣場環境優美，幾棟極富布爾喬亞氣質的六層樓公寓環繞四周，若在承平時代，這裡會是富裕的牙醫或律師庸庸碌碌渡過一生的地方。維吉尼亞的邊棟大樓有好幾個有用的出入口，包括一扇隱密的後門。當她在公寓正面窗戶的雕花鐵欄杆後面擺一盆花，就表示可以放心敲門；考伯恩驚愕地發現，不斷有來自全國各地三教九流的人上門求助，彷彿她是某種救苦救難的神仙教母。「只要在她的廚房待得夠久，你必定會看到許多人來來去去，他們帶著各種問題而來，她會立刻幫忙解決，」考伯恩在報告中擔心她為這麼多不同的人扮演「母親的角色」。她不僅幫他們找門路，甚至替他們洗衣服，並捐出自己的糧食和肥皂。她的救濟工作還包括送錢給坐牢的抵抗分子的家屬[13]，以及安排讓紅十字會送食物給囚禁在佩里格監獄中的林園別墅幹員。維吉尼亞最大的快樂，莫過於為前來求助的人提供幫助。「她因為擁有堅強可靠的性格而付出代價：人人帶著麻煩來找她，」考伯恩如此評論[14]。事實上，她一刻也不得閒，但那樣正合她的喜好。此刻，她正在計畫一套新的劫獄行動，也就是她所謂的「非正式出獄」。似乎沒有其他人在做這件事情，任由幾位最優秀的特別行動處幹員在牢裡自生自滅，看不到一絲希望。多虧她在法國警方、醫院和監獄中的內線，她興致勃勃地思索為情報戰爭做出真正重大貢獻的機會。誰也阻止不了她。

一九四二年三月的一天傍晚，一名男子來敲她的門；他緊緊抱著肚子，疼得神智恍惚。她一直在等他。這位名叫傑利．莫瑞爾（Gerry Morel）的資深F科幹員是出生於法國的保險經紀人，形容自己是「戰時的英國人」。他是第一個搭乘萊桑德（Lyander）——一種幾乎可以在任何地方起降的三人座迷你飛機——潛入法國的諜報人員。然而，他回到祖國短短六星期後，就被一名線人出賣給政府當局。幸運的是，逮捕他的警官是利摩日安全局局長列昂．古斯（Léon Guth）的屬下，而古斯則是維吉尼亞的信徒之一。多虧她的說服力，古斯吩咐掌握了英國情報員蹤跡的巡官放棄追捕，只要能在工作日誌中捏造一段可信的追捕過程就行。有些巡官甚至好心地提供建議，告訴情報人員如何取得更高品質的假身分證件，或者如何以較不顯眼的方法攜帶手槍。不過，逮捕莫瑞爾的是兩名帶有德國口音的新巡警，為了大家著想，古斯得上演一齣「嚴刑拷打」的戲碼，「用威脅和吼叫嚇唬他」。演到差不多之後，古斯接著「壓低聲音說……放心，不會有事的」[15]。

然而，就連古斯也無法對特別行動處的一大疏失視而不見。莫瑞爾的配給證被人發現寫著一個不存在的地址，這起案件已不再歸古斯管轄。維琪政府本身直接掌管被認定為「特別重要」和「極其危險」的犯人[16]。一旦被發現他是英國情報人員，他的麻煩就大了。莫瑞爾被關進佩里格監獄的隔離禁閉室，和林園別墅的幹員同一座監獄，沒有逃跑的機會，隨時可能遭到處決。

一接到消息，維吉尼亞立刻展開行動。她和古斯關係「非常密切」[17]，每次前往兩百五十英里外的利日摩，都會在他們夫妻家借宿。事實上，她沒多久就以「外甥」稱呼古斯的屬下馬歇爾．萊夏和以利沙．阿拉德（Elisée Allard）（儘管兩人只比她小幾歲，但他們非常敬重並感謝這位「姨媽」），古斯本人則是她「最特別的朋友」[18]。維吉尼亞告訴古斯，就算困難重重，他也必須幫助她營救莫瑞爾，於是兩人想出一套縝密計畫，讓她心中對未來的行動有了一份大致藍圖。她擔心死亡是林園別墅幹員難逃的命運，但她不會眼睜睜看著莫瑞爾去死。

莫瑞爾刻意絕食，健康急速衰退，維吉尼亞偷偷送進去的、特別行動處著名的生病藥丸八成也幫上了忙（這類藥丸會引發類似傷寒的症狀，例如胃痙攣和高燒）。友善的獄警設法把他送到利摩日的監獄醫院進行腹腔手術，地點離古斯的辦公室不遠。手術之後，莫瑞爾從重兵巡邏的病房，轉移到只有一名警察看守的附屬大樓。外科醫生（也是一名地下工作人員）簽署文件證明莫瑞爾術後不可能行走，病房外的唯一一名警察也體貼地打起瞌睡。事先得到通知的莫瑞爾爬下病床，穿上醫生的白袍，在一名好心護士的協助下翻過醫院圍牆。在圍牆外等著的另一名幫手給了他一套西裝、皮鞋、糖和蘭姆酒。莫瑞爾接著在大風雪中走到維吉尼亞的一個祕密據點，在那裡養足力氣後，繼續趕往她的里昂住處。救出維琪政府最看重的囚犯之一，不論從什麼標準來看都是一項了不起的成就。這顯示了維吉尼亞如今的能耐。

照顧他休養幾天後，維吉尼亞護送莫瑞爾南下馬賽，無視陪同全國通緝要犯搭乘滿是蓋世太保的火車有多麼危險。他們接著踏上她協助設立的逃生路線：始自佩皮尼昂，翻越庇里牛斯山東面稜線，抵達西班牙北部的巴塞隆納。感謝加泰隆尼亞叛軍殘餘部隊的一名將軍提供的嚮導（或稱為「引路人」），這條代號「維克路線」（以其主要設計者維克多．葛森而命名）的逃生途徑，見證了數以百計的情報人員和飛行員重返安全之境。葛森是猶太人，他的絕大多數部屬也是；他們在前線冒著比別人更高的風險，但也受到反納粹的強烈個人動機所驅使。維克路線奇蹟似地護佑還在病中的莫瑞爾翻山越嶺，抵達西班牙。維吉尼亞的成功讓倫敦總部「瞠目結舌」[19]，她為莫瑞爾所作的一切也令後者驚嘆不已。「她驚人的性格、品德和熱忱，是我們全體的表率，鼓舞著每一個人，」他在報告中說，「任務不論艱巨或瑣碎，她通通一視同仁；每做一件事，她必定全力以赴，不給自己留一點退路」[20]。對維吉尼亞來說，這次劫獄是她第一次在幕後指揮，而沒有親自籌備、協助或支援他人的行動。她證明自己有能力指揮若定、主掌大局。不過，營救莫瑞爾的行動只不過是一次熱身罷了。

德國人一旦開始大規模抓捕抵抗分子，絕不會輕易罷休。刑求能挖出更多名字，粗心大意則會留下更多蛛絲馬跡、導致更多人被捕。有幾次，特別行動處在法國似乎即將全軍覆沒。正如戰爭尾聲對F科進行的一項調查總結，「之所以沒有被徹底清剿，」維吉尼亞一人「激起的活動功不可沒」[21]。她在一九四二年二月的一項特定行動（正當盧卡斯因為小貓咪的背叛而焦頭爛額），被評價為拯救了法國非占領區的「整個組織」免於「夭折」。

特別行動處當然沒有忽視派遣新的無線電發報員以取代被捕人員的急切要求。自從F科全體幹員聯繫倫敦的那條重要線路被切斷以來，幾個月過去了。這正是那狂風巨浪的二月夜晚與小貓咪在布列塔尼接頭時，特別行動處會派遣兩名發報員登陸的原因。諷刺的是，一名發報員也正急著找盧卡斯提供自己的服務。喬治三十五號（無線電發報員如今一律以「喬治」加上一個號碼做為代號，以示對喬治．貝格的敬意）一月底空降在薩爾特省（Sarthe）的瓦斯鎮（Vaas），距離盧卡斯的巴黎總部約一百五十英里。這名新來的人員（本名唐諾．鄧頓〔Donald Dunton〕）始終沒找到盧卡斯，因為他降落在距離預定地點二十五英里的一座葡萄園，差點被一排尖銳的鐵樁刺死。維吉尼亞曾抗議地表示，飛行員不精確的導航方法「實在不盡理想！」[22]。由於喬治三十五號的接風小組在原定的降落地點等他，迎接他的只有一條很警惕吵鬧的農場看門狗。由於害怕警察馬上就到，他匆匆掩埋發報機，徒步離開。

他徒勞地試圖聯繫任何一名特別行動處人員，在法國流浪一個月——而且欠缺購買食物的必要糧票——後，他最後決定前往馬賽，希望在那裡找到人幫忙他離境回家。感謝維吉尼亞的廣大人脈，二月二十四日，維吉尼亞聽說他抵達的消息，立刻前去攔阻他離開。無線電發報員實在太珍貴了，不能放他走。另外，對於欠缺發報機的難題，維吉尼亞也想出了巧妙的解決辦法。去年十月，喬治．貝格前往林園別墅之前（當然，他也被捕了），必定把他的機器藏在沙托魯某個地方。她派喬治三十五號去找找看。幾天後，他笑容滿面地回來。多虧了她的積極，維吉尼亞終於重新建立了與倫敦的無線電聯繫。如今，她的角色已遠遠超過原先預定的聯絡官身分。除了原定的職責之外，她成了最主要的問題解決者。

一九四二年，皮耶．拉瓦爾（Pierre Laval）——一個特別惡毒的納粹鷹犬，人稱「黑彼得」——重新上台執政，再度激化法國的政治氛圍。貝當在一九四〇年十二月免去他的職務，一部分就是因為他過於傾向納粹。如今他重新掌權，「引來一股可喜的仇恨浪潮，〔貝當元帥的〕資本急遽下滑，」維吉尼亞在派給倫敦的快信中報告，「不過，這個國家存在太多冷漠與恐懼，以致遲遲沒有明確的反應」[23]。就連政府打壓猶太人的措施——例如規定不得與猶太人握手，不能稱呼他們的名字或稱號，只能叫他們「猶太佬」或「猶太婆子」——都只激起一點點漣漪。直到六月，當拉瓦爾公開籲請德國打贏戰爭，而維琪的警察頭子勒內．布斯凱（René Bousquet）答應納粹要求，從所謂的自由區圍捕一萬名猶太人遣送出境，輿論才開始轉向。由於人數未達最終解決計畫——納粹在一九四二年一月的萬湖會議（Wannsee Conference）決定對猶太人實施的種族滅絕計畫——的要求，拉瓦爾推翻了德國人給十六歲以下孩童的豁免權，堅持把他們也送走。那年夏天，人們可以看見擠滿全家大小的第一批列車駛出里昂車站。維琪政府根本懶得遮遮掩掩，更別提阻止這項惡行。如今，在報端發表文章需要小心謹慎，但維吉尼亞仍在六月二十二日的《紐約郵報》，揭露巴黎的猶太人如今被迫佩戴黃星標記的事實。儘管如此，特別行動處的猶太幹員仍持續冒險工作，不過，由於害怕吸引更多注意，維吉尼亞的記者生涯勢必得告一段落了。

維吉尼亞的一些同事持續拖她的後腿。阿朗作為正式的情報組組長，落實貝克街的新命令

——開始擴大編制、培訓人員、建立未來的準軍事力量，並安排炸藥、武器與彈藥的空投事宜——原本是他的職責，不是維吉尼亞的。他裝出忙得不可開交的模樣，天花亂墜地向倫敦描述他在里昂警方、媒體和黑幫裡的廣大人脈，以及他打算炸毀鐵路的宏偉大計。倫敦信了他的鬼話，匯給他五十萬法朗資助這些聽起來冠冕堂皇的行動。直到後來，特別行動處才終於明白，「就連〔維吉尼亞的〕精力與手腕，都無法驅策他拿出差強人意的成果」[24]。

維吉尼亞不是那種可以長期保持沉默的人。她認為自己有責任指出，在她看來阿朗其實既怯懦又懶惰。他非但沒有打造出一支訓練有素、團結一心、隨時準備好出擊的大軍，甚至白白浪費了維吉尼亞送給他的情報（和志願者），什麼事也不幹。儘管他說得頭頭是道，但他的人馬其實寥寥無幾，而且全都沒有適當的訓練與裝備。工廠和鐵路工人一次次向維吉尼亞自告奮勇，只要能取得設備與訓練，他們願意暗中破壞機器與火車。她將訊息轉給阿朗，卻被阿朗當成耳邊風。「我們迫切需要一名好的執行者與組織者，」她在三月份直言不諱地稟報薄丁頓。她到處打聽消息、研究合適的破壞目標，「但該有的後續調查與規劃全都付之闕如」。

特別行動處的工作性質容易吸引好大喜功的人，但在維吉尼亞看來，「要充分利用眼前情勢，我們需要另一種人，一種工作勤奮且嚴守時刻的人。請詢問〔奧利佛〕對此的看法，因為我不喜歡被當成在搬弄是非——只不過我偶爾確實深感沮喪」。由於絕大多數的優秀幹員（例如考伯恩和邱基爾）都只前來進行短期任務，有如蜻蜓點水般來來去去（而林園別墅的幹員還在佩里格的牢裡兀自受苦），她獨自承受了過重的負荷。同一地區的另一名特別行動處幹員——菲利浦・德沃梅庫，化名高蒂耶——是反抗運動的要角，一如他的兩名兄弟（西爾萬以及本名尚、化名康斯坦丁的另一位德沃梅庫兄弟，後者在瑞士邊境行動），但他對維吉尼亞沒有太大幫助。貝克街後來不得不承認，他對她的態度也是極其「輕率」且「挑剔」。或許，他之所以暗諷她跟很多人上床，而且在倫敦「名聲很壞」，純粹是出於職業上的嫉妒，但這麼做有失光明磊落。高蒂耶同樣虛報了他手底下的編制（謊稱有兩千人馬，但其實屈指可數），並且沒有照約定跟新來的、沒有其他地方可去的特別行動處幹員碰頭。他讓兩名新來的幹員在里昂的咖啡館苦等十七天，只能躲在壕溝裡過夜。「我們還需要大約六個聰明的小伙子，」維吉尼亞感嘆，「十足可靠的人——來自『家鄉』的人」[25]。在此同時，她繼續孤軍奮鬥。

或許，親自前往里昂，並且終於等到了固定的無線電發報員（或者特別行動處行話裡的「鋼琴師」），能激勵阿朗展開行動。當愛德華・澤夫（Edward Zeff）——一個「有勇有謀的男人」[26]——四月間乘潛水艇而來，維吉尼亞高興極了。曾經營巴黎男裝店的澤夫，在發報機前工作的時數很快便高達一天六小時，為阿朗口中的大軍安排武器的空投事宜，投擲地點就在里昂近郊。

不久後，阿朗就收到一批塑膠炸藥、信管、引爆劑、鉛筆雷管、斯登衝鋒槍和柯爾特手槍，另外還有香菸、巧克力、好幾包茶葉（維吉尼亞最愛的慰問品）和搔癢粉（無疑是給傑美恩手下的姑娘用的）。這是一批令人驚嘆的物資。阿朗把彈藥轉交給《鎖鏈上的雄雞》裡他最偏愛的幾名線人，不過，他沒有教他們如何保管與使用。這批槍砲被留在潮濕的環境裡生鏽或被全然棄置，罔顧飛行人員冒著莫大風險將它們運到法國。彈藥也多半浪費在「沒有實質價值的挑釁行動」[27]，例如炸毀賣報亭：這跟維吉尼亞心目中有價值的前哨戰相差太遠，根本無助於在時機成熟時發動一場有紀律、有目標的游擊戰。維吉尼亞或許忽視了這些行動在分散敵軍注意力和提高士氣上的效果，她憤憤不平地將之視為浪費與無能。她主張，未來只有受過適當訓練的特別行動處幹員才能接管武器和炸藥，而不是對兩者皆不熟悉的業餘的法國抵抗分子。不過，她的職銜仍然只是區區的聯絡官，並非正式的組長。沒有倫敦的支持，她也無可奈何。

維吉尼亞的暴怒將她與阿朗的衝突升高到沸點。阿朗知道她投訴過他，因此也發報給倫敦以茲報復[28]。「我很抱歉與瑪麗意見相左，但我要對她的行為提出抗議，」他說，「我不懷疑她對您有用，但我的工作並未靠她幫忙」。他指控她搶了他的所有（沒有詳細說明的）功勞。「我知道怎麼做我的工作，瑪麗對我毫無用處。如果有人必須發號施令，那個人是我，不是她」。他要求每個月六千法郎的巨額經費——儘管聲稱他丟失了先前收到的七萬法郎；並且要求晉升，表示「上回那第三次的痛擊幹得真漂亮！」火上澆油的是，澤夫向倫敦抱怨他們兩人——阿朗欠缺領導能力，而維吉尼亞則態度跋扈。倫敦一星期後告知阿朗、澤夫和維吉尼亞，他們全都是出色的人員，但他們不是來吵架的；這樣的回覆完全無益於釐清局面。

關於阿朗，澤夫說的沒錯，而他對維吉尼亞的評語，或許也有幾分道理。的確，在敵區潛伏幾個月後，壓力漸漸令人喘不過氣。維吉尼亞傳給倫敦的訊息原本那麼健談、那麼活潑，假如她的態度變得越來越強硬，恐怕是受情勢所迫。當澤夫一再忽視她的指令並且老是跟她要錢，她很難維持和顏悅色。她開始擔心澤夫和其他幹員趁機浮報開銷，中飽私囊。「我見鬼了為什麼得付錢給他？」她向貝克街抱怨。不光澤夫的問題。隨著越來越多幹員抵達，也出現了其他棘手人物。由於沒有軍銜，她的權威很容易遭到質疑，這使她的處境益發艱難。「拒絕服從命令的軍人會有什麼下場？」她在一封快信中提問，「對於您派來的、斷然拒絕服從您的命令的那些人，您有什麼建議？我是否有權用我認為合適的方法處置他們？」[29]最後，倫敦受夠了澤夫惹的麻煩。他被告知，「他對瑪麗的看法毫無根據，他最好安定下來平心靜氣工作」[30]。不過這起不了什麼作用。關於誰是第一線的負責人、誰是下級，特別行動處製造了一個曖昧的處境，就連高蒂耶都沉痛地表示，這「在我們心裡埋下了危險的猜忌」。

六月的一個夜裡，一架執行特別行動處勤務的英軍轟炸機在蒙布里松（Monbrison）附近投擲了好幾個箱子，和預定的空投地點相差兩英里左右。阿朗照例卸下安全意識，組織了十七位聒噪的抵抗分子去撿拾補給品。他們七手八腳、吵吵鬧鬧撿箱子的身影在月光下清晰可見，立刻遭警方圍捕。唯有阿朗獲釋，但是他很快犯下第二個大錯。他公開吹噓警察如何對他網開一面，導致那名暗中支持抵抗運動的警察被捕，遭到四十八小時的嚴刑拷打。「這對他的人緣沒有太大幫助，」考伯恩指出；他說他「對阿朗敬而遠之」，因為「每個人都想剝他的皮」。阿朗有許多情婦；那天夜裡，新歡潔曼妮・茹芙也陪著他行動，違反了特別行動處禁止攜家帶眷的規定。此刻，她在牢裡氣得七竅生煙，獄友正好是一個著名通敵者的妻子。事態很嚴重，因為茹芙的政治立場不明（她的前任情夫是義大利間諜），而且拜阿朗所賜，她認識潛伏在里昂的絕大多數高級情報人員，以及他們儲藏武器的祕密地點。雪上加霜的是，如今潔曼妮・茹芙不在身邊，阿朗（充分利用身為情報人員的吸引力）又開始厚顏無恥地追求另一個女人——普拉德爾夫人。「要是潔曼妮聽到這件事，」一名剛抵達的幹員彙報，「後果將十分慘重」[31]。潔曼妮預計六週後出獄，惱怒的維吉尼亞嚴陣以待，憂心忡忡。

被混亂的愛情生活分散了注意力的，不只阿朗一人。追根究柢，或許是因為苯丙胺常常會突然激起強烈性慾。總之，好幾名男性幹員到處拈花惹草，跟數十個不同的女人發生關係，為維吉尼亞和整個特別行動處帶來顯而易見的風險。一九四二年五月，牙科技工查爾斯・海斯（Charles Hayes）抵達（負責勘查各個發電廠，為日後的破壞行動鋪路），他為這種「嚴重缺乏安全意識」

的淫亂生活大感震驚。這些女人多半口風不緊；其中幾個人甚至是納粹支持者。一名特工離開酒吧時，被人聽到他洋洋得意地吹噓，那天夜裡的滿月會給大家帶來怎樣的「樂趣」（洩露他們在等待空投物資的事實）。他不久後被捕，兩名同伴也遭池魚之殃。一名聯絡員用腳踏車載著一套發報機去看足球賽，一邊看比賽一邊誇耀這套設備。賽後，警察跟蹤他到遞送地點，在發報機的主人正要開始傳送訊息時破門而入，發報員身中九槍之後被捕入獄。另一種洩密方式，是當好幾批男人鬼鬼祟祟帶著包裹進出酒吧，尤其當他們都穿著抵抗分子的非正式制服——毛領防風皮衣和太陽眼鏡。一次又一次，許多被捕的情報人員無視種種警告，身上帶著所有線人的地址，導致整組人馬一舉被擒[32]。風平浪靜度過潛伏的開頭幾星期後，最初的恐懼化成了驕傲自滿。德國人耐心地監視嫌疑人，直到他們犯下錯誤或無法解釋自己的行動時再猛然伸出利爪。每損失一條性命都對維吉尼亞和其他倖存者造成創傷；傷害日積月累，壓得人喘不過氣。

祕密生活意味著沒有一刻得以放鬆，而且必須隨時為自己準備好一套說詞。能在一線存活下來的，都是天生足智多謀且培養出敏銳第六感的人。進入一棟大樓前，維吉尼亞光瞄一眼門房就能察覺危險，而且進門之前，她總會站在門口聆聽是否有不尋常的聲音。由於疲倦或倉促而犯下的一次錯誤，就可能引來殺身之禍；這是太多情報人員學到的教訓。一名資深特工匆忙走進線人的房子，忽略了百葉窗緊閉的危險訊號，結果發現蓋世太保正在屋裡等著他自投羅網。

維吉尼亞在警方的內線，消息非常靈通，甚至對德軍相應人員的行動瞭若指掌。多虧了一連串的線報，維吉尼亞曾經將一名線人轉移了不下三十二次，總是比蓋世太保搶先一步。她也發現警方掌握了查爾斯・海斯的詳細資料，因此安排他在警察動手逮人之前趕緊逃生。盧賽醫生最信任的一名新成員認為，她的情報如此準確，想必連蓋世太保本身都被她安插了內線[33]。不論她的人脈多麼令人嘆為觀止，也不論她自身的安全習慣多麼周密，響亮的名氣，仍意味著她很容易因別人的錯誤而受到牽連。

丹尼斯・雷克（Dennis Rake）是個矮矮胖胖、戴眼鏡的四十歲雜耍藝人，三歲時被唱歌劇的母親遺棄，從小在馬戲團長大，負責表演雜技。一次世界大戰時，他還是個迷惘的男孩，恰逢德軍占領布魯塞爾，他突然成了日後因協助兩百多名協約國士兵逃亡而遭槍決的傳奇護士艾迪絲・卡維爾（Edith Cavell）的幫手。他年輕時曾被一位雅典王子包養，過著優渥的生活，但王子最後因為擔心這段不正當關係會引發政治醜聞而決定分手。也許是因為動盪的青春歲月，雷克對轟隆隆的聲響和降落傘「怕得要死」[34]，並且拒絕用槍。他看起來有如老派的雜貨商，許多人覺得他不像特別行動處會雇用的幹員。不過他自告奮勇，他說，因為他既無父母也無妻小，「沒什麼可損失的」[35]，而他漂泊的青春，則讓他養成不凡的獨立能力。儘管其他人抱有疑慮，但巴克馬斯特對他深具信心，敏銳地評論他「有勇氣克服自己的恐懼」，深知最不尋常的人選（例如維吉尼亞）有時會是最傑出的情報人員。雷克本人承認，他亟欲向自己——以及其他人——證明他的能力；在最艱難的時刻，他總會喃喃地對自己說，「親愛的，鎮定一點」[36]，想辦法為自己加油打氣。

五月的一天夜裡，雷克乘著小帆船——一艘敏捷的小型沙丁漁船，船員是一群膽大包天的波蘭人——抵達蔚藍海岸的昂蒂布（Antibes），過程的凶險不遜於跳傘空降。當地警察（其中有友有敵）輪流從窗戶監視碼頭，新來的人員只能依靠岸上同志投射不同顏色的燈光顯示上岸後可能遇到的情形。一道長的紅色閃光表示岸上沒有危險，白色閃光表示等待，一連串藍色閃光則表示眼前有危險。看到紅色閃光後，雷克划著折疊式救生艇走完最後幾百碼距離。

他安全上岸後便直奔里昂，為澤夫分擔替維吉尼亞的情報組傳遞訊息的龐大工作量。澤夫一星期接連好幾天長時間工作，迫切需要休息。照道理，他每一次的傳輸時間不得超過五分鐘，而且一天不得超過二十分鐘，但是有時候，由於傳送過程出現錯誤，英國的接收人員譯不出密電，只得費勁地重新傳送訊息。他每在發報機上多敲一分鐘的摩斯密碼，被敵軍偵測到訊號並確認地點的可能性就倍增。每一次坐在發報機組——一團團電線、撥號盤和插塞——前等待回覆，都會增加他被當場逮個正著的風險。

然而，事情是急不得的。即便全英國四個接收站一排排戴著耳機、手拿紙筆的年輕女孩，有人抄下他那快得如蟲子啁啾聲的訊號，送交破譯員解碼，然後等貝克街讀完訊息，立刻將回覆加密傳送回來，他最快也得等上七十分鐘。微弱的訊號或者錯誤的摩斯密碼，只會增添整個過程的難度——幾乎每一位發報員都會把他們的「劃」傳得稍微短一點、把「點」傳得稍微長一點，這被視為他們的個人「筆跡」或風格，有如指紋般獨特。在彷彿永無止境的等待中，他會靜靜坐著，雙眼盯著外頭的馬路尋找可疑車輛，柯爾特手槍放在伸手可及的地方，口中含著毒藥膠囊，並豎起耳朵留意任何不尋常的動靜。一天終於結束之後，他會急急忙忙收起天線和接地線，取出控制訊號頻率的小型石英晶體，摘下耳機，盡可能藏好破舊的發報機皮箱。這口箱子很大，重達四十五磅，這使得轉移地點成了一件很危險的事，容易引來懷疑。

由於害怕被看見或被捕，澤夫曾經好幾星期沒有離開他的屋子，傳送訊號之餘，他強迫性地在房裡踱來踱去，身體出現嚴重的焦慮症狀，胃裡彷彿打結一樣。他知道德軍在追蹤和他們自己發報員不在同一頻率上的每一個訊號，而他傳送出去的每一個訊號都有可能被德軍的掃調接收機攔截，像個璀璨的綠色光點，出現在巴黎某個大房間成排的陰極射線螢光幕上。然後德軍會立刻著手搜索訊號來源。德軍的追查技術進步神速，精確定位地下電台的速度也越來越快。澤夫和其他無線電發報員都知道，傳送的時間越長，敵人越可能透過三角定位法追蹤到他們的位置，將訊號來源縮小到兩百碼的範圍內。納粹決心徹底剷除在他們地盤上縱橫交錯、讓解放法國的夢想生生不息的訊息網路。一旦被捕，肯定會死得很慘，但由於一線的無線電發報員寥寥無幾，工作量只能越積越多。可想而知，神經性抑鬱症是常見的疾病，許多人被壓力擊垮。澤夫顯然也快撐不住了，而維吉尼亞太清楚和倫敦失去直接聯繫有多麼危險。

然而，用意良善的雷克卻在不知不覺中給維吉尼亞添了許多麻煩。他一開始幫了很大的忙，白天分擔澤夫的一部分傳訊工作，晚上則到喜戈聶夜總會唱歌跳舞，坐實自己的掩護身分。維吉尼亞讓他在她的公寓暫時落腳，確保他過得「非常舒服、非常高興」[37]，一陣子後，她安排他住進一間瀰漫香水味的房子，那是傑美恩・基林旗下一名小姐的家。這名窯姐數度提議免費為她的房客提供服務[38]，令他不勝其擾。雷克是那個時代非常罕見的半公開的同志，他最後終於說服女孩相信，不論她或其他任何女人都不符合「安慰」他的條件。

安全防備再次出現粗心的漏洞。雷克在小帆船上的旅伴跟姨媽聊起他們的上岸過程，而這位姨媽恰好是堅定的貝當支持者，她立刻向警方告發自己的外甥。靠攏德國與抵抗德國之間的對立，也同樣撕裂著許多家庭或甚至夫妻。幸虧維吉尼亞和傑美恩在警方安插了內線，她們很快得知那名外甥已經招供，警方正在追捕雷克。這是個壞消息。維吉尼亞知道她必須立刻和他撇清關係；對於她的位置、線人和行動，雷克知道的太多了。她催促他逃到西班牙，也替他作好必要安排，但雷克——後來被巴克馬斯特形容為他所見過最「冷靜勇敢」的人——拒絕離開。他打定主意證明自己的行動能力，而不是一嗅到危險就逃之夭夭。他接受了維吉尼亞的另一項安排，在另一名發報員斷然拒絕進入占領區後，陪同考伯恩到巴黎進行一項新的任務。

穿越停戰分界線是他的第一項挑戰。這條分界線從西班牙邊境的昂代伊（Hendaye）往內陸二十五英里處，通過羅亞爾省的圖爾，穿越瑞士邊界，直抵日內瓦附近。雷克嘗試在蒙索萊米訥

（Montceau-les-Mines）穿過分界線，但是從被捕同事的描述中，幾名德國士兵認出了他，將他逮捕。他試圖把祕密文件沖下馬桶，可惜沒有成功，於是他「默禱一句」[39]後撈起了文件，把它們吞下肚。他遭到數次審訊，被關在第戎（Dijon）的一座納粹監獄，後來透過神父的協助，躲在臭氣熏天的垃圾桶裡成功逃獄。他接著前往巴黎，在酒吧遇見一位願意冒著生命危險成為雷克愛人的德國貴族軍官，度過一段不可思議的幸福生活。不過，雷克沒打算舒服太久；他決心重回一線工作，為此，他知道他必須返回里昂取得一套新的發報機和身分證明。為了避免再次在分界線遇到麻煩，他趁一列電氣火車減速轉彎時跳上車，躲進保險絲座裡。抵達時，他因為罹患嚴重痢疾，幾乎無法行走。他是個了不起的人。警方和蓋世太保在全法國通緝他；他們握有關於他的詳細描述，也知道他跟里昂有聯繫。光是靠近他就等於自尋死路。然而，他知道全法國只有一個人不會令他失望，他克服萬難來到了她的門前。如今，貝克街——甚至維吉尼亞本人——都很清楚，她的身分必定已經暴露。她自己在一線的時間也非常緊迫了。

前一年冬天有多麼寒冷，里昂一九四二年的夏天就有多麼炎熱。儘管到處是堂皇的住宅和優美的街道，這座城市的環境衛生仍有很大進步空間。絕大多數廁所「不過是地上的一個坑，在溫暖的傍晚和悶熱的夜裡……蚊蚋傾巢而出」[40]。紅十字山上稍微有點風——不過在熱氣中攀爬數百級高低不平的台階上山，讓維吉尼亞的殘肢疼得厲害，簡直難以忍受。況且，陣陣涼風根本吹不進抵抗分子為了躲避蓋世太保追捕而奔跑逃竄的串廊迷宮，也吹不進無線電發報員藏身的一群雜亂無章、搖搖欲墜的老房子；他們在發報機前一坐就是好幾個鐘頭，汗流浹背。

以往相對安全的「鋼琴師」祕密據點，如今成了納粹的重點目標。一九四二年夏天，豐卡維爾（Funkabwehr）——德國反情報機構，專門負責偵測無線電訊號——派遣大批人員進駐富維耶（Fourvière）山上的聖依雷內堡（Fort Sainte-Irénée），和串廊迷宮隔河相對。這全是因為里昂引起了特殊關注；此刻，里昂已被視為盟軍無線電活動以及抵抗行動的核心。德軍在堡內架設最新的精密追蹤儀器，並引進八十輛灰綠色的無線電信號探測車。幸好，維吉尼亞設法從她在法國警方的友人取得這些探測車的車牌號碼，並得知這些車輛很容易辨識，因為它們為了避免阻礙接收信號而卸掉了車頂。從外觀上，這些車輛就像裝了超大天線的現代篷車。

從聽到地下電台的發報員向倫敦敲打密碼的那一刻算起，通常不到三十分鐘時間，豐卡維爾或蓋世太保就會駕著他們的黑色雪鐵龍疾駛而來，撒出大批人馬到串廊迷宮抓捕獵物。另一個方法是逐步分區斷電，當信號中斷，他們就能鎖定信號所在的區域。難怪發報員的耗損率極高；澤夫和如今在法國工作的其他無線電通訊員都在忍受煎熬。雖然特別行動處不斷派遣發報員過來，但從官方角度來看，如今沒有一個人可望存活三個月以上。

祕密據點的長期不足，導致自由區絕大多數（甚至全部）發報員最後都投奔維吉尼亞在奧利爾廣場的公寓，在這裡，她可以暫且指望警方提供保護。事實上，有太多人從她的住處傳送訊號，走廊越來越像由不同天線組成的鳥巢，有些天線長達七十呎，來來回回釘滿了整面牆。考伯恩認為這樣的安排極不安全，甚至會危及到她，但在維吉尼亞看來，重點是誰能為鋼琴師提供保護，並且有能力與倫敦保持聯繫。況且，如果她不幫助無線電發報員，誰來幫助他們？

六月間，維吉尼亞被打亂了方寸，不過不是因為雷克惹的麻煩，或阿朗橫亙的阻礙，或甚至豐卡維爾和蓋世太保展開的行動。而是因為巴克馬斯特要求她返回倫敦，針對F科的計畫進行「私下討論」。當貝克街得知法國安全局盤問美國領事馬歇爾．凡斯（Marshall Vance）是否認識維吉尼亞時，這項要求變成了命令。凡斯堅決否認，但他不久後前往伯恩，趁機向當地的軍情六處幹員發出警告，表示維吉尼亞顯然已被鎖定，而且她的「全體人馬徹底曝光」[41]。儘管她的個人操守無庸置疑，但她身邊有太多人粗心大意。

貝克街深感憂慮，於是在六月二十八日發電報給《紐約郵報》的喬治．拜克爾，請他要求維吉尼亞回美國參加緊急會議，中途過境里斯本（不過她真正的目的地是倫敦）。他欣然同意，甚至主動遊說國務院向維琪政府「施壓」，加速辦理她的簽證。被報社召回是突然離開的合理解釋，否則可能讓她在里昂的線人陷入危險。貝克街告訴維吉尼亞，他們很「感激」她的付出，但現在是討論未來安排的時候了。如此敷衍的說詞令她火冒三丈。打從一開始，她難道沒有替自己──和其他許多人──擺脫麻煩，不必依靠倫敦的任何實質幫助？除了在第一線存活漫長的九個月，她還能做些什麼來證明自己有能力應付未來？她想必可以自行判斷她的身分是否曝光，對吧？她難道沒有巧妙地在警方安插內線來保護她？在她看來，她只是「洩漏了風聲」，沒有「徹底暴露」，所以還「沒有太大問題」。最糟的是，一旦離開，她肯定無法重回一線。貝克街如今非常清楚，維吉尼亞心中藏著一股叛逆性格，而且經過生命的試煉之後，她對自己的能力深具信心。巴克馬斯特曾說她「不會輕易服從紀律」，而且「習慣自己做主，無視其他人的看法」[42]。儘管整天提心吊膽，但她從來沒有這麼快樂過。儘管飽受挫折，但她從來沒有這麼滿足過。儘管到處是叛徒和通敵者，但她渴望幫助法國的善良人民勝過一切。她決不會不戰而降，乖乖回到舊日生活的牢籠。

維吉尼亞知道她得圓滑一點。她怪罪天候不佳導致傳訊困難，耽擱了她回覆命令。接著，她把一位同志化為堅強的盟友。曾經懇求她離開的班．考伯恩此刻呈上報告，力陳維吉尼亞的重要，強調「將她的人脈轉給其他人極其困難」，並主張「沒有人……能夠取代她」[43]。維吉尼亞承諾縮小行動範圍、再次更換住處，並且只跟安全意識最強的幾名線人見面。對於其他人，例如高蒂耶，她將「不復存在」[44]。她壓根沒有回國，也沒打算回國。幾天之後，維吉尼亞一直暗中策劃的事情終於浮上檯面，說明了她為什麼無可取代。

第五章　十二分鐘，十二名囚犯

位於法國西南部的佩里格監獄是一座冰冷陰森的堡壘，地窖臭氣薰天，濕氣凝結成水滴，順著牆面涓涓而下。掉進林園別墅圈套的十二名特別行動處幹員——一半是英國人，另一半是法國人——已在這污穢環境待了六個多月，無人聞問，士氣非常低落。十二人當中的朱穆上尉形容這是一次「極其卑賤與屈辱」[1]的經驗。他們忍受漫漫寒冬，沒有暖氣，每天只有十分鐘放風時間。設在戶外的唯一一個水龍頭結凍了，根本無法洗漱。在他們的營救工作上，彼得·邱基爾、奧利佛或後來的卡爾特似乎都毫無進展，也給不了任何希望。被特別行動處內部稱作「卡麥隆幫」的這十二人，依舊在等待沒有確切日期也毫無把握的審判。作為具有標誌意義的盟軍囚犯，他們不會被交給納粹，也不會面臨行刑隊。貝克街漸漸對營救進度失去了耐心；這些人是貝克街的明星幹員——無線電通訊、武器和破壞行動的高手——貝克街亟需他們重返一線。束手無策地任由他們在牢裡凋零，是一件丟臉的事。維吉尼亞從未忘記他們；她偶爾寄去的食物至少能帶給他們一絲安慰。不過，令她沮喪的是，她依然沒有權限採取更多行動。

幸好，跟這十二人同時在馬賽被捕的法國前眾議員讓．皮埃爾—布洛赫的妻子蓋比後來獲釋。蓋比．布洛赫跟維吉尼亞年齡相仿，自一月以來，她花了許多時間探望獄中的丈夫，並努力為他爭取外界支持。蓋比試圖遊說維琪官員，卻徒勞無功，快要無計可施。她和卡麥隆幫都對特別行動處零星的營救行動失去信心，但他們聽說，同樣在佩里格監獄坐牢的傑利．莫瑞爾成功脫逃，而幕後功臣就是維吉尼亞。蓋比應丈夫的要求前往里昂，到格蘭德飯店的酒吧找瑪麗幫忙。這名嬌小的法國女人完全以一己之力行動，維吉尼亞不得不對她另眼相看，尤其因為她身為猶太人，面臨了巨大風險。

喬治．貝格也找到方法偷偷傳信給維吉尼亞。卡麥隆幫有兩人被指控「意圖危害國家安全」，罪名嚴重。貝格是其中一人，因此很難明目張膽寫信要求幫忙逃獄。他擔心萬一信件被人發現，有可能將她「置於險境」[2]，於是在信中表示他們十二人安然無恙，在獄中受到了善待，士氣「高昂」[3]。他無疑希望她能讀出字裡行間的言外之意——事實上，這封信肯定隱含了用密碼編寫的訊息。無論如何，蓋比把佩里格的真實情況說得非常明白——鞭笞、黑暗、疾病、一天只有一碗油膩膩的湯汁和剛好八點八盎司的麵包可吃；寄生蟲如何侵蝕病患和弱者的身體，獄中爬滿了跳蚤；以及一九四二年春天，卡麥隆幫的力氣和精神如何快速衰退。蓋比堅稱維吉尼亞是他們的最後希望。

維吉尼亞太清楚問題的難度了。佩里格監獄的四面高牆和鐵門堅不可摧，從來沒有人逃脫。不過，幾個月以來看著其他人的營救行動一一失敗，這個窮途末路的絕望請求，無疑是維吉尼亞證明自己的大好機會。她擬定一份雙管齊下的計畫，並向貝克街承諾，「如果無法令他們正式獲釋，就想辦法非正式出獄」[4]；由於其他人毫無進展，貝克街終於賦與她權限，讓她放手一搏。倫敦似乎不相信維吉尼亞能做得比別人更好——事實上，他們仍然以為她會盡速返回英國——但她暗自決心與蓋比聯手完成這項任務。

不久後，維吉尼亞趕往維琪，到美國大使館與李海將軍會面。即使美國如今正與德國交戰，大使仍然能對貝當政府發揮一定的影響力。她想，假如大使能替卡麥隆幫說話，他們也許還有一點機會。不過，由於大使不贊同盟軍的情報蒐集工作，她無法透露他們是可能遭到處決的諜報人員。更何況，他們沒有一人是大使有責任保護的美國公民。於是維吉尼亞訴諸他的普世人道精神。她聲稱他們是具有重大象徵意義的囚犯，自珍珠港事件以來，美國必然與英國站在同一邊，而他們的法國同伴從來沒做過壞事。也許李海擔心漠視她的請求會引來家鄉媒體的負面報導，也許純粹因為維吉尼亞能言善道，總之，李海答應透過祕密外交管道想想辦法。

回音來得比她敢於期望的更快——但粉粹了囚犯提前獲釋的一切希望。三月十四日的電報表示，卡麥隆幫即將脫離佩里格的苦海——不過會直接轉移到位於莫札克（Mauzac）的維琪拘留營，距離多爾多涅省的貝爾熱拉克（Bergerac）不遠。鄉間的環境好太多了，但這群人依然命運未卜。於是維吉尼亞開始計畫在二十五英里長的轉監路途中劫囚，卻發現幾個月的營養不良後，卡麥隆幫根本虛弱得跑不動。更糟的是，她聽說他們在移監過程中會被戴上手銬腳鐐，而且獄警奉命射殺任何打算逃跑的人。行動必須暫緩。

一行人筋疲力盡抵達莫札克時，天已經黑了。隔天早上，他們發現營裡拘留了六百多名政治犯（多半是戴高樂支持者），周圍有兩道棘刺鐵絲網、眾多武裝警衛，以及一座座瞭望塔。不過，他們至少可以呼吸新鮮空氣。這群人一起關在一間大型營房，可以拿蓋比和維吉尼亞安排紅十字會送來的食物煮東西吃，一星期甚至可以洗一次澡。他們也可以看到鐵絲網外頭的世界。他們打起精神，成立了自己的議會和合唱團來打發時間，認真地鍛鍊身體、恢復力氣。

莫札克顯然提供了越獄的最佳機會，維吉尼亞和蓋比立刻開始招募大批幫手，設法在這群人移送其他地方之前抓住時機。卡麥隆幫也著手在牢裡做準備。他們考慮挖一條隧道，但由於欠缺技術能力而放棄這個念頭，轉而尋找突破鐵絲網的方法。熱愛運動的英國廚師麥克・特羅托巴斯開始每天早上劇烈健身，尤其熱衷練習匍匐前進（這項技能日後將派上用場）。到了下午，這群人則投入比較輕鬆的滾球比賽。他們把球拋向預先選好的方向，藉機計算從營房走到圍欄所需的時間。他們還探測瞭望塔的監視盲點；尋找被日光曬得乾硬、得以不留下足跡的地面；並記錄獄警的巡邏時間。

幸運的是，在以往的平日生活中，貝格除了賣車，還有一雙巧手，幹很多雜活。他開出一張清單，列出所有必要工具。問題是如何讓外頭的維吉尼亞和蓋比得知他的需求——同樣困難的是，她們如何神不知鬼不覺把他需要的東西送進來。維吉尼亞的名氣太大，不能出現在拘留營附近，但她仔仔細細訓練蓋比如何發展獄警成為他們的傳信人。蓋比把年幼的子女留在家裡，每星期三次來回跋涉七十英里前來營區，有時下榻莫札克飯店，她知道營區有好幾名警衛會在那裡的酒吧喝酒。許多獄警是貝當支持者，他們認定未來會受到德國統治，因此很可能舉發她的可疑行徑。不過維吉尼亞讓蓋比帶了很多錢，並教她如何辨識可能的幫手而不將自己置於不必要的危險。她按照維吉尼亞教她的方法，盡可能一派輕鬆地在酒吧聊起盟軍勢必贏得最後勝利。她還對那些看似由衷感興趣的人補充說，人們可以幫忙加速盟軍取得勝利，說不定可以換來優渥的報酬。一開始似乎沒有人上鉤，但最後，一名不小心聽到她的話的獄警響應號召，但由於粗心大意，很快就因為涉嫌偷偷替囚犯傳送訊息而被開除[5]。另有兩人似乎動了心，但終究打了退堂鼓。她結交的最後一位獄警——荷西．塞維利亞（José Sevilla）——堅持到底，沒有退縮，只不過要求以帶他到倫敦取代酬金，讓他可以加入以戴高樂將軍為首、日益壯大的解放法國運動[6]。

事實證明，塞維利亞的用處很大。他的第一項貢獻是說服營長撤掉五號瞭望塔的夜間守衛；這是最靠近卡麥隆幫營房的瞭望塔。塞維利亞振振有詞地說明五號瞭望塔會被風吹得搖搖晃晃，在黑暗中爬樓梯上塔很不安全。他也設法傳話給卡麥隆幫，但這一點比較難做到，因為他不太有機會直接接觸那群囚徒。維吉尼亞需要想出另一個更可靠的方法，讓訊息得以傳出來、重要物資得以送進去。

不久後，蓋比每次獲准探望丈夫，就會給他送進乾淨衣服、書本，以及最重要的——大量食物。維吉尼亞給她錢購買一批精心挑選的黑市雜貨，讓她看起來不過是個想餵飽丈夫的賢惠妻子。這樣的揮霍當然引起了注意，蓋比數度遭人檢舉（可能是被嫉妒的鄰居告發），她的房子受警方搜查。她帶著一包包食物抵達拘留營時，再度受到搜查。警方什麼也沒查到。然而事實上，一罐果醬裡藏著一支迷你銼刀、一疊乾淨的衣服裡有一把剪鉗、挖空的書本裡裝了小型的螺絲起子和鐵鎚，而頂級茄汁沙丁魚罐頭的錫罐，是可回收使用的最佳金屬。蓋比深知，這些東西一旦被發現，她肯定會被刑求至死；她的決心令整個卡麥隆幫驚嘆不已，馬克・朱穆便是其中一人。他追憶有多少男性友人因為難以估算的風險而拒絕捲入其中——而面對同樣的風險，蓋比卻義無反顧，勇往直前。多虧她的過人勇氣和維吉尼亞的機智巧思，貝格很快拿到製作營房鑰匙所需的全部工具。他利用營區食堂的麵包壓出門鎖的模子。從此刻起，卡麥隆合唱團每天晚上都會鬼吼鬼叫地唱著「最不堪入耳」[7]的歌，掩蓋打磨和敲打的聲響。

與此同時，維吉尼亞加緊籌畫這幫人離開莫札克之後的後續行動。她邀請維克——同名逃生路線的負責人——尋找安全庇護所，並安排卡麥隆幫越過庇里牛斯山抵達西班牙。他們聯手招募了一名協助逃亡的司機，籌到身分文件、配給卡和火車票。最重要的是，他們找到離拘留營不遠的一個祕密藏身據點，供卡麥隆幫度過重獲自由後風聲最緊的最初幾個鐘頭和幾天。如此大膽的行動有無數細節需要張羅，維吉尼亞必須傾盡她在第一線的生存技能與智慧。事實上，這正是她在接到倫敦的召回令時如此心慌意亂的主因。她不能拋棄她最親密的團隊——傑美恩．基林、盧賽醫生，和新來的發報員安德烈．庫瓦西耶（André Courvoisier；一名可愛的法國退伍軍人）；這群人正在為她動員自己的一切人脈。最棘手的老問題是，仍然找不到一個更直接而快速的方法聯繫所有相關人員，敲定最終的行動方案。光靠蓋比探監和塞維利亞的幫忙並不足夠。維吉尼亞和她的支持者一起想出一個驚人的大膽計畫。

不久後，一個晴朗的早晨，一名精神矍鑠的七十歲法國牧師開始以傳教之名連續探望卡麥隆幫。他是一戰老兵，在戰爭中失去了雙腿。牧師很懂得如何鼓舞卡麥隆幫的士氣，而且似乎為他們爭取到幾桶油漆來粉刷營房。完工那一天，他請人抬著他的輪椅，讓他上樓進入營房看看他們的室內布置。進門之後，牧師自己把輪椅推到屋子中央，立刻打手勢要求所有人靠攏過來。「我有個小禮物給你們，」他壓低聲音，眼裡閃爍興奮的目光，「不過，首先派一兩個人到門邊和窗邊把風……現在，你們誰來看看我的牧師袍底下……我的腿原本應該在的位置。」其中一人順從地掀開牧師袍，所有人吃驚地倒吸了一口氣。「天哪，一架鋼琴！」貝格驚呼；他想必猜到是誰安排以如此別出心裁的方式把發報機偷渡進來。「我聽說你能用它彈奏許多音樂。它調好音準了……把它藏好，當然，忘掉它是怎麼來的」[8]。

幾天後的夜裡，貝格趁著五號瞭望塔無人看守，沿著營房屋簷的隱蔽之處架起長達七十呎的天線。不到一星期時間，他向貝克街發出了第一條訊息，列出他們一行人的姓名，並說明其中十人打算「聯手脫逃，抵達位於鄉間的安全藏身之地」，或許有另外四人會跟著一起逃跑。聽到著名的鋼琴師從法國戰俘營發出訊息，F科震驚不已。如今可以跟莫札克內部直接連線，簡直不可思議。倫敦得知是維吉尼亞在指揮整起行動（不過他們不知道細節，以免訊息遭到攔截），於是指示卡麥隆幫抵達里昂之後立刻到格蘭德飯店與維吉尼亞見面。他們必須說出以下暗語：「我是來問問要替你留幾顆蛋」，她的回答會是，「替我留十顆，除非你還另外多出四顆」。然而，即便此刻，倫敦對這群人能否成功逃出拘留營仍然存疑。

貝格從營房發送訊息的動作越來越熟練，甚至能傳遞一名聒噪的警衛不小心洩漏的有用情報。那名獄警喋喋不休地談論德軍在貝爾熱拉克設立的一座新的砲彈工廠。送出這份情報幾天後，一天夜裡，卡麥隆幫很高興地聽到英國皇家空軍的轟炸機呼嘯而過，看見滿天紅光，強烈的爆炸撼動地面，「一團團火花衝上夜空」[9]。隔天聽到同一名獄警談起工廠被炸毀，卡麥隆幫感到無比滿足。縱使依然身陷囹圄，他們仍不可思議地為戰爭出了一份力量。

貝格傳出大量訊息，很快吸引了無線電偵測車的注意，後者不只一次看見營區上空出現信號。不過，貝格深信警察絕對想不到信號出自營區內部。事實證明他是對的；他們後來聽說附近的住宅和農場都遭到徹底搜查。關於另一名囚犯的棘手問題，或許也透過無線電通訊得到了解決辦法。皮爾·弗勒雷老頭——一名來自沙托魯的修車廠老闆，也是最早被特別行動處吸收的當地人之一——威脅卡麥隆幫，假如他們真的按照計畫逃跑，他會向獄警告發。沒有人想傷害他，因為他是貝格最早期的一名勇敢而忠實的支持者，但他擔心卡麥隆幫的逃跑會將他的妻女置於險境，這份恐懼危及了整起行動。六月的某一天——正當維吉尼亞努力爭取留在第一線——營區醫生把喬治．朗格蘭叫進辦公室，明白表示他得知營區即將發生事情。這名醫生（很可能是盧賽醫生的線人）交給他一小瓶藥水，他聲稱那是無害的助眠藥劑，或許能派上用場。他說這瓶藥水可以摻進啤酒，不改變啤酒的味道。「我打算休假幾天，但我不知道應該在哪幾天休假，」醫生投來一個心照不宣的眼神，「你可以好心地給我一個建議嗎？你瞧，有些時候我寧可躲得遠遠的」[10]。

如今，逃跑計畫已大致底定，但是當他們試用門鎖的鑰匙，鑰匙卻無法轉動。這是個災難。他們必須在七月八號到十五號之間的新月期逃跑。過了那幾天，夜色會變得太明亮，使他們無所遁形，所以時間非常緊迫。貝格開始瘋狂地修改鑰匙，「無止盡的歌聲」再度響起。透過另一個別出心裁的溝通管道，心急如焚的維吉尼亞和蓋比得知行動推遲的消息。她們開始靠另一名友善的獄警，透過阿斯匹靈藥筒偷偷向卡麥隆幫傳送訊息。卡麥隆幫把藥筒丟給圍牆外一名友善的中間人（另一位獄警），告訴她們鑰匙出現了技術上的小問題。幾天後，當鑰匙終於可以正常運作，他們也透過同樣方式把好消息傳遞出去。按照事先的安排，獄警把藥筒偷偷塞進掛在食堂大廳的一件外套口袋，他知道外套主人可以將消息直接傳給蓋比。不過蓋比始終沒收到訊息，當她兩天後前來探監，管理食堂的中士表示想和她談談。

蓋比忐忑不安地走進他的辦公室，準備面對最壞情況。他們的計畫果然被發現了：那名獄警誤把藥筒塞進中士的外套口袋，而不是蓋比線人的外套。蓋比否認知情，但從中士的反應來看，他顯然知道她在撒謊。令她如釋重負的是，他突然改變策略，表示他也願意幫忙，換取五萬法郎的高額報償[11]。維吉尼亞當然立刻掏錢。

多虧了食物包裹和運動健身，卡麥隆幫覺得身體強壯多了。這樣剛好。逃跑計畫若要成功，他們的體能必須接近巔峰狀態。首先，他們必須從營房衝向另一棟建築的陰影處，不被瞭望塔的明亮弧光燈照到。接著，他們必須跑到鐵絲網旁，抵達在瞭望塔視線範圍外、光線相對黯淡的一個確切地點（這個地點是透過無數次滾球遊戲決定的）。在這裡，鐵絲網會被貝格用幾片老木頭做的支架台稍微撐開（支架台是所謂「粉刷營房」的配備）。地上會鋪一張舊地毯，以免當他們照特羅托巴斯教的方法匍匐前進時，肚皮被刮出一道道傷口。不過，在黑暗之中，以不到一分鐘的時間分兩階段跑到鐵絲網旁，然後匍匐穿越好幾碼寬的棘刺網圍欄，仍然是一項巨大挑戰。為了躲避獄警的巡邏，整個過程必須精確到分秒不差，稍一耽擱都會毀掉整起行動。而且，巡邏的獄警隨時可能發現營房的門被打開了，所以他們其中較有藝術天分的人用麻布畫了一扇假門，可以在真門打開之後瞬間把假門釘上。

七月十四號法國國慶日，蓋比帶著孩子們去探望先生讓，為他們一行人即將面臨的危險哭個不停。逃跑時間訂在隔天深夜——最後一個可行時機；隔日是他們大多數人熬過的最漫長一天[12]。七月十五號，一過下午四點，他們等待維吉尼亞傳來一切就緒的最後信號。果然，一名老婦人在指定時間行經拘留營，身後跟著三名孩童。如果來者是一名老頭，就意味著取消行動。那天晚餐，他們其中一人把醫生的助眠藥水偷偷摻進弗勒雷的啤酒，那是蓋比特別送進來的；一行人盡量保持神色自若。他們吃著飯，越來越沉不住氣。平常脾氣暴躁的弗勒雷一反常態地聒噪不休。他通常第一個上床，但這天晚上似乎毫無睡意。他站在窗前吹了好一陣子口哨，其他人則不斷看錶，焦急地懷疑那瓶藥水是個假貨。終於，他爬上床，所有人都在留意他是否出現入睡的徵兆，但他又開始吹起口哨，打破眾人的希望。寬衣以後，弗勒雷才終於大發慈悲地翻了個身，鼾聲大作。

此時在警衛室，塞維利亞請朋友送來兩公升白酒，午夜時分開始跟他的長官喝了起來。按照約定，一等他們喝得酒酣耳熱、引吭高歌，另一位名叫康瑞德的友善獄警就會爬上七號瞭望塔，以打火機向卡麥隆鴦傳送放行信號。在上鎖的營房裡，這群男人將破布塞到床單底下，做出他們在床上睡覺的假象，並抽籤決定由誰負責打頭陣，然後蹲在窗邊靜待消息。幾小時過去了，一彎新月升起，但是依舊沒有信號。也許這一切不過是個圈套，或者，警衛說不定已經發現。塞維利亞也在苦苦等著康瑞德爬上七號瞭望塔，但他臨陣退縮，始終沒有爬上去。

凌晨三點，誰也無法再等下去了，塞維利亞從醉醺醺的長官身邊溜走，自己搖搖晃晃地爬上瞭望塔，用顫抖的手點燃菸斗。卡麥隆幫如釋重負。貝格把鑰匙插進門鎖，輕輕轉動，打開了門。儘管前一天上了油，房門仍發出令人痛苦的嘎吱聲，不過他幾秒鐘之內就掛上畫好的麻布。特羅托巴斯帶著地毯衝向鐵絲網邊，展開做為信號線的一團細繩。拉一下表示一切正常，三次短促的拉扯則意味著危險。這行人一個接一個拔腿跑到另一座營房邊，然後衝向圍欄，盡可能快速地扭動身體穿越鐵絲網。朗格蘭是最後幾個趴上地毯的人，但是此時，他的頭頂上突然出現一名警衛的森然身影。特羅托巴斯正準備跳到警衛背上，使上特別行動處殺人於無聲的技巧，但這名警衛悄悄問，「是英國人嗎？」特羅托巴斯回答：「是」。「哎呀，別弄出那麼大的聲響，」警衛說完後默默走開。又過了幾秒鐘，特羅托巴斯確保貝格、朱穆、皮埃爾—布洛赫、蓋瑞爾、海耶斯、勒哈里維爾、朗格蘭、利沃、羅伯特．利昂和羅許爬過鐵絲網，也見到了在外頭等他們的食堂中士。整起巧妙的行動總共花了十二分鐘——一個人一分鐘。

兩英里外——遠遠脫離營區弧光燈的照射範圍——一位名叫亞伯特．里古萊（Albert Rigoulet）的捲髮科西嘉人，在停放於綠蔭深處的一輛老雪鐵龍卡車上等他們。一脫離營區，卡麥隆幫的男人便三兩成群衝向陰暗的林區、跳上卡車，里古萊載著他們駛進黑夜，沒有人看見，也沒有人聽見。直到破曉時分，還留在營區的一名囚犯才嚷嚷著說他的獄友半夜裡消失了，並（依照指示）發誓在此之前，他從未發現任何不尋常的事。他也鎖上了門、丟掉鑰匙，讓其餘獄警完全搞不清楚卡麥隆幫究竟如何逃出營房。警報聲立刻響起，大批警察蜂湧而出，展開前所未有的追捕行動。方圓一百英里內的道路交通一律被查，所有道路、橋梁、鐵道、江輪和車站若非關閉，就是受到二十四小時監控。控制站和檢查哨貼滿了逃犯的照片，當地的住宅、農場和田地則遭警方地毯式搜索。幾位莫札克獄警因為未能阻止囚犯逃獄而遭到痛毆、鋃鐺入獄——不論他們是否知情或者是否給與協助。其他拘留營和監獄奉德軍之命，立刻加強了安全警戒。正如所料，蓋比隨即被捕，但維吉尼亞事先指導她製造了一個牢不可破的不在場證明。許多人可以作證，她當時剛跟維琪官員開完會——再度為她的丈夫求情——正在回家的路上。

蓋比獲釋，但德國人和維琪政府都心知肚明，盟軍完成了一次驚人的越獄行動和一場漂亮的文宣戰。這次突圍有賴某個傳奇人物運籌帷幄，絕非莫札克當地人所能完成。在酒吧和商店裡，人們津津有味地談論這起事件，公車和火車上的乘客也交頭接耳，議論紛紛。「一架英國皇家空軍轟炸機在野地接走了那十二人，」當地人驚嘆地告訴彼此。他們壓根不知道，這是跟維吉尼亞交好的當地妓女、醫生和理髮師刻意散布的流言。她希望警方相信這群人已經返抵英國。

事實上，里格萊只開了短短二十英里路，就讓他們在一片覆蓋薄薄朝露的灌木叢中下車。里格萊棄置卡車之際，他們在露濕的地面上躺了一小時左右，然後他再度出現，帶領一行人徒步穿越胡桃樹和甜栗樹密密叢生的層層山嶺，一行人咬著牙奮力行走，直到抵達森林深處、任何車輛都到不了的地方。讓．皮埃爾—布洛赫回憶，中午時分，他們終於到了「一座破舊的廢棄房舍和農場」，興奮地發現「有人已經打點好一切，準備迎接我們到來」[13]。櫥櫃裡塞滿了餅乾、果醬、刮鬍刀，甚至香皂——深受歡迎的維吉尼亞作風。

接下來兩星期，卡麥隆幫深居簡出，他們在白天睡覺，只在夜裡到外面安安靜靜地短暫散步，豎起耳朵聆聽任何不熟悉的聲響、睜大眼睛查看黑夜裡的動靜。風聲終於漸漸平息。維吉尼亞接到線報，警方認為逃犯此刻必定已經離開法國。追捕行動取消了——但令人不安的是，這群人的面孔如今家喻戶曉。儘管如此，他們也該分批離開，繼續踏上前往里昂的路途。他們只能想辦法避人耳目、穿越重圍。有些人搭火車，另一些人則乘坐卡車。全部的人都依照指示成功抵達格蘭德飯店，他們知道維吉尼亞會在那裡等待他們，安排他們前往西班牙。有幾個人路上數度險些被法國和德國追捕者抓到，比其他人花更長時間才到達里昂。他們抵達時，風聲還很緊張——莫札克越獄事件仍是最熱門的話題；於是維吉尼亞迅速將他們分散到不同的祕密據點，以免一行人引來注意。兩人寄宿這座城市的傳奇理髮師抵抗人士的家，其他人則交由傑美恩安排，很可能住進她的妓院。八月十一日，維克發電報給倫敦：「全體卡麥隆幫重覆卡麥隆幫已安抵里昂重覆里昂。第一批下週離開」[14]。貝克街歡聲雷動；他們已經好久沒有這麼開心了。

某些卡麥隆幫成員比其他人歷經更多波折才回到倫敦，大約半數的人在途中進了西班牙監獄，不過在維吉尼亞和蓋比的機智，以及維克和一大群人的幫助下，這群人終究獲釋。貝格後來成為F科的通信官，另外四人——海耶斯、利沃、利昂和特羅托巴斯——則成了傑出的情報組負責人。特羅托巴斯回到法國後的功績，為他贏得一枚維多利亞十字勳章（英國軍人的最高榮譽）。儘管後世對這起事件知之甚少，但特別行動處的官方歷史學家傅特認為，莫札克越獄是「戰爭期間同類行動中最有效的一次」[15]。這起行動是一次規模宏大的壯舉，當時難免有許多人出來搶功，也或多或少得到表揚。維吉尼亞的角色是在幕後指揮大局，而她也不願意出風頭。卡麥隆幫許多人不知道她究竟為他們做了多少事。但是她最親密的副手（例如里昂的庫瓦西耶[16]）以及她在倫敦的上級，深知她在這起行動中居功厥偉。歷史學家庫克里奇（E.H. Cookridge）表示，維吉尼亞・霍爾和布洛赫夫人如何鼓舞、領導，並在「獄警的眼皮底下」將這項「大膽的營救行動」堅持到最後，已成了特別行動處的一頁傳奇。傅特詳細研究莫札克行動之後判定，維吉尼亞是各項活動背後的「關鍵人物」。他解釋道，「除了事件相關人物」，特別行動處的許多偉大成就至今依然「鮮為人知」[17]。莫瑞爾後來也正式表示，「她個人是好幾起營救行動的負責人，許多行動完全由她一人獨力安排」[18]。

為了表揚蓋比・布洛赫的過人勇氣，特別行動處排除萬難將她和孩子們接來英國與她的丈夫團聚。兩人後來都在駐倫敦的法國情治單位工作，並獲頒法國榮譽軍團勳章（Légion d'Honneur），她更被授以英皇自由事業勇氣勳章。特別行動處折服於莫札克行動，提名維吉尼亞角逐英國平民的最高榮譽，地位僅次於爵士夫人。事實上，她很可能是唯一一名還在敵境潛伏就被視為有資格獲得大英帝國司令勳章（CBE）的F科情報員。由於她還在敵區行動，她的嘉獎令無法包含行動細節，因此無法充分反映她的成就：「為了我們的工作，她全心奉獻自己，無視一旦被維琪當局發現，這些行動勢必將她置於險境。她擁有高度組織能力，並且洞察我們的需求，不屈不撓地支援並協助我們的幹員……對於她的服務，再多讚美也不為過」[19]。她的提名被駁回了。

後來，法國解放後，貝克街終於承認她對「為數眾多」[20]的營救工作所做的真實貢獻，但其中最重要的，莫過於莫札克行動。一九四四年十一月二十一日的一份F科內部備忘錄為後世留下記載，「我們許多人員的自由與甚至性命」，都是維吉尼亞・霍爾所賜。然而，外面的世界永遠不會知道。

第六章 間諜蜂巢

維吉尼亞幫助莫札克「恐怖分子」成功越獄的大膽行動，讓納粹高層勃然大怒，導致希特勒對法國發動無情鎮壓。這顯示抵抗運動如今已造成重大威脅，而法國南部的半自治原則已無法持續下去。工廠、鐵路運輸車、德國車輛、電力線一再遭到攻擊，而里昂的募兵處也向柏林證明，儘管貝當政府滿口承諾，但他們實在沒有能力摧毀內部的敵人。於是，第三帝國命令維琪當局發出五百張法國身分證給蓋世太保，幫助他們打進自由區的盟軍地下工作網，開始為日後的全面占領鋪路[1]。透過多納爾行動（Operation Donar）——以日耳曼神話的雷神為名——納粹計畫以雙面間諜大舉滲透南方各大城市，將殘存的恐怖組織一網打盡，斬草除根。根據一九四〇年的停戰協議，只有法國警方在場時，蓋世太保才能在自由區逮人，但德國人此刻隨心所欲地抓人並嚴刑拷打，根本毫無顧忌。里昂是他們的首要目標。「情勢在悶燒，」正如特別行動處的一名史官所述，「即將沸騰」[2]。

近來，破壞行動的效率與頻率出現顯著上升之勢；德國人將抓捕破壞行動及莫札克事件的幕後負責人列為最高任務，刻不容緩。蓋世太保和阿勃維爾雙雙對維吉尼亞仍頻頻造訪的美國駐里昂領事館產生疑心，展開嚴密監控。不過，納粹的這兩大情治機構是死對頭，彼此爭奪最高榮譽，互不相讓。阿勃維爾成功破解特別行動處密碼——這得歸功於布萊謝爾和小貓咪——使它暫居領先地位。抽絲剝繭後，阿勃維爾認為目標不是英國人就是加拿大人，而且是個女人——一個名叫瑪麗．莫寧的瘸腿女人。不過，阿勃維爾偏愛有條不紊的做事風格，不像蓋世太保喜歡不分對象大規模抓捕。在確認她的身分和同夥之前，布萊謝爾不會貿然行動。他也會耐心等著把她的無線電發報員弄到手，以便借她之名跟倫敦玩一場「電台遊戲」。八月初，他已經想出一套打敗她——並破壞英國作戰行動——的計畫，並且是執行這套計畫的不二人選。這是關鍵的一個月。

與此同時，蓋世太保最惡名昭彰的審訊者（此人折磨並屠殺數千名抵抗分子，即將在一年之內由希特勒親自點名頒發鐵十字勳章），也對維吉尼亞產生了個人興趣。克勞斯．巴比（Klaus Barbie）上尉的父親在一九一六年凡爾登戰役中受到嚴重的心理與生理創傷；在父親家暴陰影下長大的克勞斯．巴比，此刻還沒有正式駐紮里昂。不過，摧毀特別行動處的執念已經占據他的心；在德國人眼中，特別行動處是一切地下行動的背後支柱。數十名蓋世太保軍官截獲從里昂發出的可疑信號，從佩拉什車站旁的「終點飯店」（Hôtel Terminus）三樓鋪著豪華地毯的辦公室，發動一波波逮捕，展開日以繼夜的突襲。他們必須盡速突破這些恐怖組織的核心。總會有人扛不住折磨；巴比會想辦法逼供。里昂的瘸腿女人即將成為納粹在全法國最想抓到的盟軍間諜。

那年八月，不知黑暗力量將至的維吉尼亞身體狀況好轉、精神抖擻，她已經好久沒有這麼健康了。莫札克行動的勝利讓她士氣大振，那個月月初，尼可拉斯．薄丁頓抵達里昂，跟她談談她的未來計畫。她振振有辭地設法說服薄丁頓讓她繼續執行任務，堅稱她的高層友人能保她平安，而且她還能營救更多情報員、招募新血、幫忙加大破壞行動的力度。薄丁頓妥協了，建議倫敦取消維吉尼亞的召回令。畢竟，是他冒險起用了她，而他也確實賭贏了這一把。貝克街同意了，於是要求《紐約郵報》確認她的職位、委託她撰寫更多文章，維持她的掩護身分。透過駐維琪的美國武官，維吉尼亞輾轉收到七十五萬法郎的經費。這筆錢極有用處；除此之外，特別行動處還以被火紋身的皇家空軍飛行員威廉．辛普森之名[3]，每個月匯一萬法郎到傑美恩．基林妓院的銀行帳戶，以這種非正規的管道祕密付錢給維吉尼亞。另外，薄丁頓還明確說明誰是第一線負責人，設法平息里昂的特別行動處情報員之間的內鬥。或許他認為把大權交給一名法國人來撫慰受傷的民族自尊，是一件政治正確的選擇。或許F科仍然提不起勇氣拔擢女人。讓許多抵抗人士感到驚恐而維吉尼亞灰心喪氣的是，這個職位落到阿朗頭上。

維吉尼亞潛入敵境已將近一年，這段時間裡，她是F科派出的唯一女性。在臥底工作中，女性一開始占有優勢，特別是能夠善用魅力迷惑敵人的美女。大多數德國人被灌輸女人的生活應該圍繞子女、教堂和廚房打轉的觀念，莫不認為脆弱的女人不可能參與抵抗運動這類齷齪而危險的勾當。但維吉尼亞深知，納粹如今已大幅改變想法。蓋世太保發現，越來越多地方婦女扮演積極角色，許多人成了聯絡員，負責在情報人員之間傳送現金、消息或武器。一名婦女曾將重達九十磅的武器塞進她的嬰兒車，重量導致彈簧摩擦車輪，整輛推車差點坍塌崩解。聯絡員身上常帶著違禁品（不論輕的或重的），腦中也藏了很多東西，包括情報員的姓名與地址。因此，這些女人一旦被逮，勢必難逃卑鄙的納粹所能想出的最殘酷的折磨方式。

維吉尼亞無疑聽過許多流言，心知一旦身分敗露，她會遭到怎樣的恐怖對待。納粹最喜歡用鉗子擰斷女人的乳頭，或者打碎牙齒輾壓裸露的神經，又或者用菸頭、烙鐵或酸性物質灼燒肌膚。另外還有性侵害和強姦——據說巴比最喜歡的方法涉及以狗為工具。後來，浴缸刑求法——「坐水凳」（waterboarding）的前身——成了新寵。囚犯全身赤裸地浸在冰水中，雙手反銬，頭被壓在水裡直到幾乎溺斃。如果昏過去了，她會被人拽著頭髮拖出水面。如果仍然拒絕吐實，她會被再度壓進水裡。有時在死亡邊緣，納粹會給她喝杯茶或咖啡，要是她還不肯合作，整個過程便重新再來一遍[4]。如果囚犯是猶太人，巴比會乾脆用他的軍靴鞋跟踩扁她們的臉。

這樣的野蠻行徑並非納粹專利。有些情報人員甚至更害怕法國當局，因為法國警方為了取悅德國主子，變態地爭相締造「泯滅人性」的全新標準。一個瓦解囚犯心防的特別惡毒的方法，就是威脅傷害他們的家人。一名被捕的聯絡員若不招供，就得眼睜睜看著她的寶寶被抓著以頭撞牆。維琪政府傾注大量資源加強警力，不僅大幅增員，各種執法單位更如雨後春筍般興起，彼此監督，最後聯手「抵禦間諜大軍的壓迫，成功穩住了整個國家的陣腳」[5]。目標是徹底肅清國內的異議分子，永絕後患。

儘管有關這些暴虐行徑的傳聞甚囂塵上，維吉尼亞仍成功地為更多女性諜報人員打開了大門。特別行動處口中的這位「膽識過人的女士」，毫不誇張地改寫了女性參與盟軍情報工作的歷史。她的成就克服了人們對女性進入第一線行動的強烈排拒。那年八月，當女性的處境變得極其危險，F科已準備好派遣另一名女情報員潛入敵佔區；這是另外三十八名女性情報員中的第一位。「我們注定要驚訝地發現，即便……在原本被視為男性特權的任務中，她們都展現出強大的熱忱與能力，」巴克馬斯特說。「在某些工作上，女性甚至比男性更優秀」，這一部分歸因於「她們專注於單一目標的能力」[6]。儘管她們後來確實扮演了巴克馬斯特所說的「極其重要的角色」，但她們也付出了昂貴的代價。在特別行動處送進法國的三十九位女性人員當中，十三個人——也就是每三人就有一人——沒有活著回家。相較之下，在四百多名男性幹員中，每四人有一人付出生命的代價。女性情報員的耗損率較高，一部分因為許多人是有特別危險的聯絡員（必須經常攜帶祕密文件穿越哨口），以及後來的無線電發報員。數以千計的法國抵抗人士也同樣付出了生命。他們大多是提供祕密據點，這個角色沒有為他們贏得榮耀，卻讓他們特別容易遭到背叛。每五個幫忙藏匿情報人員或物資的女人，就有一人因為她們自找的麻煩而遭到處決[7]。

不過，由於急著派遣更多情報員協助行動，有些人甚至是在不明就裡的情況下受到僱用。一名雙語秘書發現自己莫名其妙進了特別行動處的密集訓練營，等了好幾個星期，終於鼓起勇氣問另一名學員知不知道他們為什麼會在那裡。有些人知道的比較多，但他們誤以為地下工作的生活多采多姿，而不是一場攸關生死的惡仗。搭船抵達蔚藍海岸時，一名女性特別行動處幹員的第一個念頭，是詢問維吉尼亞哪裡可以找到手藝最好的理髮師。維吉尼亞不願跟如此虛榮的人打交道，她明確表達自己的不悅，方法是把另一名新來的幹員原船遣返，因為她離開倫敦前顯然剛燙過頭髮，這是在法國無法輕易得到的奢侈享受。那名女人很可能會立刻被逮，為所有人帶來滅頂之災[8]。不過，在第一批新進人員當中，一位出生於法國、在西端飯店擔任接待員的四十多歲女性，證明了自己與眾不同。在伊芳・魯達雷特（Yvomne Rudellat）「活潑而迷糊的行徑」[9]之下，潛藏著沉穩的個性與豐富的常識。她前往圖爾，以聯絡員的身分展開工作，日後將為此獲得軍功十字勳章的提名（但最終遭到駁回，因為當時尚未有女性獲頒這項獎章）。一個月後，芳齡二十的安德莉・波瑞爾（Andrée Borrel）成了第一位跳傘進入敵境的女性幹員，負責替有一半英國血統、龐大的「昌盛」（Propser）情報組創建人法蘭西斯・蘇蒂爾（Francis Suttill）傳遞訊息。蘇蒂爾雖然擁有過人的勇氣，但在招募當地合作者的工作上，他的做法也許有些天真。他和波蕾爾在巴黎挑了一家夜總會，對「魚龍混雜的觀眾」[10]示範如何操作斯登衝鋒槍——抵抗分子的首選武器——以這種方式找到了情報組未來的副組長。這不是個好的開始，結局同樣不盡理想。蘇蒂爾和兩位女士終將難逃一死。一九四五年三月，他在位於柏林附近的薩克森豪森（Sachsenhausen）集中營遭到處決，八個月之前，波瑞爾被注射苯酚，然後被活活送進法國東部孚日（Vosges）山區納茨維勒（Natzweiler）集中營的焚化爐。羸弱的魯德拉特一九四五年被放出貝爾森（Belsen）集中營，卻隨即染上斑疹傷寒離開人世。

維吉尼亞本人則繼續向前，毫不鬆懈。然而，她迫切需要合適的副手。暫免被薄丁頓召回倫敦後，她不僅沒有偃旗息鼓，反而比從前更忙碌。貝克街覺得有必要警告她不要花時間幫助盟軍的其他情報機構——包括波蘭人、比利時人，甚至與之較勁的英國軍情六處；因為貝克街擔心這些機構會剝削「她的好心」[11]。但是當蒐集情報和建立人脈的眾多機會迎面而來，她就是無法抗拒；況且，抵抗運動中名號最響亮的幾個人物——包括高蒂耶——仍然無法提供任何實質幫助。「人們過於重視浮誇的計畫；話說得太多，事情做得太少，」維吉尼亞如此抱怨。

她反覆要求倫敦派給她一名固定的特使，幫助她調動她的人脈。但她也向倫敦明白表示，「此人若非箇中翹楚、經驗豐富、具權威性、有責任感，並願意忍受不愉快的生活，」而且最重要的，「不亂發牢騷」[12]，倫敦大可不必派「他」（顯然沒想過有可能是另一個女人）過來。她曾替一名在火車上弄丟將近三萬法郎和身分證件的幹員，以及另一名在賭場跳票四萬法郎的幹員收拾殘局，如今，她已經沒力氣繼續扮演母親的角色，管束那些行為舉止活像任性孩子的男人。彼得．邱基爾曾說，諸如維吉尼亞等五、六名「王牌」情報員苦幹實幹，換來「在此真空地帶半飢半飽的待遇」，相較之下，其他人則「懶散怯懦，滿口怨言」，而且整日喝得醉醺醺[13]。諜報人員莫不心懷恐懼，有些人甚至長期失眠。「眼前充滿不確定性和無盡的夢魘，」其中一人解釋，「壓力、緊張和疲憊，活在謊言之中得費勁地隨時保持警覺；這些是〔情報人員〕得面對、接受和控制的事。但他們其實永遠無法克服恐懼」[14]。但就算克服不了，他們也不該靠酒精、賭博或到處找女人來控制恐懼。情報人員必須從內心找到繼續前進的力量，但能夠做到這點的人少之又少。

班．考伯恩重返里昂執行一系列策略性破壞行動。和往常一樣，他逕直前往維吉尼亞的公寓進行籌備，包括說服當地的飛機工廠工人在機器中摻入金鋼砂，以及炸毀電廠附近的高壓電線。維吉尼亞從不允許任何人太接近她，更別提對任何人吐露心聲。但考伯恩在她心中佔據特殊地位，這位個性可靠、帶著可愛調皮笑容的人物，曾在林園別墅事件之後，不辭千辛萬苦前來警告她。一天清早，她迎接他的到來；她請他躺下來休息，而她則在廚房做早餐。然而在這短暫的居家時刻，考伯恩開始擔心她的處境。每一輪的抓捕都離維吉尼亞越來越近。考伯恩雖然是特別行動處當中最強力支持她留在法國的人員之一，但她持續進行的冒險行動仍讓他大吃一驚。考伯恩懇求她停止依賴她的高層保護者，勸她學著過「老鼠一樣」的生活以求保命。在他相對明確且中間會回到倫敦休息的短期任務中，這種方法十分有效。但對於扮演固定且全方位角色的維吉尼亞來說，這麼做並不實際。隨時對需要她的人伸出援手是她的職責，也是她的天性。光是八月間，她就跟非占領區的二十五名受過特別行動處訓練的情報人員及六名鋼琴師接洽，並且和全法國的八個情報組合作，幫助他們從事破壞行動、進行空投、蒐集情報，並接運渡海而來的兩千磅物資[15]。

即便此刻，維吉尼亞仍設法持續擴大她的影響範圍，尤其在巴黎。她冒著極大的危險。蓋世太保在首都展開最嚴酷的鎮壓，抵抗分子不斷遭到大規模逮捕。但她的名聲和內線幫助她吸收了幾名傑出的上流社會人士，例如神槍手兼光彩奪目的高級訂製時裝店總裁薇拉・雷伊（Vera Leigh）。維吉尼亞召喚她前來里昂，協助設立通往西班牙和瑞士的逃亡路線。自從一九四〇年便偕同志同道合的朋友在巴黎獨力對抗納粹的兩名猶太富商——尚・沃姆斯（Jean Worms）和雅克・威爾（Jacques Weil）——也慕名來找她。他們始終拒絕加入由法國人主持的抵抗組織，因為他們既不信任也不尊敬法國抵抗人士，但對於她的工作，他們聽到的都是讚美。冠軍賽車手羅貝爾・伯努瓦（Robert Benoist）是另一位極有價值的線人，他跟老對手——當時已加入特別行動處的英國賽車手威廉・格羅斯—威廉姆斯（William Grover-Williams）——合作，這對搭檔執行了幾項小型破壞任務，並主持首都西南部的幾次空投行動。維吉尼亞的招募工作得到了回報，但跟這些備受矚目的人物接觸，也大幅提高了事跡敗露的風險。事實上，她在巴黎的名望，確實即將讓她——以及其他許多人——付出昂貴的代價。

八月十四日，丹尼斯．雷克偷偷溜出維吉尼亞的里昂公寓，前段時間，他一直在這裡休養身體、躲避追捕者。隔天早上，他到利摩日費桑飯店的咖啡廳吃早餐。由於法國警方和蓋世太保都還在追緝他，他冒著很大的風險搭火車、訂旅館，由於恐懼和暑熱而汗流浹背。不過，他早就約好跟另外兩名特別行動處幹員——恩尼斯．威金森（Ernest Wilkinson）和理查．哈斯洛普（Richard Heslop）——碰面，他不能爽約。維吉尼亞也為這兩個人提供了藏身之處；他們三人說好一起在法國西部的昂熱（Angers）成立新的情報組，由雷克擔任無線電發報員。照雷克說的，維吉尼亞用她那「奇妙的手法」[16]，替他們從倫敦弄來了假證件、現金，甚至一台無線電發報機（新的輕型機種）。她通知貝克街，雷克幾天之內就會開始從昂熱發送訊息。

然而，無線電波始終悄然無聲，這三人憑空消失了。大約一天後，維吉尼亞收到從美國領事館發來的一封匿名信，「悲傷欲絕」地得知他們已在利摩日被捕。透過考伯恩口中她那「盤根錯節的情報網」[17]，她得知安全局的莫雷巡官看見飯店裡的雷克異常緊張，決定搜查他。他在雷克的口袋裡搜出數額高達六萬五千法郎的現鈔。雷克試圖（卻徒勞地）解釋自己是裁縫師，每個月有八千法郎的收入；這個數字高得非常離譜[18]。

這名巡官是維吉尼亞在安全局的內線古斯局長的手下；他立刻以涉嫌從事諜報工作的罪名逮

捕雷克，另外兩名幹員抵達後也被捕，儘管他們聲稱自己才剛剛認識雷克。當安全局發現維吉尼亞提供的是特別行動處印製的連號千元大鈔——她顯然沒留意特別行動處犯下的這個大錯——這三人的說詞不攻自破。雷克還隨身攜帶在不同城鎮發出、但顯然出自同一人手筆的三張身分證。雖然特別行動處精於偽造法國的紙鈔和文件，但這類錯誤非常常見。

莫雷巡官別無選擇，只能把他們帶回警察局。幸好，一發現他們是英國人而不是德國人，古斯手下最友善的警官體貼地燒掉那批偽鈔，並且藏好他們的自動武器和無線電發報機。莫雷巡官本人則把雷克多餘的身分證件丟進馬桶裡沖掉。少了這些犯罪證據，他們的罪名肯定不會太嚴重。維吉尼亞對古斯的影響力再度救人一命。她匆匆趕到利摩日，想辦法把裝了罐頭肉、巧克力、煉奶和香菸的幾箱食物送進這三人如今被關押的中央監獄。她向倫敦保證，她會在「友人」的協助下，「盡速將他們救出來」[19]。

一頭金髮、身材矮胖的古斯一如既往地樂意幫忙。他拖延三名幹員的審訊時間，以免他們被轉移出利摩日。他甚至允許雷克從他的宅邸發送訊息，並提供食物、酒和書本讓他們在獄中享用。不過，維吉尼亞氣餒地發現他「遲遲沒有其他行動」[20]來實際幫助他們出獄。箇中原因很快會浮出檯面。

此刻，雷克的痢疾變本加厲地復發了。不過，這至少讓維吉尼亞看到了一個契機。她立刻召請盧賽醫生把雷克救出利摩日的醫院，讓他躲在里昂診所樓上的假「精神病院」，直到身體復原。隔天，一名年輕醫生拿了一件白袍和一些現金給雷克，指示他立刻離開醫院。但臉上長了囊腫的雷克虛弱得走不快。在他慢條斯理下樓時，撞見唯一沒有參與密謀的一名護士，她正巧吃完午餐回來。她的叫喊聲引來了注意，沒多久，雷克又回到利摩日監獄。

與此同時，維吉尼亞接到了壞消息。威金森和哈斯洛普即將從利摩日轉移到一座名為卡斯特（Castres）的隔離要塞，這是一間著名的中途監獄，囚犯最終會被遣送到德國的達豪（Dachau）與布亨瓦德（Buchenwald）納粹集中營。雪上加霜的是，通常滿腔熱血的古斯突然聲稱他愛莫能助。維吉尼亞大吃一驚。後來才知道，他受到蓋世太保威脅，如果他再「弄丟」囚犯，更別提有協助囚犯之嫌，全家都會遭到報復[21]。在這樣的恫嚇下，就連最謹慎、最忠實的支持者都會乖乖就範，而傑利．莫瑞爾的脫逃——如今加上雷克的越獄未果——已經引來了不利的懷疑。不過，維吉尼亞沒有時間琢磨古斯的奇怪行為，她轉而急切地求助於古斯的一名部屬——機靈的馬歇爾．萊夏。她下令萊夏安排「一幫惡棍」，在特別行動處幹員準備轉移到距離土魯斯（Toulouse）五十多英里的卡斯特時，攻擊押送的獄警。事實證明，萊夏足智多謀、勇氣十足——堪稱維吉尼亞在這場寂寞的地下戰爭中的最大知己。不過令維吉尼亞又氣又難以置信的是，當古斯發現他們的計畫，他刻意加強警備人力，阻礙他們的行動。「我看見利摩日出動大批警力，」困惑的維吉尼亞向倫敦發送訊息，「我大惑不解」[22]。維吉尼亞向萊夏提出另一套修正計畫，古斯的懦弱令萊夏不齒，後者已全然不在乎自身安全。萊夏搭上載送威金森和哈斯洛普前往卡斯特的火車，一路擠過人滿為患的車廂，走到兩人戴著手銬並肩站著的車廂走道。他偷偷把一根十八英寸長的銼刀塞到哈斯洛普手裡，在推擠之中，哈斯洛普趁機將銼刀藏進衣袖，沒有被發現。但兩名囚犯苦無機會使用銼刀，因為神經顯然很緊繃的警衛再也沒有放鬆對他們的監視。兩人最終照計畫抵達卡斯特（雷克隨後和他們在此會合），依然帶著手銬。不屈不撓的維吉尼亞開始研究新的營救計畫。「這三人的脫逃恐怕會毀掉與古斯的關係，希望您不介意，」她發電報給倫敦，暗示她打算再度大幹一場。他「欠缺道德勇氣，罪有應得」。不過如今，她曾經的主要保護者之一，即將成為另一個潛在威脅。

一九四二年夏天，在大多數人心中，哪一方會打贏這場戰爭，結果已呼之欲出。德國對俄羅斯的攻勢一路打到了伏爾加河畔，隆美爾將軍也已兵臨開羅門下。然而跡象顯示，潮流已開始轉向。美國逐漸將重心從與日本的太平洋衝突轉向西方戰場，並在六月間成立了類似特別行動處的戰略情報局（Office of Strategic Services，簡稱戰情局）。美國終於上緊發條，準備和英國聯手展開第一次大規模攻擊，做為日後進攻歐洲的跳板。特別行動處知道，英美聯軍即將在幾週內登陸維琪法國所屬的北非地區——名為「火炬行動」（Operation Torch）；這幾日將是南法地區情報人員的關鍵時期。他們也知道此次進攻會刺激希特勒揮軍越過停戰分界線，將整個法國納入納粹的掌中。到時候，恐怕連維吉尼亞的高層友人也無法繼續保護她。

不過在那之前還有許多事情要做。特別行動處斷定，大舉擾亂自由區（趁它還存在）的時候到了：從他們迄今組織的小打小鬧，轉變成引爆精心策畫的「大爆炸」。維吉尼亞奉命派考伯恩前往法國中部的洛蒂耶（Lothiers），動用他們已培訓數月的一群專門人才破壞那一帶的鐵路網。她還提供二十萬法郎的資金添購設備，並指示他們在時機成熟時占領里昂的佩拉什車站和附近的機場，順便炸毀一座發電廠[23]。

只要天氣晴朗且風勢許可，武器與炸藥的空投行動越來越頻繁。新進情報人員帶來數十個有夾層的行李箱，用禦寒的厚重衣物藏匿底層的爆裂物。以山林小屋（Thatched Barn）——北倫敦巴內特支線上的一間老旅館——為基地的特別行動處「技術專家」（或者說天馬行空的科學發明家），祕密設計了一系列別出心裁的爆破裝置，可以在最艱難的情境引發最強力的爆炸。這些科學家是詹姆士．龐德的Q先生在現實生活中的先驅，他們發明了一扭開瓶蓋就會爆炸的牛奶瓶、切開後會「帶來毀滅」的麵包，以及可以噴出毒藥的鋼筆。最受歡迎的，或許是一旦被輾過就會爆炸的假馬糞。除此之外，還有小量即刻致命的毒藥，可以藏在香菸、火柴盒、自行車打氣筒、鋼筆、梳子，以及也許最有用的——火車引擎或油缸[24]。從更大範圍來說，這是首次談到將破壞行動從工業地區轉到「A級」或軍事目標，以阻礙德軍對盟軍日後進攻的反擊。維吉尼亞辛苦了好幾個月的準備工作，似乎即將投入實際行動。看來，特別行動處終於達到大顯身手所需的群聚規模與指揮能力，而她渴望看到行動落實，勝過一切。

她顯然也需要及早救出仍被囚禁的特別行動處幹員，以免他們落入不再有顧忌的納粹手中。許多條性命只能仰賴她來營救。她背負著令人頭暈目眩的責任和龐大的期許。「我的工作太重了，」她告訴倫敦，「很難快速調動整個情報組」[25]。她覺得特別虧欠她在蔚藍海岸的同事奧利佛，後者曾在警方的馬賽圍捕行動中救了她一命。他在蔚藍海岸一帶成立了三十個破壞小組，成功摧毀大量卡車、油庫、電線和鐵路運輸車，成績斐然。他也蒐集了軸心國在地中海地區的防禦工事等重要情報，並且很高興地吸收了一名新的聯絡員——瑞士駐馬賽總領事館的一名職員；後者利用他的外交特權帶著高度機密文件跨越邊境、進入瑞士，交給駐拉紹德封（**La Chaux-des-Fonds**）的一名英國情報官。不過大約和利摩日逮捕行動同一時間，這名聯絡員被人舉發，遭德國與義大利憲兵逮捕。他們撕開他隨身攜帶的密封外交包裹，找到拍攝了西西里島海岸防禦工事的微縮膠卷；盟軍計畫隔年春天進攻西西里島。這名聯絡員堅稱他對這些照片一無所知，但被刑求幾天之後，終於供出奧利佛。後者在八月十八日被捕。

維吉尼亞得到消息，兩星期後，奧利佛即將在警方押送之下，搭火車從尼斯轉往里昂的蒙托盧克（**Montluc**）監獄。她知道沒有幾個人能逃出這座由德國人主持的軍事監獄——囚犯若非死在獄中，就是被遣送到其他地方。所以她急需安排剛剛回到法國的彼得．邱基爾和一群幫手在轉監過程中劫囚。不過，當北上的列車剛駛出尼斯，他們在擠滿人的車廂中找到他時，赫然發現（已婚的）奧利佛的新情婦梅尼爾小姐陪在他身旁。奧利佛看見邱基爾，以手勢表示他不希望在她面前被人營救。「所以奧利佛現在沒救了，」邱基爾向倫敦報告，「我百思不解的是，如果非得找人做伴，我們的弟兄永遠選擇某個傻女人，而不是認真能幹的夥伴」[26]。

梅尼爾小姐是個麻煩。維吉尼亞的線人提出警告，這位「急躁而危險的紅髮女郎」已經「受夠了」，打算對蓋世太保全盤托出她所知的一切。維吉尼亞立即通知貝克街，她認為梅尼爾是個「缺口」，「會讓情勢更形險峻」。「合乎邏輯的解決辦法會令人不快，」她如此警告，但她需要「趕緊行動」。倫敦的答覆是，她可以設法買通梅尼爾，若是此路不通，她可以「全權處理」。於是，維吉尼亞拿到了替愚蠢同事解決任性情婦的許可證。幾天後，她不耐煩地詢問：「藥丸在哪裡？」，確保自己能拿到毒藥膠囊。與此同時，仍然無可自拔地愛著梅尼爾小姐的奧利佛，在蒙托盧克陰暗的牢房裡日益消瘦，看不到任何希望。維吉尼亞必須想出另一套辦法營救他[27]。

彷彿一個驕縱的女朋友還不夠，大約同一時間，阿朗的前任情婦潔曼妮．茹芙坐牢六週之後獲釋。一如所料，她發現他勾搭上一個更年輕的女孩——《鎖鏈上的雄雞》抵抗組織另一名領導人的小姨子——立刻氣得七竅生煙。沒多久，該組織的二十四名成員被捕，而且有些人顯然已經招供；這絕非巧合。茹芙或許也會出賣特別行動處情報人員——包括維吉尼亞本人；所以她急切地請求倫敦提供更多藥丸，但在她有機會「下手」之前，茹芙失去了蹤影[28]。來自四面八方的威脅把她逼成了一個鐵石心腸的殺手，遠非一月間那個無法在信中對薄丁頓口吐穢言的維吉尼亞。這個新的維吉尼亞明白，戰爭已到了你死我活的階段。

不久後，阿朗基於另一個原因退出行動。F科終於明白他的拈花惹草、滿口大話和酗酒成性——並且沒有任何實質成就——已對他自己和其他人造成了威脅。貝克街重新評定他是一個「虛榮而浮誇的騙子」[29]，把他召回了倫敦。他本打算帶著他的新歡，但其他幹員插手送走了她，逼著阿朗獨自上飛機。「阿朗離開了……我們如釋重負，」維吉尼亞報告。但她請倫敦指示如何處理特別行動處提供給他的所有武器。她擔心如果自己失去掌控權，競爭的抵抗組織之間恐怕會爆發一場血腥混亂。「我不知道最後會如何收尾，」她警告。如果倫敦一開始就聽從維吉尼亞的建議，大概可以省掉許多麻煩。

此時，維吉尼亞總感覺有人在監視她。她太常看到幾張臉孔，不可能是巧合。身後的腳步聲會令她顫慄，蓋世太保可怕的黑色雪鐵龍也頻頻出現。她繞進後街小巷、遁入串廊迷宮、傍著陰影行走，時時窺探頭頂上的窗戶以免遭人襲擊，但願能隱藏自己的身影。蓋世太保的包圍圈正迅速縮小，炎熱的天氣只會加深她的恐懼。一個悶熱的八月午後，一名固定的訪客正在約瑟夫·瑪尚位於佩拉奇碼頭邊的寬敞公寓裡工作。瑪尚是一位勇敢的抵抗分子，長期投身抵抗運動。他和妻子以及另外兩名特別行動處幹員坐著聊天時，格雷戈瓦（Grégoire）——維吉尼亞的無線電發報員之一——正在他的裝備上敲敲打打，接連幾個小時傳送並接收訊息。里昂傳出的情報備受重視，這一次，這名美國運通的離職員工，剛剛向倫敦傳達了黨衛軍頭目海因里希·希姆萊

（Heinrich Himmler）暗中計畫造訪土魯斯的重要情報。由於這封密電，倫敦趕印了一批文宣品，當晚就由英國皇家空軍在土魯斯上空進行空投，對當地居民提出警告。由於擔心自己的人身安全，憤怒的希姆萊只能取消這次行程。

終於，格雷戈瓦摘掉頭上的耳機，開始拆卸天線，結束一天的工作。他由於專心工作且空氣滯悶而滿身大汗。突然間，外頭的馬路傳來尖銳的煞車聲，緊接而來的是乒乒砰砰的關車門聲和吼叫聲。瑪尚夫人衝到窗邊，只見到他們一直害怕會出現的場面。三輛黑色雪鐵龍和豐卡維爾經典的灰綠色無線電偵測車封住了街道。更遠的地方，一輛軍用卡車朝他們的方向疾駛而來。「老天爺啊！」她驚呼一聲，這時，六名便衣喊著德語衝進大樓，另外四名手持衝鋒槍的軍人在公寓入口處就定位，隨時準備開槍。

維吉尼亞想拜託格雷戈瓦在下工之前發送最後一項訊息，此刻正急急忙忙趕往瑪尚的公寓，只剩幾碼的距離。就在她即將轉過街角、撞進這團混亂之際，她本能地停下腳步，然後轉進一間賣報亭，確定自己沒有被跟蹤。她買了一份報紙，但店主找錢的時候突然傾身向前低聲說道，「別上樓，有警察」。她轉身離開，再也沒有踏入那間公寓——再一次和危險擦身而過。

維吉尼亞後來聽說，格雷戈瓦及時將發報機藏在櫥櫃上方，他們五個人佯裝正在打牌。這讓她鬆了一口氣。無論如何，德國人認為信號必定來自另一棟樓房。不過這個祕密據點算是暴露了——還沒曝光的地址已寥寥無幾。不久後，蓋世太保突然駕臨維吉尼亞另一名發報員愛德華．

澤夫的住處。同樣的，他一傳完訊息，他的公寓大樓就傳來劇烈的敲門聲，有人大喊「警察！開門！」他衝下去開門，被問道：「那個英國人住幾樓？」「二樓，」他回答，「不過我十分鐘前看見他出去了——那個方向。」蓋世太保咆哮著追趕過去，讓澤夫有足夠時間收拾他的發報機組，「在那群瘋牛回頭找他之前順利脫身」[30]。德國人正在一步步收網。

化名塞萊斯汀的布萊恩・史東豪斯（Brian Stonehouse）是另一個受維吉尼亞保護的人。這名二十四歲的《時尚》（*Vogue*）雜誌插畫家，擁有模特兒般的英俊相貌和溫柔的性格。他在六月間空降而來，負責替菲利浦・德沃梅庫（即高蒂耶）接發無線電訊息。和往常一樣，高蒂耶對新進人員的安全漠不關心，甚至懶得前往空降地點迎接。塞萊斯汀的發報機卡在樹上，他得連續五天獨自睡在樹林裡，設法把機器弄下來。即便他終於設法聯絡上高蒂耶，這名長相粗糙的法國貴族也沒有替塞萊斯汀安排住宿或工作地點，甚至沒有在他傳送訊息時提供任何保護。塞萊斯汀只能以服裝設計師的身分勉強掩護自己，把看似小型行李箱的發報機藏在一疊設計圖底下。在高蒂耶看來，「倫敦的安全顧慮言過其實」[31]，而塞萊斯汀要求設立暗語和祕密據點，簡直就像需要奶媽照顧的小孩。（相較之下，有責任感的情報組組長會設法替無線電發報員把風，一看到黑色雪鐵龍或身穿黑色皮夾克、頭戴絨帽——蓋世太保流行的便衣裝扮——的人，便立刻發出警告。）難以承受的壓力導致塞萊斯汀罹患痢疾，病情嚴重，於是盧賽醫生暫時把他安置在自己的診所。

不過，他再度面臨無處可去的窘境，也弄丟了身分證件。儘管非常危險，但維吉尼亞就是無法棄塞萊斯汀於不顧，只能帶他回家，但他的存在，顯然將她推入更深的險境。又有另一波人被逮，其中包括高蒂耶和西爾萬的哥哥康斯坦丁。維吉尼亞被下令徹底和任何跟他們有關的人隔絕開來。沒有人知道下一個會是誰。

同時間，里昂的報紙刊登一則徵人啟事，招聘雜貨批發推銷員。職缺非常稀少，許多人正急著想辦法養家餬口。於是不出所料，大批求職者蜂擁而來，擠在河邊的招募辦公室等待面試。其中幾個人特別友善，立刻跟身邊的求職者聊了起來。後來，那些顯露出親德立場的人被請到一間咖啡館繼續喝酒聊天。直到這時，眾人才明白整件事不過是蓋世太保的一個幌子。蓋世太保提出每個月兩萬法郎的優渥酬勞，如果表現優異，還可另外拿到五萬法朗的獎金。工作很簡單——舉發和抵抗運動有牽連、或純粹同情盟軍、或甚至露出一絲反德情緒的任何一個人[32]。許多人被這樣的條件誘惑了。新的工作小組很快遍布整座城市。他們在街上、咖啡館、商店和車站工作，得到指示特別留意特定樣貌的人，包括一個瘸腿的女人。

八月四日——維吉尼亞的召回令正式撤銷的前一天——一位身穿黑色長袍的年輕神父來到盧賽醫生位於安東尼龐賽特廣場七號的診所門口，叩了叩那扇雄偉的木頭雙開大門。院子裡和平常一樣人來人往，但是進門後，神父立刻要求會見皮朋本人，聲稱他是巴黎WOL情報組新來的聯絡員。神父從一個寫著「請瑪麗．莫寧轉交倫敦」的信封裡拿出幾個微縮膠卷，舉止和前一個聯絡員一模一樣。醫生從未見過這個人，但他很開心地接下包裹，因為他從維吉尼亞那兒得知，倫敦高度重視WOL小組傳來的情報。身為虔誠的天主教徒，訪客的神父身分令他備感安心，當然，對方熟知行動約定——例如信封上寫著瑪麗的名字、他的化名是皮朋，以及正確的WOL暗語等等，也令醫生不疑有他。神父開口索取他的情報組應得的二十萬法郎，卻被告知瑪麗並不知道他要來，所以沒把錢放在診所裡。他願意等等嗎？神父不願意等，但表示一週之後會再來拜訪。

結果，他直到三星期後的八月二十五日才再度現身。這次，他堅持見到瑪麗本人，因為他有很重要的消息需要傳達。再次見到他，盧賽鬆了一口氣，他很樂意去接自己的上級，好讓她親自把錢交給神父。他急急忙忙穿越大學橋（pont de l'Université）趕到奧利爾廣場，看到窗台上象徵「安全無虞」的花盆，於是輕敲維吉尼亞的大門。開門後，皮朋告訴她，WOL的聯絡員終於從巴黎回來了，而且急著見她。她從櫥櫃後方抓起塞滿現金的信封，在安全距離外跟著醫生回到診所，然後偷偷穿越等待看病的患者，進入一間隱密的內室。一進到屋裡，她的目光立刻落在一位穿著黑袍的神職人員身上；此人身材魁梧，有一雙銳利的藍色眼眸，他雙唇緊閉，下巴有一道顯著的溝痕。維吉尼亞發現羅伯特．阿萊什（Robert Alesch）神父凝視著她，而且當他問起她是不是瑪麗．莫寧時，似乎有一絲局促不安。維吉尼亞一時又驚又愕，因為她在整個情報網總部的核心，聽到了濃重的德國口音。神父察覺她的反應，立刻解釋他來自一九四〇年被德國併吞、位於德法邊境的阿爾薩斯地區，不過目前是巴黎近郊瓦倫聖堤萊爾教區的神父。他為WOL情報組的同志沒有事先將他來訪的消息通知她而致歉，但他必須堅決向盧賽醫生要求和她本人見面。

WOL——巴黎最活躍的情報組——是維吉尼亞王國的另一塊領地。自從它的無線電發報員三月間被捕，該情報組便委由維吉尼亞將關於德軍沿海防禦的重要情報傳回倫敦。由於情報極其可靠，維吉尼亞獲權支付每個月十萬法郎給該情報組的一名領導人——化學工程師雅克．羅格朗（Jacques Legrand）。他是另一個慕名請求她幫助的巴黎人；之前透過首都抵抗運動的小道消息，他聽說過她的傑出表現。儘管WOL不隸屬於特別行動處（它的後台是軍情六處，而羅格朗本人曾經替西爾萬工作），維吉尼亞仍然同意提供幫助。還有另一個原因令她安心，該情報組的另一名領導人，恰好是一九四〇年曾和她一起服務於法軍救護車勤務隊的嘉布麗埃．畢卡比亞（Gabrielle Picabia）——達達主義畫家弗朗西斯．畢卡比亞（Francis Picabia）的女兒。其他幾名領袖包括愛爾蘭作家薩繆爾．貝克特（Samuel Beckett）和人類學家潔曼．緹昂（Germaine Tillion）；一切似乎再正當不過。

七月間，羅格朗曾交給她一百零九張照片和地圖（靠他的童軍團長和年輕領袖人脈蒐集來的），但表示那是他最後一次來訪。他相信蓋世太保已經盯上他，繼續前來里昂太過危險，他以後會派別人傳送微縮照片。阿萊什的第一次造訪就在那次會面不久後。

然而，八月二十五日這一次，阿萊什空手而來。他聲稱在隨身帶著情報員名單的WOL同志被捕之後，他必須避避風頭。他笑著對她的人身安全表達嚴重關切。他警告瑪麗，里昂「極度危險，她得非常小心」。他接著提出一個意想不到的要求。他請求她提供一套無線電發報機，他說那是給巴黎的抵抗組織用的，如此一來，他們就不需要反覆派人冒險前來里昂傳送情報給維吉尼亞。他這麼快就索取如此高價值的物品，維吉尼亞不免感到驚訝；他也許察覺到了，因為他立刻轉換話題，聊起他和他的上級關係多麼密切。彷彿為了證明自己，他拿出羅格朗的一封親筆信，上頭寫著他曾經和維吉尼亞談過的事情。維吉尼亞放下心防，把裝了錢的信封交給神父，並祝他「一路順風」[33]。他把錢塞進行李袋，戴上他的貝雷帽，起身離開。

阿萊什已想盡辦法證明自己的身分，包括透露他的父親遭德軍射殺身亡。會面期間，他慷慨激昂地說著反納粹的言論，況且他上一次帶來的消息，似乎是有關大西洋壁壘（Atlantic Wall）的一個極為有用的情報。大西洋壁壘是一道巨大但當時尚未完工的沿海防禦工事，希特勒希望藉此阻擋盟軍登陸法國。他知道皮朋的住址，也知道他們兩人的化名。即便疑慮在維吉尼亞內心隱隱作祟，但由於阿萊什是神職人員，而且有人聽過他在布道時譴責第三帝國，盧賽醫生對他深感敬佩。儘管羅馬天主教廷支持維琪政府，但醫生和維吉尼亞都知道許多教區神父暗中援助抵抗運動。阿萊什神父也交給她羅格朗的親筆信，她相信這封信是真的，因為她認得出他的筆跡。的確，對於維吉尼亞跟特別行動處無權審查的軍情六處情報組合作，特別行動處曾稍微表示不滿。不過當然，F科之所以提出警告，或許只是兩個情報機構宿敵之間的地盤之爭。維吉尼亞和盧賽醫生討論了神父這個人，以及他能為他們做的事，決定歡迎他成為團隊的一分子。他們為他取了「主教」的代號。

不過，一星期後，維吉尼亞的信心出現嚴重動搖。她最優秀的一名聯絡員剛剛從馬賽回來，急忙通知她WOL在八月中遭到清剿，羅格朗和緹昂雙雙落入蓋世太保之手。換句話說，阿萊什在WOL出事之後來看她，卻隻字未提那場災難。接著，她可靠的馬賽聯絡員也突然被捕，下落不明。最後在九月一日，一位化名布蘭契特的軍情六處幹員出現在盧賽的診所，表示是阿萊什介紹來的。他聲稱神父欠他七萬五千法郎，他想拿回這筆錢外加一把手槍，幫助他逃往西班牙。幸好，維吉尼亞沒有親自接見他，她向倫敦請求指示；倫敦警告她設法擺脫布蘭契特，因為他如今已成了叛徒（替布萊謝爾工作）。「絕對不要接觸或幫助這個非常危險的人；如果他繼續煩你，你可以全權處理這個問題，盡可能乾淨俐落」。維吉尼亞再度拿到殺人執照[34]。不久後，「幾名友人」在馬賽濱海路的別墅處決了他。

維吉尼亞向倫敦坦承，凡此種種令她越來越不安。九月二日，當阿萊什再度現身，維吉尼亞質問了他——但他立刻替自己申辯。他說，他也一直因為沒聽到羅格朗的消息而憂心忡忡，但他不願意在確定實際情況之前驚動維吉尼亞。至於潔曼・緹昂，他剛剛才聽說她也被捕了。不過，他已經設法找到嘉布麗埃・畢卡比亞，把瑪麗的錢交給她，只是後來也和她斷了聯繫。當維吉尼亞請他描述畢卡比亞的長相，他說她是個金髮的高個子，然而實際上，她是個嬌小的褐髮女郎[35]。阿萊什或許察覺自己犯了錯，突然顯得沒有太大把握，轉而虛心請求她給與指示和建議。他洞悉如何最能打動一個迫切需要被需要的女人：他請求維吉尼亞給與援助。

儘管如此，他強力要求跟她的情報組的其他成員搭上線，以免她「一夜之間消失無蹤」，這讓維吉尼亞心裡發冷。他有什麼原因需要知道其他人的名字？他為什麼認為她有可能突然消失？當然，她太精明，不可能對她如今稱之為「問題小孩」的傢伙有求必應。但她亂了方寸，需要尋求建議。「可以調查這個人，然後給我指示嗎？」她兩天後向貝克街提出要求。「我無法相信他是騙子，」[36]她補充說道，尤其因為他對自己與WOL的合作內情知之甚詳。然而，她也無法徹底打消疑心。貝克街同意對阿萊什進行身家調查，但未發現任何疑點。不過，為了安全起見，他們建議維吉尼亞不要繼續接觸他。

或許是長期活動於一線的疲憊磨鈍了她的心志；或許是她對自己的戒備變得太過自信。又或許，她純粹認為WOL的情報太有價值，失之可惜。總之，盧賽醫生仍然對神父深信不疑，而維吉尼亞十分看重醫生的判斷。她已習慣對每一個人保持戒心，畢竟在地下情報戰爭中，全然的信任既不可能存在也非常危險。況且，她認為自己看人的眼光很準。就這樣，她斷定自己有能力應付阿萊什。十月一日，他再度造訪，再次帶來令人印象深刻的眾多照片、文件和地圖傳回倫敦。他真的成了一名黃金線人。在貝克街應允下，她付給他十萬法郎，甚至一台新到的無線電發報機。作為回報，她指示他下次蒐集能協助盟軍籌備日後進攻的特定軍事情報——並且對他吐露了盟軍可能的攻擊計畫。疑慮仍在倫敦和維吉尼亞的心裡揮之不去，但阿萊什的情報太有價值，他們都勉強自己克制疑心。她再次決定相信神父，她的眾多支持者也跟著放下戒心。

這是貝克街和維吉尼亞犯下的大錯，帶來了毀滅性後果。阿萊什並非記錯了畢卡比亞的長相；他根本沒見過她——更別提把錢交給她。他已經把大部分的錢拿來享受奢華的生活，同時在教區裡養了兩個情婦；他向來對情婦出手闊綽。他在蒙馬特的高級餐館暢飲美酒，並且即將搬進時髦的巴黎第十六區一間富麗堂皇的八房公寓，地址是龐蒂尼街四十六號，裡頭掛滿以特別行動處的錢買來的精緻藝術品。他的父親並未遭德軍殺害，此時還活得好好的。阿萊什——確切地說，阿勃維爾的情報員阿克塞爾，代號GV7162——達成了他意想不到的成功。他是個野心勃勃的人。他曾錯失在巴黎市中心時髦的聖約瑟教堂擔任神職的重要職位，只能在乏味的鄉下地方謀生，對此心生怨恨。原籍盧森堡的他很快明白，如果要實現個人目標——並在過程中發財致富——他需要納粹的支持。一九四一年，他歸化德國，向阿勃維爾毛遂自薦。他們立刻看出他的潛力。

首先，他利用自己的魅力——以及經常散發戴高樂將軍望彌撒的照片——贏得教區居民的信任。當地年輕人在教堂聆聽他激烈的反納粹言論之後，很快對他吐露他們的抵抗活動內情。他先暗中把這群年輕人出賣給他的德國主子，然後在講道壇上痛斥納粹的逮捕行動，藉此贏得教徒的敬佩。於是，當他聽說WOL，並主動接近他們，WOL把他視為可信任的同志。而當羅格朗基於安全顧慮無法繼續前往里昂，便順理成章地委託阿萊什接替他的工作。他可以將裝了微縮膠卷的火柴盒藏在神父袍裡，並利用工作通行證，毫無阻礙地往來停戰分界線兩邊。WOL給了他盧賽醫生的地址、相關的代號與暗語，以及一份給瑪麗．莫寧的包裹。從那一刻起，她的命運已成定局。

阿勃維爾顯然很高興終於追蹤到這個叫瑪麗．莫寧的女人。他們更開心的是，阿萊什盡責地打開WOL交給他的包裹，看到關於大西洋壁壘的情報——讓納粹高層得以難能可貴地一窺盟軍的意圖。接著，德國人巧妙地竄改資料，讓阿萊什帶著錯誤情報南下里昂。

八月十二日，WOL再度要求阿萊什前往里昂。這次，他們交給他羅格朗給維吉尼亞的一封親筆信，敦促他跟瑪麗——他們口中的「要角」[37]——會面。他們也交付他另一袋據說極其重要的情報。阿萊什立刻將這份爆炸性內容上呈給他的阿勃維爾老闆，後者確認了情報準確無誤後，決心聯手蓋世太保一舉剿滅WOL情報組。便衣警察尾隨阿萊什抵達位於巴士底廣場的穹頂咖啡館；他以敲定最終行程為名義，約了潔曼．緹昂和另一名WOL重要成員在此見面。蓋世太保跟蹤他們三人抵達車站，然後他暢行無阻地穿過剪票口進入月台，緹昂及她的夥伴則當場被逮。她們最後的身影，是被推進一輛黑色雪鐵龍，駛向位於索斯街的蓋世太保審訊室。

那份情報包裹內含法國東北部第厄普（Dieppe）海岸防禦的照片與計畫，內容極其詳盡。阿勃維爾察覺情報的重要性，因此請納粹高層提防盟軍進攻這座海峽港口。盟軍在一星期後的八月十九日展開突擊，卻沒有收到奇襲之效，出乎預料地遭到嚴陣以待的德軍猛烈回擊。致命的是，盟軍當時只能倚賴舊日的度假照片，對布置在四周峭壁上的大砲位置一無所知。突擊部隊被強大的火力壓制在沙灘上，超過半數兵力——將近四千人（大多是加拿大人）——陣亡、被擒或受傷。欠缺重要的WOL情報，這次突擊是個代價慘重的失敗。

此時，根據阿萊什的線報，蓋世太保也逮捕了羅格朗、沒收他的文件、毫不留情地折磨他，然後把他送往位於奧地利的毛特豪森（Mauthausen）集中營；他最終死在集中營裡。他們接著逮捕了大約六十名WOL成員，許多人最後不知所蹤。倫敦最傑出的情報來源就此被消滅。阿萊什之所以沒有在八月十一日依約前往里昂，就是因為他當時忙著在巴黎協助蓋世太保。而當他終於在八月二十五日見到維吉尼亞，他舉止自若，恍如無事。

阿萊什後來又見了維吉尼亞幾次，持續提供看起來同樣可靠但其實幾乎毫無用處的情報。維吉尼亞如今置身於惡毒的納粹遊戲的中心，被人狠狠地愚弄。阿萊什玩得太漂亮了，阿勃維爾樂得支付他每月兩萬五千法郎的酬勞——並把他們從博物館掠奪來的藝術品送給他當紅利。然而最大的獎品，莫過於他所背叛的人心甘情願交給他的大筆現金（總數可能將近一百萬法郎）。他現在是有錢人了，而且在阿勃維爾的巴黎總部赫赫有名；他經常穿著便衣拜訪位於左岸的裝飾藝術風格的盧滕西亞飯店（Hotel Lutetia）的巴黎總部。為了逮住瑪麗．莫寧，他的阿勃維爾金主——卡爾．薛佛（Karl Schaeffer）上尉和雷勒（Reile）上校——已經等了很久，現在她終於落入了他們的視線範圍。他們也樂得偽裝成維吉尼亞的傑出線人，再度跟倫敦玩起電台遊戲。薛佛和雷勒很滿意神父的表現，認為他在「瑪麗小姐的案子」上「幹得漂亮」[38]。阿勃維爾如今已深入滲透維吉尼亞的情報網，得以攔截並破解她的許多密電。到了十月初，他們甚至得知她懷疑阿萊什是德國間諜。因此從那時起，他們開始降低使用他的頻率[39]。他們準備等時機成熟、維吉尼亞再也沒有利用價值，或者蓋世太保看似即將搶先一步時動手逮人。

第七章　殘酷的高山

最近這段期間同志們（特別是雷克、康斯坦丁和奧利佛）接二連三被捕後，維吉尼亞的心境出現巨大改變。雖然沒有察覺阿勃維爾已滲透她的情報網，但她終於不得不承認，她必須在納粹全面占領自由區之前趕緊離開，別無選擇。九月二十一日，她請倫敦替她安排一張從里斯本起飛的飛翦號[1]（Clipper flight）機票，以此辦理必要簽證，好讓她「在必要時撤離」。「我想我的時候到了，」她滿心遺憾地向倫敦報告，「維琪政府已掌握我的地址，雖然還沒挖出我的名字，但其實並不難猜」。彼得．邱基爾也意識到維吉尼亞必定已遭到懷疑。「探照燈轉個不停，」他警告倫敦，「光線的顏色確實紅得刺眼。事實上，追緝行動肯定很快展開[2]」。維吉尼亞希望以《紐約郵報》通訊記者的身分大大方方離開，唯恐毫無理由地不告而別，會為她留在身後的人製造更多麻煩。此外，為了幫助繼任者，她開始把各種工具——例如偽造文件所需的官印——移交給原本在梅菲爾擔任理髮師的尼可拉斯。在她看來，尼可拉斯雖「沉默寡言」卻很能幹；如今她別無選擇，只能把如此寶貴的物件託付給他。

不過，維吉尼亞提醒倫敦，她已無法繼續為塞萊斯汀遮風擋雨。「說來遺憾，由於我可能被盯上了，或至少我的公寓已遭到監視，我必須再次丟下他，」她密電倫敦，「我希望他早日找到住處」。就這一次，她無法再次發起行動營救奧利佛。「基於上述理由，我恐怕不能繼續出力，」她說。但她言詞鋒利地表示其他人至少必須承擔一部分的「劫獄事宜」：「我確實認為許多人只顧著自掃門前雪」。不過以維吉尼亞的性格，她很難長時間獨善其身。儘管危險已近在眼前，彼得．邱基爾仍說服她，她是奧利佛的最後機會；一星期後，邱基爾開心地稟報倫敦，如今她「準備走醫院那條路」；邱基爾為被囚的同事爭取到「新的希望」[3]。萬一行動失敗，她也會透過中間人（一位已被她吸收發展的法國陸軍上校）和蒙托盧克監獄的典獄長談判，討論出足以令奧利佛獲釋的賄款金額。她永遠無法拒絕別人的求助，就算會讓自己陷入險境也在所不辭；於是她請倫敦再次推遲她的出發時間。當然，她完全不知道阿勃維爾正在監聽她的訊息，幾乎一字不漏。

十月初起，由於許多「奇奇怪怪的人物」[4]日以繼夜跑來奧利爾街，登門拜託維吉尼亞送他們去英國，維吉尼亞不得不借宿傑美恩．基林位於加里波底街的公寓，離後者的妓院不遠。新的住處較為隱密，特別是因為它位於六樓，而且大樓的電梯壞了。帶著卡斯伯特爬樓梯確實辛苦，但出入不便也有助於減少訪客；大樓的門房是抵抗運動的忠實成員，會替她擋掉許多麻煩。維吉尼亞顯然認為搬家可以為她爭取更多時間。「如果我沒辦法先救出〔被囚的幹員〕，或者，如果情勢穩定而我還能出一份力，我或許會推遲出發時間，」她通知倫敦。她甚至找到時間報帳請款，把八月一日以來的收據寄回倫敦。「我不太擅長記帳，帳目看起來或許有些混亂，但我相信你們能理清頭緒」[5]。

透過維吉尼亞的幫助，塞萊斯汀也在里昂以南不遠的費津（Feyzin）找到新的住處，在建於十六世紀的呼嘯城堡（Hurlevent château）的閣樓落腳。澤夫此刻正在休假療養身體，所以塞萊斯汀的工作量變得更重了。十月二十四日上午，為了安排武器與炸藥的空投行動，他已經連續四十八小時坐在發報機前。這時突然斷電——城堡主人喬丹夫婦事先約定好的危險信號。塞萊斯汀衝向窗邊，看見四周已被好幾輛黑色雪鐵龍包圍。來不及逃跑了。他和助手設法利用升降梯井道，把發報機和文件藏到地下酒窖，不過縱使他們拚了命加快動作，仍然沒有時間藏好所有物件。便衣蓋世太保已經衝上樓梯、闖進房間、槍口瞄準他們的獵物。塞萊斯汀是第一個——但絕非最後一個——在多納爾行動被捕的無線電發報員。

無線電信號偵測車一鎖定訊號來源，蓋世太保立刻展開行動。他們扣押了塞萊斯汀的發報機和文件、給他銬上手銬、載到里昂審訊。令他恐懼的是，蓋世太保從他的口袋搜出他們最想要的訊息。那是高蒂耶從前發出的一封密電，內容明顯透露他的真實姓名——菲利浦．德沃梅庫；以及他在里昂的一位助手的真實地址。這個名叫J．M．亞倫的助手是任職於雪鐵龍的一位高階主管，也是對維吉尼亞所謂「奶媽式」安全戒備最猛烈的批評者之一。最糟的是，這份訊息表明瑪麗是一個代號「質問者」的特別行動處情報組的領導人[6]。塞萊斯汀承認發報機是他的，不過即便受到最極端的嚴刑逼供，他始終拒絕回答其他問題。

亞倫隨後在里昂車站被捕，同樣被捕的，還有在不知情的情況下前來指揮中心的其他六、七名抵抗分子，和馬賽的另一群相關人士。儘管亞倫外表陽剛，但他沒有扛住刑求，供出了高蒂耶（後者十四天後被捕），以及特別行動處存放武器與炸藥的地點。蓋世太保從貯藏庫搜出一本日記，引發後續一連串慌亂的逮捕行動。所幸早在夏天，維吉尼亞就跟亞倫和高蒂耶保持距離，他們手中關於她的訊息，如今都已過時。當然，塞萊斯汀就不同了；她不久前才跟他見面。然而，儘管遭到蓋世太保難以想像的折磨，這位時裝插畫師壯烈的沉默為維吉尼亞贏來了幾天時間。他們再三審問他關於瑪麗或者「那個恐怖分子」的訊息，始終得不到答案。不過，蓋世太保看見了可趁之機。

逮捕行動後的幾小時內，數十名特別行動處聯絡員被派往自由區各地傳達警訊。有些人接到指示在特定時間步行經過特定大樓，身上穿著特定顏色的衣服，或比出特定的手勢。有心人會接收到訊息：「當心！潛伏不動，靜待指令」。一名年輕女士奉命搭一班擁擠的列車，前往六十英里外的一座城市；她有長輩住在那裡。抵達後，她必須在晚上九點四十五分準時前往特定的咖啡館，點一杯黑咖啡外加三顆阿斯匹林。她始終不知道原因，甚至沒注意到在鄰桌玩多米諾骨牌遊戲的客人聽到她的話之後，急忙起身向同志發出「風聲吃緊」的警告。

可以想見，塞萊斯汀被捕的消息令維吉尼亞緊張不已。兩天後，她纏著倫敦追討至今尚未收到的飛翦號機票。她被告知需要提供護照詳細資料，於是她在十一月四日把資料傳過去，隔天，薄丁頓便指示特別行動處紐約分處派人盡速從里斯本送來簽證與機票。維吉尼亞必須趕緊離開，刻不容緩。

儘管情勢緊迫，維吉尼亞仍忙著替深陷卡斯特監獄的同志（塞萊斯汀如今也加入其中）敲定一套大膽的新計畫。情報人員經常說起地下工作者矢志保護同志的信念，以及由於拋下其他情報員而導致的心理創傷[7]。以她的責任感和——沒錯——自尊心，她絕不可能棄他們於不顧。她在類似的大膽行動上締造了無可匹敵的紀錄，根據這些行動經驗，她已安排好整套計畫，每一個細節都不放過。他們偷了一輛酷似德國指揮車的車子，連同貨真價實的車牌，以及供司機穿的納粹黨衛軍制服。她信任的兩名幹員（亨利與艾佛烈·紐頓）會打扮成法國憲兵，另外兩名幹員則偽裝成身穿套頭上衣、深綠色馬褲和晶亮長靴的便衣蓋世太保。維吉尼亞嚴格訓練他們如何在監獄的登記冊上簽名，然後拿出四張「囚犯轉監表」（由維吉尼亞的一名偽造大師提供），佯裝奉命將英國犯人押送到另一座監獄。囚犯被帶出來後，兩名「蓋世太保」應該將他們塞進等待中的車輛，由「法國憲兵」殿後，接著全速開車離去。獄卒一旦起疑，「蓋世太保」應該按下警鈴轉移注意力、奪走電話防止獄卒求救，並射殺任何一名追逐者。[8]

法國憲兵的制服意料之外地難找；簡直不可能取得合適的尺寸。紐頓兄弟原本是雜技演員，戰前以博恩兄弟（Boorn Brothers）之名，隨雜耍團在歐洲各地的劇院巡迴表演；他們的肌肉太發達，緊身制服讓他們看起來更像鬥牛士，不像警察[9]。於是維吉尼亞決定吸收兩名「願意叛變並參與行動」[10]的真正的法國憲兵。事實證明，這也同樣困難，因為這麼做會讓軍官及其家人陷入嚴峻的險境。事後，他們會需要立刻離開法國，並將家人交由抵抗軍保護。紐頓兄弟特別渴望出一份力量。一九四一年九月，一艘德國U型潛艇發射魚雷，炸沉了由里斯本返航利物浦的客輪——反嘴鷸號蒸汽船（SS Avoceta）；紐頓兄弟痛失雙親、妻子與兒女。在這樁難以想像的悲劇之後，兩兄弟便活在對第三帝國的仇恨中。於是兩人決定前往勒皮，扛起吸收法國憲兵的責任；幾番接觸之後，終於在十月底傳來好消息。

如釋重負的維吉尼亞立刻趕往利摩日，會見她在敵營裡的內線。她尤其感激馬歇爾・萊夏的堅定支持；這位永遠朝氣蓬勃、殷勤體貼的年輕人總能鼓舞她的心情。她慨然告訴倫敦，「『卡斯特』幫營救計畫的最後修正」，萊夏居功厥偉。古斯顯然被蒙在鼓裡，不過紐頓兄弟（被人暱稱為「雙生子」，但兩人其實相差九歲）會在十一月十一日護送兩位自告奮勇的法國憲兵前往里昂聆聽行前簡報，然後在翌日凌晨執行任務。維吉尼亞如今實事求是地看待自己的未來，她警告他們，德軍一旦全面占領法國，她就必須立刻出逃，所以請他們不必對她的驟然離開感到驚訝。為求保險，她給他們三萬法郎充當經費，並留下鉅細靡遺的指示，包括事後如何找人幫助他們越過庇里牛斯山進入西班牙。

十一月七日星期六，她從利摩日回到家不久後，美國領事便帶著關於火炬行動的消息來找她；這項消息是由仍留在駐維琪美國大使館的少數幾名同事傳來的。北非的進攻行動已迫在眉睫，這表示德軍的全面占領也已近在眼前。他們告訴她，她必須離開，否則後果自負。即便現在，維吉尼亞還想抗拒不可抗的命運，仍然熱切渴望看到卡斯特行動圓滿完成。不過，她開始打點一切，包括替雙生子安排一位無線電發報員、摧毀公寓裡的一切文件。她把製作假證件的最後幾顆印章以及幾張空白的配給卡交給尼可拉斯，並留下二十萬法郎，請費洛特夫人轉交給雙生子、主持逃脫路線的維克，以及正準備再度回里昂工作的無線電發報員澤夫。她為逃亡的女性聯絡員找到一個安全的藏身之地，地點是拉穆拉蒂埃山上的修道院，那裡的修女持同情立場。或許最重要的是，她最後一次聯絡蒙托盧克的典獄長，敲定釋放奧利佛的最後細節。

隔天清晨，十萬盟軍部隊在美國艾森豪少將指揮下，兵分三路從阿爾及爾、奧蘭和卡薩布蘭加等城市登陸維琪法國所屬的北非地區；這是開戰以來，盟軍首次的大型聯合進攻行動。許多人（包括貝當政府的幾位閣員）請願，要求貝當元帥飛到阿爾及爾，宣布自己站在英美聯軍這一邊。貝當無視這項請願，反而下令法國部隊展開回擊，不過法軍的抵抗很快就被平息了。他也打破與美國的外交關係，扣留美國大使館的最高階人員——代理大使平尼・塔克（Pinkney Tuck）及其幕僚（李海上將已經被召回華府）[11]。沒有什麼能阻擋希特勒撕毀停戰協議，讓他的大軍和坦克部隊湧入貝當統治的法國南部。盟軍若想從地中海對岸的新基地進攻希特勒的領土，首先得面對德意志國防軍的鐵拳。幾小時內，當納粹全面占領法國，德軍將展開肆無忌憚的恐怖統治，維吉尼亞的友人和保護者將失去一切力量。抵抗組織將遭到無情輾壓。她如何能夠留下來，同時抱著生還的希望？

維吉尼亞一大早起床，認真聽了新聞後，立刻著手替所有工作收尾。她匆匆忙忙穿越空曠得詭異的街道，撞見曾任職於前法國情報機構——情報二處（Deuxième Bureau）——的一名退休情報員，此人過去曾提供幫助。他衷心建議她立刻離開。不過，沒見到雙生子之前，她絕不肯走。那對兄弟為了卡斯特行動去見一位友善的法國憲兵，預計傍晚六點回到她的公寓覆命。她回到加里波底街等他們，但他們始終沒有出現。她還約了尼可拉斯見面，以便給他進一步指示；她甚至花更長時間心急如焚地等他，但他同樣沒有出現。「我想，他們若非太緊張，以至於不敢來我的公寓，就是理所當然地以為我已經離開，」她向倫敦報告。當晚九點，維吉尼亞再度出門找那名法國情報員追問更多消息，但他懇求她盡速消失以求保命。現在，法國警察首長、美國外交官或她的記者臥底身分都幫不了她了。德國人對她瞭如指掌，會毫不留情地對待她。他甚至聽說，先鋒部隊預計在午夜到上午之間抵達里昂——納粹的首要目標城市。她最後一次回到公寓，把剩下的錢和衣服打包好，在卡斯伯特允許下，盡可能快速地拖著行李步行兩英里到車站。她在千鈞一髮之際，趕上晚上十一點鐘出發、從里昂開出的最後一班南下列車。

維吉尼亞沒有告訴任何人（甚至沒告訴盧賽和傑美恩），她的目的地是三百英里外的佩皮尼昂——法國本土最南端的城市。這是漫長的一夜。鐵道令人痛苦地迂迴穿過工廠、真絲倉庫，以及里昂以南到馬賽之間的煉油廠。到了馬賽，她必須在眾多蓋世太保嚴密而警覺的注視下換車。不過此刻，她猜想納粹很可能正在里昂搜捕她。她還不知道，阿萊什已經向他的蓋世太保主子（他替任何肯付錢給他的人工作）詳細描述她的長相，但是為了脫逃，她無疑會設法喬裝易容。經過無眠的一夜，她安全抵達了鄰近庇里牛斯山脈東端、距離西班牙邊界二十英里遠的佩皮尼昂。這是一座有反叛歷史的法屬加泰隆尼亞城鎮，城裡氣氛緊張，但她很熟悉這個地方，因為她多次以這裡為基地，幫助許多人脫逃。她住進鐘聲旅館（Hôtel de la Cloche），這裡的老闆是抵抗運動支持者。她在房間裡躲著，直到下午才現身；她知道有個線人——吉伯特——每天下午兩點到三點之間會在鎮中心廣場待一個小時。吉伯特立刻發現他稱呼潔曼的那個高挑、耀眼的美國女人躲在大樹後頭若隱若現。他以前跟她打過交道，因此示意她跟著他走進一條小巷以便交談。即便置身南方的海岸平原，銳利的北風依舊冷冽刺骨，十一月的空氣透著冰雪的氣味。維吉尼亞唯一的逃生機會，存在於庇里牛斯山脈最險峻的隘口之一，穿越身後八千英尺之上的冰川和陡峭的卡尼古山（Canigou Massif）側翼。地勢險惡，偶爾甚至連夏季都難以逾越，沒幾個人能料到，逃亡者會試圖在雪深可以及腰的冬天，吹著彷彿會奪走肺裡一切氣息的塔蒙達納西北風（tramontane）時，選擇越過這條狹窄崎嶇的山徑。但是沒有其他辦法可以離開法國——已經來不及安排以船隻或飛機離境；穿越國境的火車會受到嚴密監視；而她的追逐者也會在每一條比較容易進入西班牙的山路上布哨。

吉伯特答應替她找一名「引路人」（即山區嚮導），但他表示由於風險太高，很可能找不到人幫忙。引路人本來就不樂意帶女人上山，更別提在風雪交加的冬天。而且，基於北非的戰事，城裡會聚集更多法國憲兵，山區也會加強巡邏，員警全都繃緊神經，還帶上專門受過雪地追蹤或尋找掉落衣物（例如一隻手套）訓練的警犬。政府嚴令禁止沒有特殊通行證的人在所謂的禁區穿越山嶺，一旦發現將立刻逮捕。

引路人是一群頑強而凶狠的人，通常以走私維生，絕不願意冒生命危險，帶他們認為會拖累他們、半途放棄或者害他們被捕的人上山。有關引路人惡劣行徑的故事不勝枚舉；據說這些山區嚮導會射殺落後者、把他們推進山溝，或者拋棄他們、任由他們在德國人或漫遊山區的熊狼威脅中自生自滅。有些人體力耗盡，無法繼續行走，只能躺在地上等待死亡降臨。許多身強力壯的年輕人從此不見蹤影，不過搜救隊偶爾會找到一具凍僵的屍體，有些人死時還直挺挺地站著，雙眼凝視遠方。吉伯特解釋，在這種情況下，維吉尼亞需要出非常高的價錢才可能有一點點希望；價錢最高可達每人兩萬法郎（將近平時的二十倍）。為了讓嚮導覺得划算，她需要跟另外兩名逃亡者同行。她並不認識這兩個人，但他們已經等了一段時間；他們還沒籌到錢，所以她必須耐心一點。絕對不能耽擱，她回答，她個人願意替全部的人支付五萬五千法郎的費用。她的堅持無疑令吉伯特吃驚，後者承諾一有消息會立即聯絡。他還不知道卡斯伯特的存在，維吉尼亞必須不計一切代價瞞住他，尤其必須瞞住引路人。要是被他們發現，逃亡的最後一絲希望將化為泡影。

兩人分手後，維吉尼亞連忙趕回鐘聲旅館，但當天晚上沒有人來找她。她無計可施，只能靜待消息，心知時間非常緊迫，隨時可能被德國人包圍。又過了一夜，隔天（十一月十日），首相邱吉爾在倫敦慶祝英軍的阿拉曼戰役（El Alamein）大捷，以及火炬行動的顯著成功。他在倫敦金融城市長（Lord Mayor of London）的官邸午宴中發表演說，用這段話鼓舞厭戰的聽眾：「這不是結束，甚至不是結束的開始。但或許，這會終結開始」。不過，維吉尼亞聽不到這類安慰的話，唯有漫長而孤獨的等待，一整天和另一整夜困在旅館房間裡，感覺自己插翅難飛。

隔天上午七點，德意志國防軍大舉衝過停戰分界線，進入自由區。法國人毫不抵抗。幾小時之內，部隊和坦克就會抵達佩皮尼昂，摧毀維吉尼亞為自由所作的最後努力。在里昂的終點飯店，克勞斯·巴比撫摸著他的愛貓，心裡燃起熊熊怒氣。在他的指揮下，里昂聚集了大批蓋世太保，警力遠高於包括巴黎在內的其他城市。納粹的全面占領也讓他獲得了重兵支援，包括全副武裝的國防軍部隊，以及身穿黑色制服、炫耀著骷髏頭徽章的黨衛軍菁英。他懸賞捉拿瑪麗·莫寧，開出高額賞金給任何能提供線索的人。然而，沒有人知道維吉尼亞的下落，巴比至今連她的國籍都無法確定。一度有人聽到「里昂屠夫」（他很快得了這個綽號）大吼著說：「就算付出一切，我也要逮到那個跛腳的加拿大婊子！」[12]。此刻，他加大了追查力度，下令在法國各地張貼數千張懸賞海報，上頭有維吉尼亞的大幅畫像，栩栩如生，底下寫了一行大字：敵方最危險的間諜，我們必須找到她、剷除她！

中午左右，仍然在旅館躲著的維吉尼亞終於收到一張字條，表示有人會在傍晚時分來找她。天黑後，一名引路人如期而至，她如釋重負地在黑暗中溜進他的貨車前座，沒有被任何人看見。她付給他一半的錢，承諾到了國界另一邊會付清尾款。兩個男人蜷縮在貨車的後車廂裡，她只隱約看見他們的身影。他們介紹自己是黎昂．古特曼（Leon Guttman）和尚．阿里伯特（Jean Alibert），前者是戰前移民澳洲的波蘭猶太人，後者則是一名有英國血統的法國人。當貨車駛離佩皮尼昂、踏上進山區的道路，兩人為維吉尼亞替他們支付路費表示感激。永遠在尋找新血的維吉尼亞，開始猜想她是否可以吸收這兩人執行日後的任務。即便在這一刻，她依然認定自己還會有新的任務[13]。

同時間，一列滿載德軍的火車抵達里昂佩拉什車站。載著更多士兵、武器和彈藥的坦克和卡車緊隨其後。浩浩蕩蕩的蓋世太保黑色雪鐵龍車隊在城市的街道上呼嘯而過。德國警察把行人推下人行道，公共建築升起了卍字旗，所有時鐘校準到德國時間。有些商店開始標榜它們的亞利安資歷，意圖拉攏國防軍客群。車站的書店如今只販售納粹或維琪的宣傳品，包括一名法國海軍軍官的反英怒吼。在此同時，阿朗紙上大軍——他一度誤導貝克街相信這是一支龐大的戰鬥部隊——的餘黨毫無作為。大多數人「驚慌失措」、「膽小怕事」，把剩下的武器扔進河裡。「一出現危險，他們的牛皮立刻被戳破，」後來的一份官方文件如此表示[14]。自由區不復存在；法國不再擁有一兵一卒、最高統治權，或甚至一支艦隊——海軍僅剩的船艦不久後在土倫（Toulon）被他們自己的軍官鑿沉。在維琪，貝當古雅的官邸被占領，充當德國士兵的營舍。更大的屈辱是，希特勒每天從法國國庫提取五億法郎，並且放任手下到處掠奪從農業機械到大師級油畫的珍貴資產。

正當人們逐漸領悟事件的恐怖程度，雙生子趁亂回到里昂。他們帶回執行卡斯特行動的法國憲兵，不過當他們前往維吉尼亞的公寓接收最後指令時，把那人留在了加里波底街的街角。一走進大樓門廳，亨利．紐頓突然出現一股「詭異的預感」，覺得有什麼地方不對勁[15]。他三步併作兩步上了六樓，但房門旁邊沒有擺出象徵「安全無虞」的記號。他決定不敲門為妙。他快步下樓，詢問門房維吉尼亞出了什麼事；他知道他可以信任這位門房。那女人告訴他，維吉尼亞倉促離開，沒有時間完成她的所有工作。雙生子步出大樓，一名神父走上前來，表明他的代號是主教。他們不願意攀談，試著繼續前進，但他纏著他們不放。他表示自己很遺憾瑪麗走了，因為他替她工作。一提到她的名字，兩人停下腳步。神父繼續用很濃的德國口音說明他雇了一群人在沿海地區拍攝碉堡，瑪麗欠他七萬五千法郎的經費，他們知道瑪麗的行蹤嗎？這段對話很簡短——

剛好足以讓阿萊什摸清楚他們的身分[16]。

貨車轉進曲折的羊腸山路，接著減速爬上一條陡峭的石子小徑，最後在一座燈火漆黑的穀倉外停了下來。這裡離孔夫朗自由城（Villefranche-de Conflent）不遠，後者位於佩皮尼昂以西，是庇里牛斯山山腳下一座圍牆山城。穀倉兩側傳來湍急的流水聲，屋後是高聳的卡尼古山，三名逃亡者被吩咐在這裡睡幾個小時[17]。維吉尼亞努力想在乾草堆上休息一會兒，但她忘不了那些被她拋在身後、仍然被囚禁的男孩。她尤其因為無法完成卡斯特行動而「心碎」[18]，不過，她但願一切都按照她的計畫順利進行，尤其希望救出雷克。她打定主意，一抵達巴塞隆納的美國領事館，就要設法查明情況。

她不知道的是，雷克已重獲自由，此刻正在里昂找她，卻發現她已經走了。不久前，他和兩名同伴極其幸運被移送到一座戰俘營，親盟軍的典獄長決定在納粹全面掌控之前釋放他們——甚至供應他們衣服、巧克力和香菸。現在，雷克得自己想辦法跟著她的腳步前往西班牙。她也不知道奧利佛正藏身吉伯特夫人開在里昂共和國大街上的美髮沙龍；他的釋放是維吉尼亞在最後一刻跟典獄長交涉的結果。要是她知道奧利佛自欺欺人地把事情歸功於梅尼爾小姐，肯定會氣得七竅生煙。

當維吉尼亞一行人在曙光初現時徒步離開，晨霧宛如一襲薄紗，籠罩著自由城裡發出虹彩色澤的粉紅大理石房屋。他們沿著嵌進山壁的小徑一路南行，一面是陡峭而多雪的山坡，另一面是洶湧奔騰的羅佳河（Rotja river）。一開始，上山的坡度還算平緩，不過往南接近科爾內拉德孔夫朗（Corneilla-de-Conflent）時，山路在兩英里內上升了五百呎；他們避開了這座村莊，以免吸引注意。維吉尼亞將沉重的包包背在右側以掩飾她的跛足，不過山路越來越陡峭，積雪也越來越深、越來越滑，走了幾小時後，疼痛的斷肢開始露出破綻。不過，她絕不能落後；她必須跟上大夥兒，因為她知道前方的地勢只會越來越險峻，而且還有五十英里的路要走。他們繼續登山，經過韋爾內萊班（Vernet-les-Bains）溫泉區，然後歷經一段艱苦而漫長的爬升，抵達一個似乎緊緊抓著卡尼古山的白色山壁以免墜入萬丈深淵的小村落。比起接下來十二英里要吃的苦頭，這段路根本不算什麼。在法國的戰時禁令下，她已經好幾個月食不果腹，如今，她必須在最惡劣的天候中攀登五千英尺，每横跨一步都會刺痛她的髖部。她必須拖著假腿爬上令人暈眩的陡坡，背包的重量劃破她的肩膀、嵌進她冰凍的手掌。左右兩側，一邊是數百英尺深的懸崖，另一邊則是幾乎沒有地方可抓，或替她遮擋強勁山風的陡峭山壁。有些地方的積雪深達三碼，但她沒有雪靴幫助行走，甚至連拐杖都沒有。銳利冰冷的寒風敲打她的臉龐，她因痛苦而扭曲了表情。她在稀薄的空氣中急促呼吸，胸口因缺氧而緊繃。勞累令她頭痛欲裂、頭暈目眩。她的殘肢長了一顆開放性膿瘡，假腿頂端開始滲血。但是她別無選擇，只能跟上其他人的腳步。她一步步撐下去，越爬越高。「上坡路無止無盡，」戰爭後期穿越類似路徑的美國空軍王牌飛行員查克・葉格（Chuck

Yeager）追憶，是「險中之險」[19]。的確，許多在她之前翻山逃亡的人，就是在這裡被凍傷和暈眩擊垮——或者純粹覺得生不如死。不過，維吉尼亞想起父親在夢中囑咐她的——「活下來是她的責任」；她再次從這些話汲取了力量。然而，戰爭期間遭遇的種種難關，沒有一件事造成的痛苦與恐懼，及得上這趟考驗耐力的漫長路途——如今，在她咬緊牙關撐下去的時候，卡斯伯特的鉚釘由於工作過度而慢慢鬆脫，整條義肢隨時可能崩裂瓦解。

直到終於抵達六千英尺高的芒泰隘口（Mantet Pass），嚮導才讓他們在一間牧羊人小屋休息，吃吃隨身攜帶的口糧（大概只有方糖和餅乾）。他們擠成一團相互取暖，不過即便如此，她還是得隱藏她的義肢，以及被血浸濕的襪子。很可能就在此時，她向倫敦傳送一條如今已成為傳奇的訊息——說不定是用她裝在包包裡的一台新式輕型發報機，又或許是用原本就藏在小屋裡的一套機組。訊息是這麼說的：「卡斯伯特很麻煩，但我能應付。」在肯特郡七橡樹市（Sevenoaks）附近的一間大型鄉間別墅裡，接收站的值班情報官不知道她指的是誰。「如果卡斯伯特很麻煩，」他回覆，「那就除掉他。」

翌日，十三號星期五，他們再度一大清早啟程。小徑如今更陡了，高聳的山勢，似乎成了他們和西班牙之間一道難以逾越的障礙。他們排成一路縱隊，不停往上爬到八千英尺的高度，終於在中午時分抵達多納峰（Pic de la Dona）山頂附近的隘口。他們驚奇地看著西班牙在他們下方舒展開來，提供著誘人的自由。除了幾頭野生動物，他們迄今沒有遇到任何人。現在，引路人跟維吉尼亞索取尾款後原路折返，三人必須完全靠自己了。沒有時間休息，他們還有二十英里路得走，而這條路時有逃亡者遭野狼和熊攻擊的傳聞。事實上，這個下午或接下來那漫長而艱苦的黑夜都不再有機會休息。他們拖著沉重的腳步，踏上彎彎曲曲的迢迢山路，越過第一個西班牙村落——塞特卡薩斯（Setcases）。這個地方風勢強勁，冬天的氣溫經常降至華氏零下四度。他們接著沿陡急的特爾河（Ter river）河岸而下，經過坎普羅東（Camprodon），最後抵達山谷中的聖胡安——德拉斯阿巴德薩斯（San Juan de las Abadesas）。他們的腿沉重得像灌了鉛，但一想到即將搭乘上午的火車到巴塞隆納，幾小時後就能抵達領事館、剛好來得及吃午餐，他們就咬著牙一步接一步走下去。雖然維吉尼亞此刻連說話的力氣都沒有，但她鼓勵同伴忍著痛苦堅持下去。他們幾乎無法抬起頭看看遠方的燈火——看看那片象徵著苦難即將結束的燈火。她小心翼翼地行走，想辦法讓卡斯伯特撐到最後，不在中途散開，但下山的路甚至更滑，由於假腳踝缺乏靈活度，她的身體必須不自然地往前傾，幾乎不可能保持平衡。一小時接著一小時，她一路擔心自己終將功虧一簣。

維吉尼亞成功攀登高峰、穿越隘口的事實，是一件驚人的成就——或者如戰爭結束時的一份正式文件所言：「一項獨一無二的紀錄」[20]。總之，這三人頑強地走完全程，在黎明前抵達聖胡安，然後前往車站趕搭五點四十五分的早班列車。他們知道，一旦上車就安全了，因為從沒聽過這麼早的時間會有警察巡邏，所以現在只需要短暫等待，並且想辦法躲起來保暖，直到列車進站。

當國民警衛隊（Civil Guard）巡邏員警持槍衝進月台，天還沒亮。這支令人懼怕的準軍事部隊徹底搜查車站，輕而易舉找到筋疲力盡的維吉尼亞和她的同伴。兩個男人幾乎說不出話，結結巴巴編了幾個藉口。不過，西班牙語較為流利的維吉尼亞解釋她是美國人，只不過剛從山上玩回來罷了。國民警衛看看他們骯髒的衣服，認為他們全都高度可疑，立刻以「非法赤貧難民」的名義逮捕三人[21]，用巡邏車將他們帶回警局，然後送往菲格雷斯（Figueres）監獄。從那裡，古特曼和阿里伯特又被遞解到惡名昭彰的埃布羅河畔米蘭達（Miranda de Ebro）集中營[22]。

維吉尼亞成功逃離了法國、蓋世太保和阿勃維爾；她擊潰了霜雪和強風，越過海拔八千英尺的隘口；她曾幫助不計其數的人重獲自由；一個鐘頭之內，她就可以搭上火車，重獲安全、泡個熱水澡、吃一頓熱騰騰的午餐。但是現在，她鋃鐺入獄。抵抗的火焰會不會就此熄滅？

第八章　懸賞間諜

十一月十三號星期五破曉之前，位於安東尼龐賽特廣場的診所，盧賽醫生被一陣猛烈的敲門聲驚醒。正當維吉尼亞即將攀登逃亡西班牙之路的最後一段山嶺，蓋世太保和黨衛軍湧入診所庭院，以從事間諜與恐怖行動的罪名逮捕了還穿著睡衣的盧賽醫生。德軍全面控制非占領區不到四十八小時，蓋世太保就靠著攔截維吉尼亞的無線電訊號以及粗暴的審訊，滲透了盟軍地下組織的核心。他們查出維吉尼亞的代號、她的大本營，以及多名同志的身分與地址，唯獨不知道她此刻的下落。

皮朋被銬著帶走了。在蓋世太保尋常的黑色雪鐵龍後座，警衛壓在醫生身上防止他逃跑，把他壓得喘不過氣。接下來好幾天、好幾個星期，他受到野蠻的刑求，身體雖被折磨得千瘡百孔，意志力卻堅不可摧。他們吼著，那個瘸腿的女人在哪裡？瑪麗．莫寧在哪裡？每個白日跟夜晚在痛苦與疲憊的恍惚中渡過，但他拒絕透露她的消息，只承認自己認識她，但堅稱他不過是她的醫生，全然不知道她的真實身分和行蹤。諷刺的是，由於盟軍已在北非建立戰略據點，倫敦在醫生被捕的這一天對情報人員發出最新指令。多年的籌畫工作終於告終，盟軍開始準備登陸歐洲。新的指令是製造「最大破壞」，並且以「任何可得的手段」，「攻擊所有預定目標！」[1]。那是他們等待已久的一天，但維吉尼亞和盧賽都沒有親眼見到。

皮朋被送到巴黎近郊惡名昭彰的弗雷納（Fresnes）監獄接受進一步「處置」，被單獨監禁在二八二號祕密牢房長達十二個月。一九四三年一整年，他獨自一人等待命運的判決，等待自己究竟會被遞解到納粹的死亡集中營，還是在祖國遭到處決。或許他仍抱著一絲渺茫的希望，但願維吉尼亞會想辦法前來解救她最忠實的副手。不過沒有人知道他的下落，她也已經離開，肯定不會再回來。沒有其他人有勇氣或能力完成這樣一項壯舉。

在里昂，阿萊什加倍努力追查瑪麗；一旦逮到瑪麗，他將拿到更高額的阿勃維爾賞金。盧賽被捕的隔天，他前往診所，醫生的管家鄔金妮開了門。她看過老闆跟這位神父交談，覺得可以向對方吐露醫生被捕的消息。阿萊什臉色鐵青，蓋世太保竟然捷足先登，沒知會他就搶先帶走他的囊中之物；他追問那個「英國女人」的行蹤，亟欲逮到她，索取自己應得的賞金。鄔金妮對雇主的地下生活一無所知，也不知道維吉尼亞根本不是一個叫瑪麗．莫寧的病人，她回答說那英國女人消失了。神父怒不可遏地命令她提供有關瑪麗周遭人士的消息，堅稱他必須跟她取得聯繫。致命的是，惶恐不安的鄔金妮交出了傑美恩．基林和朱利安夫婦（維吉尼亞在勒皮的線人）的姓名和地址。

阿萊什立刻採取行動，設法討好傑美恩。由於維吉尼亞走了、盧賽被捕，她無可避免成了特別行動處在里昂的行動中樞。不過，維吉尼亞寵信的神父一個勁地關注她，無疑令她受寵若驚。盧賽總說傑美恩是「我們陣中最優秀的情報員之一」[2]，但現在她失去了兩位上級，樂得有人幫她分擔一點責任。畢竟，神父對維吉尼亞讚譽有加，而且對她的工作瞭如指掌。他知道如何令傑美恩放心（他跟她站在同一邊），同時操縱她的恐懼心理（她不夠格承擔如今這個突如其來的角色）。她迫不及待地信任他、依賴他，並介紹他認識她最喜愛的仰慕者，尤金·朱尼特——始終大力支持地下工作的實業家。隨後幾星期，傑美恩數度在里昂最高檔的黑市餐廳跟他們兩人共進晚餐，甚至將阿萊什帶回加里波底街妓院樓上的私人公寓。失去上級之後，許多情報員、聯絡員和各式各樣的幫手——包括維吉尼亞鍾愛的「外甥」馬歇爾·萊夏——會來這裡跟傑美恩領取倫敦的指令，或純粹來作伴。她真心誠意地將他們一一介紹給親如家人般、坐在廚房中看著所有人來來去去的阿萊什。就這樣，他輕而易舉認識了絕大多數的維吉尼亞剩餘黨人。當里昂如今最高階的情報員尼可拉斯來訪，阿萊什甚至膽敢開口索取更多錢——不過，疑心日重的倫敦斷然拒絕了他的二十七萬五千法郎的請款[3]。即便如此，尼可拉斯仍脫口表示維吉尼亞已經到了西班牙。阿萊什立刻將消息傳給巴黎的雷勒上校，後者通知邊境以南的阿勃維爾同事展開搜查。同時間，阿萊什將傑美恩訪客的姓名和描述賣給了蓋世太保，然後在耶誕節前後短暫消失。

里昂正在為反抗付出最高代價，如今，壓迫者的行動再也沒有任何顧忌。一位來訪的特別行動處幹員喬治．米勒（George Millar）追憶，「空氣中嗅得到仇恨、報復與戰鬥」[4]。沒有人可以倖免：就連兒童都被當街攔下來搜身，「蓋世太保出動任務逮捕更多人，汽車轉彎時摩擦輪胎發出的尖銳聲音」[5]刺穿了寒冷的黑夜。格雷戈瓦——之前在瑪尚的河濱公寓險些被逮的無線電發報員——是另一個落網之人。負責在他的藏身之地替他把風的人，一見到蓋世太保的車便落荒而逃，導致格雷戈瓦在發報機前被逮個正著。

面對接二連三的壞消息，傑美恩仍試圖撐住搖搖欲墜的維吉尼亞情報網，不斷在情報員之間東奔西走，但願搶先德國人一步。失去瑪麗的智謀與勇氣，情報工作彷彿裂開一個大洞——就連駐里昂的瑞士領事都發電報給美國華府國務院，說他會「十分感激……任何有關她的行蹤的消息」[6]。澤夫也急著找維吉尼亞。休假兩個月養病之後，他已回到里昂，約好十一月十四日與維吉尼亞接頭。她的消失令他無處可去，不過尼可拉斯暫時收留他，直到蓋世太保再度追上來。事實上，和維吉尼亞有牽連的每一個人此刻都面臨了生命危險。一名蓋世太保在串廊迷宮瘋狂追逐澤夫時，確實曾抓住澤夫的腳，但他設法掙脫對方之後逃走，把鞋留在蓋世太保手中[7]。他已徹底暴露，因此在一九四三年二月緊急逃往西班牙，最後卻被引路人出賣，換取懸賞猶太人的高額賞金。他立刻被移交到蓋世太保手上，遭到痛毆及連續三個月的水刑，因為他們從阿萊什口中聽到了維吉尼亞的下落，想要得知更多詳情。他什麼也沒說，最後被遣送到奧地利的毛特豪森死亡集中營，不過他幸運地逃過了死劫。即便已經好幾個星期毫無消息，維吉尼亞依舊是蓋世太保的首要目標；沒有抓到她，他們決不放手。許多人將因此付出代價。

傑美恩察覺處境日益危險，所以經常變更她的行徑路線，持續在藏匿特別行動處資產的幾棟房子之間來來回回。不過，這些防備措施——以及她的人脈、機智和不可思議的美貌——現在都救不了她。藉由與阿萊什聯手保護她自己以及其他幹員，她不自覺地給所有人引來了災難。一月八日晚上十點，她走進布瓦洛街一間豪華舒適的公寓；維吉尼亞曾在這裡借住，不過現在是艾佛烈和亨利．紐頓兄弟的藏身之處。雙生子曾提醒傑美恩小心阿萊什——自從十一月十一日德軍占領南法那一夜在維吉尼亞公寓外頭偶遇，兩人就對他不抱好感。他們覺得他太緊張、太咄咄逼人，還有那種覺得別人有負於他的人，那種特有的冰冷而嚴厲的眼眸。幾星期後，他們驚愕地在傑美恩的公寓撞見他，後者從對話中得知他倆的代號是奧古斯特和阿圖斯。他們打算當場除掉他，但計畫因其他抵抗分子的到來而被打斷，阿萊什趁機逃跑。不過現在，他知道他們也跟維吉尼亞關係密切——甚至知道他們住在哪裡。

傑美恩帶著她一貫的活潑態度，將食物補給品和報紙交給雙生子。她的黑色捲髮上戴了一頂插著兩朵天堂鳥的時髦帽子，但這一次，總在她身邊跟前跟後的黑色小野貓完全不見蹤影。即便無懈可擊的妝容也無法掩飾她眼裡的恐懼，但是當她說起更多同志被捕的消息，亨利．紐頓打斷了她。他們三人摒住呼吸，聽著沉重的腳步聲穿過屋外的樓梯，停在他們上面一層樓。有人用槍托撞開了門，用德語咆哮說：「開門！警察！」另一人用德語吼著說他們必定找錯樓了。混亂中，一大群蓋世太保、黨衛軍和維琪警察氣沖沖跑下樓，一邊踢傑美恩的房門一邊大喊：「開門，否則我們就開槍！」

亨利推開廚房窗戶，無聲地跳下後院，艾佛烈則拽著傑美恩逃跑。他把她抱起來，準備交給在下面等待的哥哥，但她掙脫他的懷抱。「你們走吧，兄弟，」她帶著一抹扭曲的微笑說，「我不跟你們走。我是法國女人，可以應付外面這群寶貝。」她開始脫外套和帽子，兩兄弟明白她打算犧牲自己掩護他們逃跑。朋友們曾欽佩地說，在她心中，她「對法國的熱愛與強烈的羞愧」[8]高於一切；她體現了她認為許多同胞欠缺的勇氣。兩兄弟懇求她趁還來得及一起逃跑，但她露出鋼鐵般的堅定神色。有那麼一會兒，兩兄弟其中一人想過把她打昏，抱著她逃到安全之地。但這一路上得翻過好幾道牆，很可能在逃跑過程中遭到射殺。所以在房門即將被撞開的最後幾秒鐘，他們按照她的意思做了。傑美恩在艾佛烈眼中的最後身影，是她脫下內衣睡意朦朧地說：「哪位？這麼晚了有什麼事？」[9]她驕傲而高貴地披上睡袍，打開了門。

紐頓兄弟兩天後喬裝成煤氣工人回到布瓦洛街，意圖——用他們的話說——「找幾個蓋世太保算帳」。儘管公寓依舊燈火通明，但德國人和傑美恩都已不見蹤影。他們目瞪口呆地看著被翻得一團亂、空無一人的公寓。椅子、桌子和檯燈被掀翻摔碎，壁紙撕成碎片垂掛在牆上。鬧鐘、銀製打火機、香菸和櫥櫃裡的食物被搜刮一空。最令人心驚的是地毯上的血跡。兩兄弟取走藏在廚房餐墊下的幾份文件後匆忙離去。

大約同時間，阿萊什再度現身里昂，拜訪因聽到傑美恩被捕的壞消息而慌亂不安的朱尼特。神夫佯裝對整件事情一無所知；他表示蓋世太保內部有他的線人，只要有足夠的錢打通關節，或許有辦法救她出來。朱尼特感激涕零地自掏腰包，拿出好幾萬法郎，並向阿萊什透露，傑美恩的公寓還藏著價值數百萬的金幣。神父能幫忙把它們轉移到安全地點嗎？另外，他可以幫忙把幾箱食物轉交給獄中的傑美恩嗎？

阿萊什很可能當天晚上就開始搜刮傑美恩的財產、享用原本應該送進監獄給她的黑市食品。他以將她的財務轉移到安全地點為藉口，載走一箱箱閃閃發亮的金幣、貂皮大衣、時裝、珠寶，並扯下價值連城的織錦（他後來把織錦賣給巴黎的一名中間商，發了一筆小財）。就連公寓裡安裝的管線和固定裝置都被拆下來，只留下光禿禿的灰泥牆[10]。幾天後，朱尼特本人也難逃被捕的厄運；他同樣被送往弗雷納監獄。在那裡，另一名抵抗分子看到他被緊緊銬著雙手，手腕上鮮血直流。不久後，他和其他一百五十名囚犯被塞進一節載送牲口的車廂，遣往布亨瓦德死亡集中營；他在車上窒息而死。

當然，阿萊什雖然向傑美恩的幾個朋友保證自己會竭盡所能幫助她重獲自由，並向他們詐取現金，但他根本什麼事也沒做。他確實曾到弗雷納監獄看她，但純粹是為了騙取關於維吉尼亞和其他抵抗分子的更多訊息；他聲稱這些訊息不可或缺，有助於安排她出獄，或者保護她的同志。

悲哀的是，傑美恩雖然拒絕對審訊者透露任何訊息，卻被阿萊什哄得出賣了她最奮力保護的一群人。等到傑美恩不再有利用價值，她也在巴黎的火車東站被送上牲口運輸車廂，前往往柏林北方的拉文斯布呂克（Ravensbrück）女子集中營。在那裡，她被剃光頭髮和恥毛，成了第39280號囚犯，換上藍白條紋的粗布囚服和木鞋。後來，當納粹決定加快殺戮速度，她被分配到緊鄰毒氣室的一個地點便利的營區[11]。

由於逮不到維吉尼亞，納粹持續拿她的援手的鮮血祭獻。聯絡員、發報員、窩藏者和各式各樣的線人遭到拘捕、毒打和遣送。二月二十八日，厄運輪到曾協助莫札克行動和其他多起行動的無線電發報員安德烈·庫瓦西耶頭上。幸運的是，他才剛剛藏好他的發報機組。他被帶到終點車站的蓋世太保總部刑求室。陷入半瘋狂的克勞斯·巴比穿著馬褲和馬靴而來，揮舞著輕便手杖，要求他招出關於那個「英國女人」的訊息，否則就把他交給行刑隊處決。庫瓦西耶堅不吐實，最後也被送往德國的集中營。

圍捕紐頓兄弟的繩圈也日益縮小；他們倆一抓到機會就設法炸毀無線電偵測車（這是倫敦當下的第一要務）。他們知道自己的相貌已經曝光，所以請求一位支持特別行動處的理髮師燙了他們的頭髮、以睫毛膏染黑他們的鬍子、將眉毛刷往另一個方向，戴上牛角框眼鏡，並穿上讓他們看起來更高、但使得寬大的英國腳丫磨出疼痛水泡的厚跟法國鞋。

傑美恩為了保護他們而犧牲自己的身影，在兩兄弟腦海中縈繞不去。所以當傑美恩的另一位忠實男友——富有而已婚的杜伯瓦先生——說他從一位法國警官身上得到有關他的情婦的消息，艾佛烈（即奧古斯特）開心不已。杜伯瓦提議跟艾佛烈在一家黑市餐廳碰面；艾佛烈同意了，因為他對自己現在的偽裝越來越有信心。抵達後，他看見杜伯瓦坐在吧檯邊，他走上前，卻沒有被認出來。新扮相的成功令他很高興，於是他向杜伯瓦揭露自己的身分，沒想到這個法國人立刻把他介紹給另一個躲在隱密角落、穿著西裝的男人。令艾佛烈驚恐的是，那人是通常做神職打扮、無所不在的阿萊什。神父唬過了平常很精明的杜伯瓦，讓杜伯瓦相信他是瑪麗的朋友，誘拐杜伯瓦帶他來見艾佛烈。杜伯瓦脫口說，「你沒認出我們這位朋友嗎？他是奧古斯特啊！」「我的天！」阿萊什興高采烈地回答，「真的是你。你確實騙過我了。」杜伯瓦的愚蠢令艾佛烈憤怒得全身發冷，他伸手拿藏在口袋裡的柯爾特，卻發現他竟然很反常地忘了帶左輪槍。阿萊什看著他徒勞無益的動作，露出一抹嘲弄的微笑，喃喃地藉口說他還約了別人，起身告退。艾佛烈知道他會直接找到最近的電話，通知他的上級。

不久後，艾佛烈離開餐廳，察覺自己遭到跟蹤。他轉過街角，看見黑暗中有兩個人影。比較靠近他的是一個打扮得很花哨的青年——一個因為成為蓋世太保走狗而被人瞧不起的法國人。另一人則穿著眼熟的雙排釦斜呢紋風衣，低垂的軟氈帽帽沿遮住了他的眼眸——阿萊什本人也在跟蹤他。艾佛烈遁入串廊迷宮，相信自己甩開了跟監。然後，他再次聽到身後出現喀喀的腳步聲。他加快腳步，慶幸自己遵照特別行動處的訓練，在鞋跟貼了可以避免發出聲響的橡膠墊。艾佛烈轉了個彎，躲進一個散發濃烈貓臭味的黑暗門口，隱約聽見屋內傳來無線電波的干擾聲音；抵抗分子肯定在裡頭調整收音機，聆聽被禁的BBC電台。在一片闃黑中，腳步聲越來越近，然後慢了下來，終至停止，不過隨後又重新開始。一個人影在迷霧中倏然而至，艾佛烈的後背緊緊抵著房門。當人影近在眼前，他使盡全身力量飛撲過去。他終於得到機會阻止一切背叛、逮捕與刑求，終於可以替因為可惡的第三帝國而失去性命的親人，以及如今的傑美恩、維吉尼亞和盧賽等人報仇雪恨。他曾經是個深情而斯文的顧家男人，最愛做的事情莫過於種花種草，獻給自己的妻子和母親。然而恐怖的戰爭以及無法想像的傷痛永遠改變了他。

他帶著熊熊怒火，野獸似地撲向那名背叛者，一隻手捂住他的嘴巴，另一隻手勒緊他的脖子。那人瘋狂掙扎，口中發出含混的聲響，直到四肢終於鬆軟下來，不再抵抗。艾佛烈抓起受害者的頭撞牆，直到它發出一個「彷彿濕布在微風中撲動的聲音」，整個過程中，艾佛烈可以聽到某個地方有嬰兒在哭。終於，他任由對方的身體死氣沉沉地滑向地面。當那人的帽子滾到旁邊的泥地上，一股古龍水的氣息突然襲來，令艾佛烈噁心欲嘔。然後，當他的眼睛適應了黑暗，赫然發現死在他手中的人不是阿萊什。他殺錯人了。

就在此刻，附近傳來震耳欲聾的爆炸聲，緊接著是玻璃碎裂的聲音。幾秒鐘後，艾佛烈聽到越來越慌張的兩段式哨音反覆響起。那名青年不斷呼喊那個穿著斜呢紋大衣的男子，納悶他的同伴跑到哪裡去了。艾佛烈急忙融入串廊迷宮裡，匆匆離去。由於抵抗運動越來越活躍，爆炸聲響如今已是家常便飯。不過，德國人幾分鐘內就會抵達現場，發現屍體。他不敢拔腿狂奔，但快走十分鐘後，他脫下沾了血的手套，塞進井蓋的格柵，扔到下水道裡。

後來，他回到克里斯汀路一間工廠上方的祕密據點，跟弟弟會合，不過，這間空無一物的房間感覺猶如陷阱。紐頓兄弟嚇壞了，接連幾星期足不出戶，唯恐再度被認出來。有一次出門，他們被蓋世太保追著跑過大半個城市，身後槍聲大作。他們幸運逃脫了。終於在四月初，聯絡員帶來消息，通知他們隔天從鄉下的一個祕密據點啟程前往西班牙。那天晚上，兩兄弟設宴款待他們的法國友人，包括冒著一切風險藏匿他們的阿方斯和瑪麗．貝索夫婦。大夥正喝得酒酣耳熱時，門鈴響了。沒有其他人要來。沒有人知道聯絡員遭到跟蹤。

其中一人望向窗外，正好看見好幾輛卡車載著蓋世太保和頭戴鋼盔的德國士兵急停在工廠外，機關槍瞄準工廠大門。亨利嚷著叫哥哥一起跳出窗外，開槍殺出一條血路。不過來不及了，全副武裝的部隊已經將工廠團團包圍，他們毫無機會。第一波蓋世太保衝上樓高喊，「手舉起來，奧古斯特和阿圖斯，這次你們跑不掉了」。克勞斯．巴比——維吉尼亞的首席追捕者——緊接著大搖大擺走進來，高聲歡呼「希特勒萬歲！」。

沒多久，他們步入恐怖的終點飯店。爬上樓梯時，兩兄弟都知道前方等著他們的是怎樣的命運。一會兒後，艾佛烈衝向三樓窗戶，縱身一躍。如果他逃脫了，他會回來救他的弟弟；要是死了，起碼他沒有招出任何訊息。不知怎地，他只撞傷了肩膀、摔斷幾根手指，但立刻被抓回來。他被扔進一個小房間，他的弟弟則在另一間房間被巴比和他的嘍囉揍到昏迷不醒。他們圍成一個圓圈，接連幾小時將亨利打過來撞過去，直到他的一顆眼珠掉出眼眶。巴比接著將亨利的腳跟和掌心打到血肉模糊、拿火鉗炙燒他的肌膚，並將電擊工具放在他的傷口上，看著他在通電時痛苦地全身扭曲。在另一個房間，他反覆拿短棍毆打艾佛烈的頭、將菸頭摁在他的臉上、猛烈捶打他斷掉的肩膀。兩兄弟後來追憶，他們的加害者用一雙目光銳利、眼眶深陷的藍色「陰毒眼睛」，和一抹涼薄得有如刀刃的笑容，一次次追問：「你認識瑪麗嗎？」不。「維吉尼亞·霍爾？」不。「你認識那個危險的女恐怖分子嗎？」不。里昂屠夫尖聲命令手下將囚犯的頭按進冰水裡，直到他們差點窒息，然後將攔截到的好幾份維吉尼亞的密電推到他們面前。如今，巴比無疑已得知她的真實姓名，但他想知道她的下落。巴比兩度因為兩兄弟拒絕招供而將他們送到行刑隊面前，但總在最後關頭改變了心意。

接下來幾天和幾星期，維吉尼亞手下有更多名抵抗成員，一個接著一個經阿萊什指認而落網。一九四三年四月六日，在勒皮，輪到朱利安夫婦被捕，遭嚴刑拷打。瑪麗路易斯·朱利安被打落門牙、手臂骨折。她沒有向蓋世太保洩漏任何事情。兩個月後，當醫生表示她已性命垂危，來日無多，德國人終於放了她。不過，她趕往巴黎（她相信丈夫被關在那裡），賄賂一名德國官員銷毀她先生檔案中罪證最強的文件，儘管如此，他仍然被遣送到奧地利當奴工。少數幾個依然在逃的朋友，展開了獵殺阿萊什的行動（此刻，人們普遍懷疑他是整起災難的罪魁禍首）。不過，由於知道自己抓不到維吉尼亞，他已永遠從里昂消失。依舊穿著神父袍的他，已開始在諾曼第為阿勃維爾展開新工作。

特別行動處在里昂和其他地區的情報小組被一舉剷除——倫敦認為這對英國的安全構成了「嚴重的立即威脅」——引來白廳官員瘋狂地深刻反省。一九四三年四月的一項絕密調查，將原因歸咎於雙面間諜的成功，以及德國人高度發展的無線電探測技術。無線電發報員是倫敦與淪陷國（例如法國）之間唯一的薄弱連結，他們的發報機組被視為戰爭期間最重要，且最具有情感意義的物件。這些勇敢的男人（以及後來的女人）特別容易被捕，指揮官心知肚明，他們在一線的存活時間已越來越短，短得令人難以忍受[12]。他們在如此條件下發送情報的勇氣，讓整個情報小組得以生生不息——這是他們往往以生命換來的成果。

維吉尼亞從聖胡安—德拉斯阿巴德薩斯的警察局，被送到了髒亂不堪、跳蚤橫行、擠滿形形色色女人的菲格雷斯（Figueres）監獄。她心裡非常清楚，即便身為一名美國記者，佛朗哥政府還是很有可能答應德國當局的請求，把她交給他們「照顧」。蓋世太保或阿勃維爾遲早會查到她的蹤跡、前來逮捕她。儘管虛弱、憔悴，而且深受背部整片疹子折磨，她仍然花很長時間和無眠的夜晚思索逃跑的方法。縱使她有豐富的劫獄經驗，情況依舊不容樂觀：她被關在十八世紀的一座軍事要塞，四周是厚重的石牆（此地至今仍用於關押異議分子，包括二〇一八年被關進來的兩名女性加泰隆尼亞獨立運動領袖），而且她很難倚靠因辛辛苦苦翻山越嶺而殘破不堪的卡斯伯特行走。不過幾星期後出現一次機會，她掌握了這次契機。

她的獄友——巴塞隆納的一名妓女——即將刑滿出獄。維吉尼亞刻意親近她，請她幫忙偷渡一封加密的書信給美國領事。這名獄友獲釋之後，立刻盡責地傳信。這封寫給「親愛的尼克」的信，表面上只是無關痛癢的閒話家常，聊聊維吉尼亞的健康和她的朋友，但實際上，這封信隱藏了關於她的所在位置，以及她要求緊急協助她出獄的祕密訊息。信的結尾寫道：「在此向所有人致上最高敬意。我祈求好運，並且和往常一樣幹勁十足、昂首闊步。V. H.筆」[13]。破譯出祕密訊息後，美國外交人員迅速行動。多虧了西班牙當局協力干預（很可能涉及金錢交換），一週之後，正當維吉尼亞即將被轉移到另一座監獄（或者她戲稱的「退休之家」[14]），她獲准假釋出獄。

終於置身安全的巴塞隆納領事館，維吉尼亞洗了一個熱水澡，躺上一張乾淨得有如天賜之福的床，然後向已經好幾個月焦急地等待消息的母親報平安。允許自己休養兩天後，她再度急沖沖地展開行動。她發電報給《紐約郵報》，請對方寄給她五百美元（貝克街很快償還了這筆款項），外加前往英國的簽證和緊急護照。她透過外交郵包交給特別行動處一份冗長的報告，內容包括她對留在里昂的人員與物資的精心安排——當然，她對所有逮捕行動一無所知。她強烈要求貝克街「盡一切可能」，幫助她在庇里牛斯山的同伴——古特曼和阿里伯特——從埃布羅河畔米蘭達的集中營獲釋，表明希望日後和他們合作。她堅定地說，她的主要目標，就是「盡速」返回一線——只要倫敦能幫助她「稍微改變容貌」[15]。一如既往，維吉尼亞已經把所有事情都計畫好了。

聽到她的消息，貝克街喜不自勝。他們祝賀她獲釋，但是行政上的一波三折，意味著維吉尼亞一個月後才能前往里斯本，然後再等將近兩個月才能抵達倫敦和他們重逢。在此期間，她必須保持低調。然而，在這座被稱為間諜毒蛇巢穴的城市，她無力阻止里斯本的國安人員通知阿勃維爾，她已經在一九四三年一月十九日搭乘英國海外航空公司（BOAC）的飛翦號飛機前往倫敦。抵達英國後，一輛晶亮的漢伯（Humber）加長型禮車接她前往倫敦，進入歐茶路的那扇拱門。她爬了兩段階梯到了六號門口，門房帕克開門歡呼：「太好了！」接著，巴克馬斯特被煙斗煙霧團團圍繞的瘦小身影映入維吉尼亞眼簾[16]。

他、薄丁頓，以及F科新來的一位重要成員——情報官薇拉・艾金斯（Vera Atkins；巧的是，她之前就透過國務院的共同朋友埃爾布里奇・德布羅見過維吉尼亞）——歡天喜地迎接維吉尼亞。這位不平凡的美國人在一線的存活時間，超越了其他任何一位情報員。她躲過德國人的抓捕，並無懈可擊地維持她的記者掩護身分。她建立了廣大的情報網、拯救許多人員、提供最高等的情報，讓特別行動處的旗幟在戰亂中始終迎風招展、屹立不倒。她堪稱隻手為即將來臨的偉大抵抗戰爭，打下了紀律與希望的基礎。她甚至以一條木腿，翻越了被冬雪覆蓋的庇里牛斯山。奇蹟似地，F科贏了這把豪賭，一個傳奇業已誕生（起碼在特別行動處的嚴密範圍內）。實際上，一份官方報告判定，「無庸置疑」，若不是她，英國在法國的情報工作「絕無可能」[17]得到任何進展。

然而，對於這次回歸，維吉尼亞有些不適應。儘管兩天前的另一場倫敦大轟炸將許多街道夷為一堆瓦礫，但許多從納粹占領地返國的情報員，覺得英國瀰漫著一股奇怪的自滿氛圍。邱吉爾和羅斯福正在卡薩布蘭加商討作戰方針，發出一份激動人心的宣言，要求德國無條件投降。不過，之前在法國每天為了生存而激烈作戰，此刻在總部的生活，八成令維吉尼亞覺得索然無味。當然，她終於有時間好好休養身體，並且將卡斯伯特交給羅漢普頓（Roehampton）瑪麗王后醫院的義肢專家進行修復、重新裝上鉚釘。威廉·辛普森陪她一起上醫院，因為他剛好要安裝一隻假手。兩人交談時，辛普森對她的成就發出讚嘆。「打死我也無法想像那怎麼可能辦到，」對於她的庇里牛斯山逃亡過程，他驚呼不可思議；然而，她「看起來身體健康，精神抖擻」[18]。

維吉尼亞詳盡彙報工作，並說出她對優秀幹員（盧賽）和不良幹員（阿朗和卡爾特）的看法，以及持續欠缺無線電發報員與發報機所導致的危險。她也再次質疑阿萊什的身分。倫敦終於將各項證據拼湊起來，查明他可能是此次戰爭最危險的雙面間諜。不過，在她腦中縈繞不去的，不是她的幸運脫險，而是朋友們的命運。當接下來幾星期，倫敦接二連三接到情報人員被捕的消息，她的良心越來越受折磨。如果不是她一開始招募他們，並允許神父接近情報網，他們怎麼會落網？這難道不是她的錯？她怎能自己抓住機會逃生，卻拋下他們，任由他們自求多福？即便在最黑暗的時刻，維吉尼亞也無法想像那麼多曾幫助她生存的人竟會遭到背叛。不論多麼危險，她知道她必須回去。那是她欠每一位仍持續奮戰的同志的。

雖然德國占領法國南部，令德國人更肆無忌憚地施加暴行，但倫敦有許多人樂見其成。那將納粹的資源延展到了極限，並激起人們加入抵抗運動。當敵人的坦克、軍車和部隊踏遍全法國的街道，老自由區的民眾再也無法自欺欺人地認為戰爭和他們沒有直接關係。沒有人能夠倖免。如果有人被抓到窩藏盟軍人員，全家大小可能會被就地槍決——不論其他家人知情與否。有時候，情報員藏匿的公寓，整棟大樓的無辜住戶都得付出終極代價。邱吉爾認為納粹的這類殘暴行為，對戰情起了直接幫助：「殉道者的鮮血，」他在那年後來的內閣國防委員會會議上說，「是教會的種子」[19]。

維琪政府也被拆穿了真面目，就連一開始支持貝當的人都幡然醒悟。他不再被視為國家的救星。當法國警方默許用意明顯的「公共衛生」行動，每星期將數千名猶太人——包括兒童、女人和老人——遣送出境，輿論變得更加冷酷。囂張跋扈的法蘭西民兵（Milice）——成立於一九四三年一月的維琪版蓋世太保——利用對地方的瞭解而滲透、鎮壓、拷打自己的同胞，進一步引發民眾反彈。民兵統領是一名法裔的黨衛軍成員，穿著黑衫的民兵（絕大多數是幫派分子，或有錢的死硬派保皇黨青年）帶著剛剛擄獲的武器招搖過市；就連某些德國人都對他們的嗜血感到噁心。不可思議的是，在法蘭西民兵的成員當中，每六人就有一人是女人[20]。

一九四三年初，支持同盟國的法國青年開始公開表示效忠；他們得意洋洋地閱讀《西線無戰事》（*All Quiet on the Western Front*；一部基於其和平主義訊息而令納粹害怕的德國一戰小說），或者隨身攜帶兩支釣竿（法語是「deux gaules」，跟戴高樂的名字諧音）[21]。到了一九四三年三月，這些溫和的示意姿態轉變成大規模的民眾反抗；當時，原本零星抓捕法國人送往德國軍需品工廠做奴工的行動（正如維吉尼亞和奧利佛在馬賽驚險脫逃的抓捕行動），轉變成由法國人主持的、系統性的遣送年輕男子，甚至女子。納粹要求以一百五十萬法國工人，取代已死亡、被俘，或者在戰爭中受傷的德國人。對法國人來說，有危險的不再只是外國人或陌生人；十九歲到三十二歲之間的每一個兒子、兄弟、丈夫和父親都可能被強徵到德國。逃避強制勞役令的唯一辦法，就是想辦法躲起來。南方的年輕人遁入「馬基」（maquis）——科西嘉島山間常見的濃密而低矮的灌木叢。強制勞役令頒布不到一個月，「走進馬基」就成了法國各地的流行用語，不再只意味逃進野生地帶，更意指如今躲在任何地方形成抵抗勢力的一群群男人。就這樣，最循規蹈矩的法國人成了日常的不法之徒。成千上萬人祕密聚集在山間的小屋和洞穴、森林和偏遠的高原，靜靜準備，等待和占領者作戰的那一天。法國終於開始反抗，民族尊嚴逐漸甦醒。人們熱情澎湃地唱著《馬賽進行曲》的一段歌詞：「同胞們，武裝起來吧，組織屬於你們的軍隊！」

接下來幾個月，在法國東南部各地與中央高原，游擊組織和德軍以及維琪警方的爪牙爆發數起零星的武裝衝突。這些不法之徒雖然欠缺領導者、訓練、經費、武器、彈藥，甚至是策略或食物，仍因盟軍在其他地方反敗為勝而士氣昂揚。雖然還看不到戰爭的終點，但德軍已不再被視為所向無敵。二月間，歷經五個月的圍攻，蘇聯紅軍在史達林格勒殲滅德意志國防軍。八月底，蘇聯打贏庫爾斯克（Kursk）會戰，一舉將德軍趕出俄羅斯領土。盟軍成功登陸北非後，五月間繼續攻佔中東地區。這促成盟軍在七月間登陸西西里島，並在不久後推翻墨索里尼政府，在歐洲戰場得到重大進展。於是，當盟軍在英國集結，開始準備等待已久的進軍法國行動，希特勒已在許多個戰場打得焦頭爛額。謠言沸沸揚揚，顯示盟軍最早在秋天就可能打進法國。

然而，比起戰爭開頭幾年，法國如今是個更加凶險的地方。第三帝國受到威脅，開始轉攻為守。克勞斯．巴比井井有條的恐怖王國，持續鎮壓里昂殘存的抵抗勢力。一月，三個法國地下團體進行合併，成立「祕密軍隊」（Armée Secrète）組織，但六個月後，他們的精神領袖讓．穆蘭在城市裡被捕，遭巴比連續刑求兩星期後死亡。穆蘭過世後不久（他始終守口如瓶，沒有洩漏任何祕密），蓋世太保逮捕了特別行動處最大情報組的組長法蘭西斯．蘇蒂爾，導致法國北部與中部數百人落網，德國人擄獲特別行動處的更多台發報機和武器。然而，儘管得知整個「昌盛」小組都已暴露、不應該跟他們有任何接觸，當幾天後一台發報機開始傳送訊息，就算訊息中欠缺關鍵的安全密語，貝克街仍拒絕相信那台發報機已落入德國人之手。巴克馬斯特最後終於弄清楚來龍去脈，卻持續傳送命令，甚至將更多情報員和武器送進那個地區。如此明顯的漫不經心，導致許多人指控貝克街犯下了致命的疏失。

很有可能的情況是，貝克街似乎認為犧牲只是換取更大獎品的必要代價。科林・格賓斯（Colin Gubbins）准將（受過一次大戰與愛爾蘭的滋擾淬煉成鋼的資深軍人，繼查爾斯・翰布羅〔Charles Hambro〕爵士之後出任特別行動處處長）在一份備忘錄中指出：「在西方戰場，法國占據最重要的戰略地位。因此，我認為特別行動處應該認定，在這個戰場蒙受重大傷亡是無可避免的事。但那將能產生最大的報償」[22]。因此，更多情報員被派進附近地區以及巴黎以南，卻在抵達後短短幾天內遭納粹拘捕。其中有些人是緊急徵召而來的女人，用來填補無線電發報員持續遭逮捕而留下的缺口。儘管努爾・艾娜雅特・汗（Noor Inayat Khan；一名印度穆斯林貴族女人）被她的特別行動處指導員判定暫時不適合執行地下工作，仍被派到一個顯然已經暴露的情報組。訓練期間，她曾在模擬的蓋世太保審訊過程中崩潰，不過由於急需更多無線電發報員，巴克馬斯特把有關她情感脆弱的警告斥為「無稽之談」。她被逮捕，與另外三名特別行動處女性幹員在達豪集中營遭處決，直到最後一刻始終保持勇氣。

抵抗運動在腥風血雨中展現了不凡的韌性。感謝維吉尼亞的長期努力以及她的招募與組織天份，F科在法國各地基礎穩固，眼線又密又廣，F科的勢力不會被輕易撲滅。貝克街終於認真看待她對於遴選幹員的警告，事實上，他們也不再像以往那麼天真。如今，他們會在訓練期間，派專業的狐狸精勾引男性幹員，看看他們的行為表現，測試他們適不適合從事這項工作。由心理學家組成的新的評估小組，負責剔除早年讓貝克街著迷不已的自大狂。在充斥著業餘人士的世界裡，維吉尼亞的專業讓每個人看清他們能做到什麼，以及究竟該怎麼做。她本人或許已退出一線，但她的傳奇生生不息。

當一九四三年在驚滔駭浪中慢慢渡過，尚存的特別行動處小組在法國發動了一次破壞攻擊。工廠、飛機、鐵路隧道、閘門、電塔和火車接連被炸翻了天。這象徵維吉尼亞精心安排並協助推動的游擊戰已正式開打。貝克街開心地認為，「我們在一線的組織（如今終於）足夠壯大，不容忽視」[23]。傳特後來總結道：「特別行動處首次可以聲稱他們已達成當初設立的目標，成功撼動敵人在法國的高層」[24]。四月二十四日，塞爾伯恩勛爵（Lord Selborne）——接替休．道爾頓主掌特別行動處的內閣大臣——向參謀長報告說，「法國的抵抗運動浪潮正穩步成長。破壞行動四起，而且大部分都在特別行動處的掌控之下。抵抗運動無疑……幫助人們團結起來反抗敵人……〔而且〕只要能取得充足物資，可以為正規軍事行動提供非常有效的支援」[25]。即便這份評估報告或許有點一廂情願，維吉尼亞也只能坐在倫敦的辦公桌隔岸觀望，為自己不再上陣領導行動而鬱悶不已。

一九四三年五月十七日，維吉尼亞以《芝加哥時報》海外通訊員的新偽裝身分，在大風中降落馬德里附近的一座機場。這份工作是用來安撫她不再位居行動核心的挫折感：既能避開在法國被追緝的危險，又能遠離過去幾個月在倫敦的可怕辦公室工作。她接到的命令是認真投入記者工作幾個月以坐實她的偽裝身分，然後再展開她真正的任務——在西班牙為法國抵抗運動逃亡者設立安全庇護所和逃生路線。雖然她會說西班牙語，但這是一次奇怪的任命，或許是因為沒有其他更好的解決辦法才做的不得已安排。

根據英國大使（前外交大臣、著名的綏靖主義分子）塞謬爾・豪爾（Samuel Hoare）爵士所言，馬德里到處是德國間諜[26]。在這座城市行動會讓敵人更熟悉她的面容和姓名，而當地的阿勃維爾（佛朗哥允許他們在當地行動）也已開始留意她。然而，維吉尼亞接到指示，不要去隱密的英國大使館會見特別行動處的西班牙站站長（內部代號H／X）——因為豪爾大使認為特別行動處的幹員「惹的麻煩高於他們的價值」[27]。相反的，她必須等待事先安排好的會面機會，視H／X的方便，在她必須於滯悶的馬德里熱氣中參加的某個雞尾酒會見面。她被告知，此後的一切行動都必須事先徵得他的許可，跟她在法國時期得以見機行事、自由發揮的情況大不相同。她也必須準備好接受任何任務，不論任務多麼卑微——包括在畢爾包（Bilbao）和馬德里之間傳遞訊息、低位階但高風險且費時的聯絡員工作（這是她在法國早就交給別人負責的角色）。不可思議的是，儘管她一再成功幫助飛行員、情報員、抵抗人士和難民逃出法國，H／X仍判定她不夠資格獨當一面主持逃亡路線，只能從旁協助。這或許是因為她的本事讓他感到威脅，或者因為他壓根不相信關於她的事蹟的種種傳聞。無論如何，H／X對她的才華不屑一顧，認為「她最大的用處」，無非圍繞著「舉辦或參加茶會等活動」[28]的傳統女性工作打轉。然而最重要的是，*DFV*（她的新代號）必須受到嚴密控制。「如您所見……我們已竭盡所能管住*DFV*，讓她毫無藉口在取得您的許可前採取任何行動，」她的直屬上級DF對H／X誇口，「我想像不出霍爾小姐會給您造成任何麻煩」。

同樣羞辱人的，還有財務上的打壓。為了坐實她的《芝加哥時報》員工掩護身分，她的薪資是以美元支付，但她的新上司強迫她以不利的黑市匯率將薪水兌換成比塞塔（譯註：西班牙貨幣），故意壓低她實際拿到的金額。DF認為維吉尼亞微薄的兩百五十美元月薪，和她「能提供的服務」相比，「高得不成比例」。他認為她的實得工資（其實只略高於大使館打字員的薪水），「或許應該降低一些」[29]。

這一切在在令人寒心。雖然維吉尼亞並不特別在意金錢，但她知道這些折騰反映出再度受到雇主貶低。最糟糕的是受排擠的感覺。當然，維吉尼亞想要的是前往六百英里外的法國南部、置身真實行動的核心。但這個心願被特別行動處高層斷然拒絕。她已經暴露了，永遠不可能回去。言盡於此，多說無益。就連她希望受訓成為無線電發報員的請求也被駁回；她被告知，西班牙不需要任何發報員。她也不應該跟馬德里的同胞建立任何關係；她那一板一眼的新上司認為，跟美國人這類（在里昂救了不少人命的）「相互交流」並不可取，尤其因為美國如今也終於加入了情報戰爭。事實上，第一位空降進入法國的美國情報員佛洛奇（E. F. Floege）已於六月十三日抵達，在勒芒附近成立破壞行動小組。

在這種情況下，七月間傳來她獲頒MBE（大英帝國員佐勳章，比她前一年申請被拒的司令勳章低了幾階）的消息，或許無法帶給她太大安慰。貝克街對她「實至名歸的榮譽」，致上「最衷心的祝賀」——不過由於她還在一線行動，所以無法公開表揚或慶祝。

一如既往，維吉尼亞努力克服各種障礙——或許也試著防止憂鬱症復發——全心全意地投入工作。隨著夏天降臨，逃亡者也源源不絕地越過庇里牛斯山而來。她會用「佛羅倫斯的狗生了五個崽，重複，五個崽，其中一個是母的」（意味又有五人越過山嶺，其中一個是女人）這類訊息，向倫敦通知新一批人抵達。接著，維吉尼亞會為他們提供在西班牙的安全庇護所和文件，幫助他們經由英屬直布羅陀或葡萄牙回到英國。但這兩條都是慣用的路線，安排起來毫不費力。

然而，她很高興能幫到她的外甥——在利摩日發揮很大作用、英勇無比的馬歇爾．萊夏和以利沙．阿拉德。這兩人在臭氣熏天的西班牙監獄苦熬八個月後，又瘦又累地抵達了馬德里。一九四二年十二月，在她走後一個月、「情勢變得太火熱」[30]時，他們倆也設法離開法國，卻因沒有文件而在火車上被捕。如今維吉尼亞在西班牙幫助逃亡情報員的消息傳開來了，兩人獲釋之後，理所當然地前往馬德里，探望他們始終放在心上的姨媽。對自己的職務感到既乏味又失望的維吉尼亞，很高興能跟他們倆團聚，尤其是萊夏，後者的黑色幽默總能把她逗得非常開心。她認為他是她吸收過最勇敢的情報員，而他似乎和阿拉德密不可分，所以她安排兩人一起前往倫敦接受特別行動處的正規訓練，以便日後重返法國行動。她為他們提供從葡萄牙返回貝克街的必要文件，兩人終於在十月十日抵達。

即便如此，這些事情對她易如反掌，根本佔據不了太多時間。而當法國在德國占領下飽受蹂躪，在馬德里琳瑯滿目的盛宴中吃烤乳豬、喝香檳的念頭，令她感到十分沮喪。她請母親寄來給卡斯伯特用的特殊滑雪器材，決心重拾她最愛的運動——當然，她得等到冬雪降臨才能踏上滑雪坡道。她渴望在眼前的幾個月發揮作用，因此寫信給巴克馬斯特，提議為F科的老同事監看法國與德國的報紙。

不過到了九月，維吉尼亞受夠了。她認為自己已經給這份新工作「四個月的努力」，但留在馬德里無非「浪費時間和金錢」。和外甥的相聚喚醒她重返法國的渴望，正如她幾天後在給F科的一封信上說的，「我有幸在此地找到我的兩名男孩，並把他們送交你的手上。他們希望我一起回歸，因為我們以前曾一起工作，合作無間……我提議由我回去擔任他們的無線電〔發報員〕」。她相信「儘管某些人心存懷疑」，但她會「很快抓到竅門」，況且，在法國還有那麼多事情需要做，有什麼道理留在這個死氣沉沉的地方？「當初來到這裡，我以為自己有能力幫助F科的人員。但我沒能做到……我只不過在這裡過著舒適的生活，虛度光陰。畢竟，」她補充說，「我的命是我自己的事」，而且「由於戰爭尚未結束」，她「願意豁出性命」。她強烈要求重返法國，接著寫道：「我認為我可以聯合我的兩個男孩為你服務；他們也認為我可以。我相信你會答應讓我們一試，因為對於這場該死的戰爭，我們三人抱著滿腔熱血」。她向F科全體人員致意，並說她讓「男孩帶了很多檸檬」到倫敦送給巴克馬斯特太太（柑橘類水果如今在倫敦非常稀有），署名：「*D F V* 敬上」[31]。

巴克馬斯特的回信一開始充滿感情，而且和那個時代矜持的英國人一樣，為女人想出一個他認為很可愛但有點無厘頭的綽號：「最親愛的塗鴉，你真令人驚嘆！」但他立刻嚴肅起來。「我知道妳可以很快學會無線電操作，也知道男孩們渴望妳重回一線。我對妳的能耐心知肚明，但只因我衷心相信蓋世太保會在一兩週內得知妳的回歸，我才拒絕你的請求。最親愛的塗鴉，不可以。」他提出警告，她不可能「超過幾天逃過被捕的命運」，聲稱「原本相對而言的小打小鬧，如今成了真正的戰爭」。縱使她能照顧好自己，她的存在也會為其他人帶來危險。「德國佬擅於耐心追蹤，只要抓到機會，他們遲早會順藤摸瓜，破解整個組織。我們不會派出任何一個像妳如此引人注目的人，給他們一丁點機會。」他肯定可以想像她的失望，所以他試著放低姿態，不讓對方太難堪：「我知道你的心向著F科，也知道F科非常想念你」，並建議她回到倫敦，「擔任男孩們的任務說明官」。他知道她不會願意被另一份文職工作綑綁，因此表示只要盟軍開始攻打法國——不論什麼時候——她就「可能」有機會重返一線。最後，他承諾在她的外甥抵達倫敦後好好照顧他們，落款時寫下，「致上我們所有人的愛」。

巴克馬斯特只不過是在盡自己的職責，而且他說得沒錯，維吉尼亞已徹底暴露。況且，在這新的戰爭階段，當初讓她成為傑出情報員的性格特質，恰恰會蒙蔽她的雙眼，使她看不清自己以及特別行動處的處境。然而，就連他也不知道德國人究竟掌握了多少關於維吉尼亞的情報。透過刑求數十名幹員並攔截特別行動處的訊息，他們已對她、她的工作和她的情報網，拼湊出一個高度詳細的面貌。就連她的老同志彼得・邱基爾，也在巴黎福煦大道八十四號的刑訊室，對納粹確認她的詳細資訊。全身髒汙、失去眼鏡、飢腸轆轆而且知道自己命懸一線，歷經六個月的隔離監禁並且經常被打到昏迷不醒後，他崩潰了。無論如何，他相信她已成功逃出法國，再也不會回來。再說，他四月間剛被捕時（再次歸功於阿勃維爾的布萊謝爾中士），德國人在他的口袋裡搜出維吉尼亞的舊電話號碼[32]。巴克馬斯特也不知道，不久後，軍情六處將刻意對德國人洩漏維吉尼亞的真實姓名以及她在里昂的確切角色——同樣的，他們認為她絕無可能重返一線。這個競爭的英國情報機構在英國逮到一名德國情報員，擄獲了一台發報機，關於維吉尼亞的詳細資料，是用來取信德國指揮官的黃金訊息，目的是讓對方相信旨在誤導德國人的、關於盟軍跨海登陸地點與時間點的大量不實情報[33]。結果是，到了一九四三年底，整個德國情報網都知道維吉尼亞的名字、描述與角色。她仍然是法國情報戰爭中一個核心人物——即便她自己並不知情。

當維吉尼亞在馬德里的上司得知她有意離開，他們並不打算慰留。她的作戰紀錄，時時刻刻尷尬地提醒他們自己相對安全與舒適的生活。對於慢吞吞的官場，以及私心根本不願意幫助情報員的某些人來說，她雷厲風行的作風有如芒刺在背。有時候，他們直接表明不願配合。讓－馬利．雷格尼爾（Jean-Marie Regnier）——維吉尼亞在里昂的寶貴線人之一——從蓋世太保手中死裡逃生，好不容易逃到西班牙，卻被英國大使館安置在一個惡名昭彰的雙面間諜經營的馬德里旅館。說句公道話，就算其他人容不下維吉尼亞，逃亡的抵抗分子也會懷念有她在西班牙的日子。

維吉尼亞趕在耶誕節前回到倫敦，被指派配合薇拉．艾金斯工作，後者的職責是照顧即將被派出去執行任務的情報員。由於盟軍已開始如火如荼為登陸做準備，而抵抗運動在其中扮演重要角色，貝克街的行動規模正迅速擴大。她忙著聽取返國情報員的報告、培訓即將出任務的人，但也找到時間探望老朋友，包括英國人和美國人。她的同胞遍布倫敦，都被這座做為盟軍歐戰軍事行動計畫中樞的首都吸引而來。但是她從未放棄受訓成為無線電操作員的目標——她非常清楚前線對鋼琴師的迫切需求，以及這項工作嚇人的致死率。她也知道和倫敦的直接聯繫能給與一線情報員一定的力量，她不願意再次退縮。如果沒有其他辦法，她願意自己付錢上六星期的課[34]。

維吉尼亞果然在牛津郡泰晤士公園的特別行動處無線電學校展開新的一年，一心希望善用盟軍迫切需要在夏天登陸以前，派遣更多無線電操作員進入法國的事實。學員在各種不同的發報機組前展示自己的本領，包括新的第三型B2發報機；這種輕便的機型大約二十磅重，不到舊機型重量的一半。她在附近鄉間的一棵大樹架起天線，練習傳送摩斯密碼的技藝，必須達到每分鐘至少送出二十五字的成績。基於她輝煌的行動紀錄，維吉尼亞顯得和其他同學大不相同。五十二號專業學校（Specialist School 52）不知道該如何對待她，尤其因為她到校之前，沒有照正常程序完成身家調查。校方請示貝克街，是否有「不該在她面前討論的話題」。同樣令他們困擾的，還有維吉尼亞表示希望每週六都能返回倫敦──其他學員一般都留在校園內，直到結束受訓。泰晤士公園的人不知道她為什麼想去倫敦，也不知道她要拜訪誰。所有事情都太不符合常規[35]。

一九四四年一月，在她某一次神秘的倫敦之旅後，軍情五處接到美國戰情局對那位美國記者──維吉尼亞．霍爾小姐──的詢問。戰情局是在一九四二年六月由羅斯福總統創立，相當於美國版的特別行動處和軍情六處，在倫敦格羅夫納街七十號設了一間守衛嚴密的辦公室，離美國大使館不遠。戰情局的創立過程歷盡艱辛，因為美國軍方、甚至白宮幕僚大力反對，唯恐出現由「三教九流的華爾街經紀人、常春藤盟校書呆子、軍事冒險者、廣告人、新聞人、特技演員、竊賊和騙子」構成的卑鄙齷齪的情報機構[36]。（事實上，除了後勤部門，絕大多數人員都是男性。）美國沒有偉大的諜報傳統，而且國內普遍厭惡職業的諜報工作，戰爭部長亨利．史汀生（Henry Stimson）一九二九年發表的談話生動地總結：「紳士不會偷看別人的信」。在那之前，情報的蒐集始終是零星而個別的活動──有些人將日軍偷襲珍珠港的災難結果歸咎於這項事實。神氣活現的戰情局局長──「狂野比爾」威廉．唐諾文（William Donovan）將軍──的想法就不同了。這位輪流穿畢挺軍裝和瀟灑的薩佛街西服的將軍，向英國海軍情報局伊恩．佛萊明中校借鑑，承諾替羅斯福找到各種懂得「審慎冒險」、「大膽而有紀律」的人，並「訓練他們投入積極的行動」[37]。作為回報，總統給他幾乎無限制的政府經費，供他在上流社會圈子到處撒錢招人。然而，儘管美國東岸不乏人脈很廣的菁英分子供他招募（使得戰情局的英文縮寫OSS被戲稱意味著「Oh So Social」——「噢，多熱鬧的社交」），但有些事情是花錢也買不到的——尤其是一線的實戰經驗。「那些第一批抵達倫敦的戰情局幹員，」當時服務於軍情六處的諷刺作家馬爾科姆．蒙格瑞奇（Malcolm Muggeridge）寫道，「我對他們記憶猶新；他們猶如花影下的少女……清新而天真地降臨，開始在我們這個無情的老情報窯子裡工作」[38]。

戰情局浪費時間執行一些不切實際的行動，例如在希特勒的食物裡摻入雌激素，好讓他掉鬍子，或者在花叢間灑芥子毒氣，設法令納粹將領失明。它的英國夥伴仍然把它看成小嬰兒（甚至帶著屈尊俯就的味道），但唐諾文覺得，他跟羅斯福之間的聯繫，日益受到李海上將阻礙；後者是曾與維吉尼亞接觸的駐維琪大使，此刻已回到華府擔任羅斯福的最高軍事顧問[39]。李海肯定持續對情報世界抱持疑心，如今尤其不信任唐諾文。戰情局至今尚未在法國成立任何情報組的事實（相較之下，特別行動處有超過三十個情報組[40]），以及顯示「士氣惡化」的內部報告，在在令戰情局的角色更加尷尬。

戰情局若要贏得英國人、美國軍方，以及最重要的——總統——的肯定，需要派遣有經驗的情報員進入一線，為D日鋪路。他們必須有能力煽動並指揮一場前所未見的游擊戰爭，藉此分散敵人的資源、削弱它的力量。這樣的前景讓熱愛冒險的唐諾文興奮得「像賽馬一樣噴著鼻息」[41]——但在他們當中，有誰真的有能力做出如此「大膽而有紀律」的行動？華爾街大亨J・P・摩根（J. P. Morgan）和安德魯・美隆（Andrew Mellon）家的貴公子，和來自智威湯遜廣告公司的那群瘋子，在戰情局總部穿著A＆F的名牌設計野戰服；他們是一群新手，無法跟「在飽受蹂躪的歐洲掙扎求生……鋌而走險的騙子」[42]，或蓋世太保和法蘭西民兵等「冷酷無情的背叛者」[43]匹敵。狂野比爾逐漸明瞭，儘管那些富裕的普林斯頓畢業生可以夢想跟法國共黨游擊隊並肩作戰、跟他們以同志相稱，但戰情局需要不一樣的人——那種熟知德國人的手法，並能避開第三帝國各種陷阱的人。不合常規的人可以打一場不合常規的仗。情報戰爭到此刻，力量已經從經驗豐富但疲憊不堪的英國人之手，轉到強大卻未受檢驗的美國人身上。所以，戰情局急切地尋找已在敵後證明自身價值的美國情報人員。這樣的人有如鳳毛麟爪，但有個人突如其來地走進了大門。

在此同時，軍情五處回覆戰情局對維吉尼亞的查詢，表示他們「沒有理由」[44]懷疑她的可靠性；當然，他們並未透露她是特別情報處的三八四四號幹員，曾深入敵後締造無可比擬的輝煌紀錄。美國戰情局已經知道這些事情；這正是他們提出查詢的原因。

第九章 有帳要算

一九四四年三月二十一日的月黑之夜，兩名先鋒抵達布列塔尼的貝根富萊（Beg-an-Fry）海灘，為盟軍即將進攻法國北部的行動做準備。這對精選的搭檔前一晚在托基（Torquay，英國西南部城市）濱海渡假村附近的旅館待了一夜，今晚搭乘英國皇家海軍的砲艇衝過英吉利海峽而來。其中一人是一名上了年紀的農婦，她用一條類似俄羅斯巴布什卡（babushka）的披肩把自己裹得嚴嚴實實，還帶了一個沉重的手提箱。她率先上岸，從塗了迷彩的小艇攀上岸邊的岩石，遠離上漲的潮水。一名男性身影跟在後頭，但他在黑暗中扭傷了膝蓋，當婦人幫忙查看他的腿時，他按耐不住地大聲嚷嚷起來。他們攀上岬角的狹窄小徑、穿越荊豆叢、踏上走向最近車站的漫長道路；他一路上怨聲連連，不停吐苦水。然而，他們照理不可以說話，以免驚動附近碉堡裡的德軍，後者隨時會打開探照燈、開始射擊。

頭髮花白的亨利．拉索（Henri Lassot）有一張蒼白的臉、稀落的鬍子，戴著一副圓眼鏡，是個職業畫家，天生愛抱怨——不過，他的戰情局長官很器重他，認為他那蒼老的氣質是一種高明的掩護。這位化名「阿拉米斯」的美國人六十二歲，老得可以當他搭檔的父親，因為後者其實才即將過三十八歲生日。維吉尼亞——或者戰情局口中的黛安——費了好大一番功夫改變容貌，看起來彷彿已經六十好幾。年輕時，她喜歡做標新立異的打扮，但為了這次任務，她把自己扮成庸俗而邋遢的婦人。她把頭髮染成骯髒的灰色，用木頭髮夾盤起來，嚴肅的髮型讓她的五官更顯鋒利；好萊塢的化妝師教會她如何在眼睛周圍畫出幾可亂真的皺紋；鬆垮的羊毛罩衫和好幾條有襞摺的及地長裙讓她的身型看起來擁腫不堪，並隱藏了她的點三二口徑柯爾特手槍；而且，她讓一個令人害怕的倫敦女牙醫，把她那一口整齊潔白的美式牙齒磨成法國鄉下農婦該有的模樣。對一名農婦而言，她五呎八吋（約一七二公分）的個子實在太高了，但她的服裝是由倫敦牛津圓環後頭一家祕密作坊的猶太難民縫製、作舊，並嚴格審查過的，確保它們看起來很真實——精細到連扣子的縫法都不露破綻，因為法國人偏愛雙排的平行縫法，而英國人和美國人則喜歡十字交叉的縫法。她甚至學會拖著腳步行走，改變她那有名的步態。

效果非常驚人，但戰情局認定，單靠維吉尼亞的偽裝還不夠，他們「為了她自身的安全，要求她大幅整容」。不過，她拒絕動刀，也許因為手術會讓她想起土耳其意外事件後的種種經歷。無論如何，這種做法非常勇敢——而且極不尋常。其他幾名已暴露身分的情報員，都同意（甚至要求）在重返一線之前整容，莫札克越獄者喬治．朗格蘭就是其中之一。兩次大型手術打破了他的尖下巴，植入取自他骨盆的一塊骨頭，讓他的臉型變得比較圓潤；除了這個痛苦的過程，他還戴上眼鏡、將頭髮分往另一邊，並蓄上鬍子。幾番折騰之後，就連最親近的家人都認不出他來。

鑒於在她逃離里昂六個月後，全法國的德國軍警仍以最高警戒搜捕那個瘸腿女人，維吉尼亞拒絕整容顯得更加了不起。蓋世太保給她取了「阿緹密絲」（Artemis）的代號——希臘神話中的狩獵女神；對他們來說，獵殺她仍是一種特別引人入勝、甚至邪惡的消遣娛樂。她的追逐者知道她經由葡萄牙返回了英國。如今，維吉尼亞必須不計一切代價，防止他們查出她已重返法國。

即便如此，這樣的裝扮對她即將在一線扮演的角色而言，仍然太不尋常，遠遠超越她的新小組——編制小得出奇的「聖人」情報組——給她的命令。她的正式任務是在巴黎以南的法國中部一帶——涵蓋德軍剷除特別行動處「昌盛」小組、幾乎成了盟軍情報員禁區的危險地帶——替情報員和無線電發報員尋找安全祕密據點。戰情局總部清楚表示阿拉米斯是她的上級（並給他一百萬法郎經費，任憑他使用），而黛安則是他的助理兼發報員（酬勞是五十萬法郎）[1]。美國仍然認為派女人執行準軍事行動有可能引來非議，而對她委以大權，根本是不可想像的事。美國在珍珠港事件後急速擴張兵力，軍方新招募的女性成員（從未接近前線，更別提深入敵後），被某些男性同袍貼上妓女或所謂「蕾絲邊禍害」的標籤。曾有女飛行員駕駛戰鬥機，但只負責往返工廠，從未加入戰鬥；平常最接近戰火的女性，就是護士。然而，在一線聽命於毫無經驗的阿拉米斯，絕非維吉尼亞可以長期忍受的狀況。她也不可能甘於屈居綁手綁腳的支援性角色。她從一開始就抱著更大的野心，如今既然回到了法國，她有一筆帳得好好算算。

從她的上一次任務迄今，這個國家經歷了許多風雨，氣氛改變許多。維吉尼亞始終保持宏觀的視野，抵達法國之前就已看清，組織游擊軍隊發動攻擊的時機成熟了，應該實際投入行動，不該再像從前那樣成立情報組來觀察或籌備。正如一位特別行動處官員所說，「我們花了兩年半時間不停搧風，如今即將捲起扶搖直上的旋風」[2]。確實，大家都知道好的領導與裝備能帶來怎樣的殺傷力——但兩者都嚴重欠缺。邱吉爾已下令英國皇家空軍在一九四四年的頭四個月，向法國戰士投擲超過三千噸的武器和補給品（包括濃縮食品和維他命）。即便如此，大多數游擊隊員仍然手無寸鐵、未經訓練、得不到好的指揮，並且餓得半死。有些人厭倦了等待救援，他們不再相信盟軍會發動反攻，放棄了援軍即將到來的希望。不過，擁有最佳領導人和裝備的組織，已開始利用他們新取得的資源炸毀彈藥庫和貯油槽、令火車脫軌翻覆，甚至攻擊個別的德軍或小型軍隊，展現了他們的能耐。現在，絕大多數的納粹占領軍開始擔心抵抗運動是貨真價實的軍事威脅，而不只是單純的反叛力量。格特・馮・倫德施泰特（Gerd von Rundstedt）元帥——德軍在法國的總司令——形容某些地區陷入「全面造反」的狀態，德國將士的性命「受到槍砲與炸彈的嚴重威脅」[3]。當全體抵抗分子開始接受戴高樂自由法國政府的指揮，這項威脅變得益發有組織性。希特勒不得不將一部分蓋世太保和黨衛軍部隊調離前線，在德國人自家後院發動極其血腥殘忍的反擊。他們急著在盟軍進攻之前肅清起義人士，在一九四四年開頭幾個月拘捕了成千上萬的抵抗分子。許多人遭到槍決，有些人倒地之前仍高聲吶喊「法國萬歲」。

三月間，位於薩瓦阿爾卑斯山（Savoy Alps）格利耶爾高地（Glières plateau）的抵抗軍據點，首先與納粹正規軍展開一場難分難解的激戰。但是，由於受到斯圖卡飛機轟炸，並遭到規模比他們大出二十多倍的德軍山地師包圍——而且得不到迫切渴望的盟軍支援——抵抗軍最終慘遭血洗。格利耶爾慘劇傳達出抵抗分子已積極投入作戰的響亮訊息，但也加速讓法國淪為血腥報復的煉獄。維吉尼亞離開以前，特別行動處幹員弗朗西斯・坎馬特曾警告倫敦，她負責的法國中部地區面臨「恐怖統治」，「農場被燒毀，人們遭到槍殺或吊死」。他補充說，「日子非常險惡。德軍不放過每一個人，哪怕只有一丁點嫌疑也會遭到德軍攻擊」。維吉尼亞非常清楚這些風險，但一想起里昂老友們的命運，她就充滿繼續前進的動力。她相信法國終於出現集結強大力量展開反擊的理想環境，能夠創造出團結一心的國家。不管怎樣，她都得算算舊帳，報仇雪恨。

翌日傍晚，當她和阿拉米斯抵達巴黎的蒙帕納斯車站，維吉尼亞的偽裝面臨了第一場考驗。蓋世太保圍繞剪票口，用犀利的目光打量過往旅客。她知道，要是被攔下來就完了。她的左臂痛苦地拎著行李箱，但她必須佯裝輕鬆，設法不引起懷疑，因為行李箱裡藏著她的無線電發報機；這個新的機型仍然重達將近三十磅。幸好，蓋世太保對這個腳步笨拙的鄉下老婦人興趣缺缺；她只不過車站廣大人潮中的一個平凡人。現在，她是以臥底身分行動，每次交手都攸關生死。

維吉尼亞加入戰情局特別行動部幾天後，就以新的化名瑪雪兒・蒙塔聶（Marcelle

Montagne）外出活動。她是整個二戰期間，少數幾名從英國特別行動處跳槽過來的一線情報員之一——這是維吉尼亞需要破除的另一道障礙。不過，她從不願說明自己為什麼想跳槽。「我相信，她希望調任的主要原因……是出於對國家的忠誠，」她的一名招募官如此表示，似乎對特別行動處禁止她重返法國的事情一無所知。「這位女士……身上流著美國的血脈」[4]。當然，真實的情況是，巴克馬斯特拒絕再度指派任務給她，跳槽戰情局是她設法讓自己重返一線的變通方法。或許從令她備感挫折的馬德里辦事員工作時期開始，她就已經在想辦法加入初創的美國情報機構，因為她知道戰情局非常欠缺經驗老道的情報員。她猜想，極度緊急的戰情意味著就連只有一條腿的女人都有機會闖入高牆——正如她在特別行動處的經驗。幸運的是，另一位老朋友派上了用場：原本在高檔的紐約瑞吉飯店（St. Regis hotel）當經理的威廉．格雷爾（William Grell），現在是戰情局倫敦分部的一名上尉；維吉尼亞利用在泰晤士公園無線電學校期間的神秘週末之旅，多次前來和他見面。一開始，維吉尼亞並未透露她已經在替特別行動處工作，不過格雷爾上尉認為她流利的法語以及駐法記者的身分或許很有用，因此安排她參加面試。維吉尼亞迫切地想要這份工作，所以她很快表示自己並非情報界的菜鳥。她待在敵區的時間，或許比其他幾個人加起來更長。更何況，她可以繼續跟特別行動處的老同事密切合作；這兩個情報機構已同意聯手行動，並在一九四四年一月於倫敦成立新的特種部隊總部（Special Forces Headquarters）。除了她的薪資支票和重返法國的自由，什麼都沒有改變。維吉尼亞再次如願，可是沒過太久，有一部分的她就但願自己沒有這麼做。

霍爾太太最初是從鄰居口中得知維吉尼亞的最新功績。戰情局的保安官大駕光臨，挨家挨戶打聽維吉尼亞，對她展開身家調查。她的母親緊張不安：芭芭拉知道維吉尼亞之前在做一件危險的工作，不過她始終不清楚實際情況。他們一家人等待偶爾從歐洲傳來的隻字片語，隨著客廳地圖上標明的戰爭進展，猜測維吉尼亞可能的去向。他們知道她曾在倫敦「休息」一陣子，不過，現在從這些政府官員唐突的拜訪來看（他們甚至沒有按照規矩說明自己的身分），她顯然又回到某個危險的地方[5]。或許是因為害母親擔心而感到內疚，維吉尼亞安排將她的戰情局薪水通通寄到巴克斯洪恩農場給霍爾太太（不過，也可能是基於芭芭拉有名的炒股能力）。反正金錢從來不是她的真正動機。戰情局驚訝於她甚至從未問過薪水多少；她的薪水連同減去跳傘津貼（理由顯而易見）的陸軍少尉補助，每個月有三百三十六美元的收入，這比特別行動處的薪水，仍然可喜地高出了百分之三十五。不過現在，她終於找到辦法重返一線，薪水多少已不再重要。她照理應該投保一萬美元的人壽保險，但她急著潛入法國，根本沒簽保單[6]。更重要的是，儘管她仍是平民，但她終於被授予相應的軍階。雖說如此，以她在一線的指揮經驗，少尉軍銜（最低階的軍官）無疑令人失望。這能賦與她所需的地位，完成她希望執行的工作嗎？

維吉尼亞和阿拉米斯的抵達，讓戰情局在法國的情報員人數來到了區區五人。不過雖然起步較慢，美方決心在情報戰爭中迎頭趕上。特種部隊總部的目標，是希望戰情局和特別行動處訓練並武裝抵抗分子，組織他們執行策略性攻擊行動，並在時機成熟時突襲德軍車隊，在D日的行動中扮演吃重角色。最重要的，他們計畫收編這些游擊隊伍，讓他們聽命於盟軍最高司令部，而不是那些追求自身政治目標、成事不足敗事有餘的地方首領。這種前所未有的大規模任務，有賴情報人員的軍事頭腦、外交手腕和純粹的人格力量。人們認定只有男人才具備這些特質；維吉尼亞必須證明她也辦得到。

所以一抵達巴黎，她（而不是她的男性上級）立刻開始主持大局，設法找到她自己的一名線人。阿拉米斯不斷抱怨膝蓋疼，拖慢了她的腳步。維吉尼亞怒火中燒，因為現在不是吸引注意的時候。比起她的上一次到訪，巴黎的氣氛變得更緊張、更壓抑，到處有人監視。學校成了軍營；電影院、劇場和咖啡館成了德國人獨享的場所；她在學生時代熱愛的老舞廳和爵士俱樂部通通被迫關閉；猶太街名一律改成反猶太主義者的名字。而且，歷經收音機及布告板多年的反盟軍宣傳，空氣中瀰漫一股敵意，尤其是針對美國人。據說當一架美國軍機在盟軍轟炸行動後被擊落，有人當街跳舞大肆慶祝。

他們終於到達龍恩女士的住所。龍恩女士是維吉尼亞的一個老同學推薦的線人，住在巴比倫街五十七號，離拿破崙的長眠之地榮軍院（Les Invalides）不遠。龍恩女士立刻收容維吉尼亞，二話不說，但她一看阿拉米斯就覺得不順眼。不只因為他細述自己如何在爬出小船時傷了腳，打破了最基本的安全規定，也因為她發現他愛用艱深字眼，傲慢得令人難以忍受。龍恩女士很快就受不了她的客人，不由分說地堅持直接開車送他到一名戴高樂派友人開的養老院。她歡迎維吉尼亞使用整間公寓，但拒絕讓嘮叨得令人心煩的阿拉米斯再度上門[7]。

每個人都知道盟軍隨時會發動攻勢，但戰情局的幹員——包括維吉尼亞在內——並不清楚確切的進攻時間與地點，以免在威逼之下洩漏了軍機。為了對德軍展開鉗形攻勢，盟軍不久後也會在蔚藍海岸一帶登陸。根據她從第一次任務以來對法國的瞭解，維吉尼亞早已看出對抵抗運動而言，法國中部的克勒茲（La Creuse）一帶（位於英吉利海峽與地中海海岸的中間點）是具有特殊戰略意義的戰場。她的直覺很準。沙托魯和利摩日之間的鄉間地帶被盟軍最高司令部列為武裝游擊隊的首要目標，好讓他們攻擊行進中的敵軍、破壞敵人的補給線、打擊對方士氣。她很熟悉這塊地區；她的第一次任務就是在這一帶行動。這項事實也增加了她被認出的風險，因為這裡充斥德軍和他們的眼線，不過，這無法阻止維吉尼亞隔天帶著阿拉米斯這個拖油瓶搭火車前往克勒茲。他們在巴黎西南方兩百英里外、一個叫做聖塞巴斯蒂安（Saint-Sébastien）的小鎮下車，她留意到，這裡是日後破壞火車停車棚和鐵軌的理想地點。

她在當地的線人立刻發揮作用；其中一人載這對搭檔到距離克勒茲河險峻花崗岩峽谷不遠的邁多村，見一位名叫尤金・洛皮納特的農夫。洛皮納特沒有多問問題，立刻出借路邊一個沒有自來水也沒有電的單房小屋供他們使用。小屋很理想，因為洛皮納特粗陋的農莊位於村落的另一頭，維吉尼亞（在這裡被稱為瑪雪兒女士）可以在屋頂背面架設天線，靠著間歇的電力在閣樓傳送密電。比起蓋世太保猖獗的巴黎，她覺得這裡安全多了。最重要的是，她覺得自己能發揮更大用處。隨著D日一天天迫近，這塊地區或許是尚未被抵抗運動征服的一個重要戰略據點。當地的游擊力量規模很小、組織渙散，而且幾乎沒有任何槍砲彈藥。她的首要任務是招募、訓練、供應英國空投過來的武器，組成一支完善的游擊隊伍。短短兩天時間，維吉尼亞就（在欣賞她的指揮官祝福下）跳脫原來的命令，轉而投入她想執行的任務。

維吉尼亞的母親以前常說，兒時學習的一切技能有朝一日都會派上用場。的確，在馬里蘭農場上渡過的那些漫長夏日，幫助她建立了擠奶女工的偽裝身分。「我在露天灶台上替農夫、他的母親和雇工煮飯，因為屋裡沒有爐子，」她報告說，「我負責趕牛去吃草，在草場上找到好幾個理想的空投地點」[8]。如此簡單的生活條件特別適合蒐集情報，但不合阿拉米斯的胃口。他迫不及待地趕回巴黎，在一位世交（拉布特夫人）的家裡找到更舒適的落腳處。現在，維吉尼亞基本上得償所願地單獨行動，每星期只和她名義上的上級見一次面；他會前來邁多，請她將他尋找安全庇護所的最新進度傳給倫敦。沒有人可以讓她訴說卡斯伯特帶給她的考驗，以及她得拖著發報機到處跑的事實，因此她特別厭煩阿拉米斯嘮嘮叨叨地抱怨舟車勞頓，以及他奇怪地拒絕拿任何重物。「儘管看起來人高馬大，但他其實不太強壯，」她後來報告，「每次長途跋涉之後，〔他〕就會病個幾天」。

她也瞧不起阿拉米斯在巴黎微不足道的成績，以及他喋喋不休的習慣。她的態度惹惱了阿拉米斯，他因此拒絕聆聽她關於安全措施的老練建議，儘管他的定期到訪很可能替兩人招來多餘的注意。「阿拉米斯來訪……但除了表示他已找到拉布特夫人之外，沒帶來任何訊息，」她抱怨道，「他似乎不懂得使用聯絡員，也不接受有關使用聯絡員的勸告，並且痛恨任何建議」。她有限的耐性快磨光了。維吉尼亞決定想辦法將他趕出她的生活，以她認為合適的方法執行自己的任務。她開始在每天送牛奶的路途中吸收抵抗運動的新成員。短短幾天內，從市長的秘書到村裡的郵差等當地人紛紛報名加入，終於有人來這塊地區主持工作的消息不脛而走。她很高興地發現「農夫和農場工人迫切渴望幫忙」[9]，準備將「農民小隊」改造成有組織的游擊隊伍。這正是她長久以來想做的事。藉由偽裝成（最不可能的）法國農婦，維吉尼亞找到了真正的自我。儘管危險環伺，她再度感到自由。

一星期後，另一張熟悉且無疑更討喜的臉孔出現在她的門前。她的一個外甥——以利沙·阿拉德——在英國接受她替他和馬歇爾·萊夏安排的特別行動處正規訓練後，剛剛在幾英里外的一個空降地點著陸。如今，他來到姨媽的簡陋小屋前；萊夏以及她認識也喜愛的第三名特別行動處幹員（比利時人皮耶·蓋倫），也跟他一起回到了法國。他看到瑪雪兒女士穿著破舊的農婦衣服，無疑驚訝得倒抽了一口氣，不過他知道維吉尼亞會用盡一切辦法執行自己的任務。當他聽當地人說起，一個有奇怪口音的老婦人組織了一支小型游擊隊，他知道那一定是她。

三名外甥的任務是炸掉昂熱附近的德國海軍總部和圖爾郊區的鐵路編組站，為D日鋪路。

他們只是盟軍大規模行動中的一小部分；此次行動將三管齊下，內容包括綠色計畫（破壞鐵道通信）、烏龜計畫（負責阻擋與伏擊），以及紫色計畫（切斷電話線，迫使德軍使用盟軍可以想辦法攔截的無線電信號）。阿拉德問維吉尼亞可否幫忙通知倫敦，三名情報員已安全抵達並開始行動。萊夏本人在前往涅夫勒省（Nièvre département）的路上，但不久後也會回來找她。感覺起來，她彷彿從未離開特別行動處；這令人開心，但事實證明，這也是個嚴重問題。

維吉尼亞加緊努力蒐集這塊地區的德軍情資。她主動幫忙農夫的母親提高乳酪產量，以便將多出來的乳酪賣給占領軍。她找到一小支德國車隊，腳步笨重地走上前，裝出老婦人的嗓音以掩蓋她的腔調，努力推銷她的農產品。全法國的德國軍官都收到畫著她的肖像的通緝令，上頭並說明她對第三帝國造成嚴重威脅，但是此刻，沒有人對瑪雪兒女士產生一丁點懷疑。他們無知地購買她的乳酪，給她機會聆聽他們之間的對話（用的是她在維也納領事學院學過的德語），所有內容當天晚上便一五一十地傳回倫敦。就這樣，她漸漸拼湊出德軍的軍事計畫，這將對戰爭的進程產生重大影響。

幾天後，當她對倫敦發完訊息，正在洛皮納特的農場收拾發報機天線時，外頭傳來卡車停車的聲音。她猜應該是阿拉米斯來了，但她還是闔上發報機行李箱，塞到閣樓的竹籃和老家具底下，以防萬一。她爬下梯子，神色自若地走到門邊。讓她悚然一驚的是，門外不是她的美國同志，而是一群德國士兵，帶頭的軍官質問她獨自一人在小屋裡做什麼。維吉尼亞立刻轉換角色，用她特地練過的粗啞嗓音回答她是替農夫煮飯並看牛的幫手。軍官不滿意她的答覆，命令三名士兵進屋搜查。維吉尼亞極度希望她剛剛把發報機藏得夠妥當。她聽到屋裡傳來乒乓砰砰的聲響，像是有人拉開家具東翻西找。然後傳來梯子刮過閣樓活動門的聲音，她開始計算自己中槍之前能跑多遠的距離。更明智的做法是佯裝到底，聲稱她這麼一個老婦人從未爬上梯子，不知道樓上有什麼。可以確定的是，如果被捕，他們必定會發現卡斯伯特，因而推斷出她的身分。她將難逃被刑求致死的厄運。

士兵持續翻箱倒櫃之際，維吉尼亞的心臟砰砰地狂跳。最後，他們走出屋外，遞給軍官一件東西。她看不見那是什麼，也聽不清他們說的話。她試著不去看，但軍官終於走過來，湊上前盯著她看，鼻息噴在她的臉上。他能看穿她的偽裝嗎？如此仔細打量，他會發現她的皺紋是假的嗎？相反的，軍官認出她是之前在路上遇到的賣乳酪的老婦人，表示她的產品品質很好，然後逕自拿走更多乳酪，往她腳邊扔了幾個銅板之後開車離去。維吉尼亞愣了片刻，倚在門邊撐住身體，但她的腦子拼命旋轉，思索是什麼原因引「狼」上門？是她的口音嗎？她是不是太肆無忌憚了？幾天後，她撞見四名友善村民被砍下的頭顱；他們被納粹砍斷脖子，放在大馬路旁的野花叢中示眾，以儆效尤。加入她的抵抗運動，必須擔負慘重的代價[10]。

維吉尼亞頓時覺得非常孤單。她不能在下次傳訊給倫敦時提起這些恐怖事件，唯恐訊號遭到攔截，讓納粹認出她的身分。相反的，她以「日常電力不足以及旅行條件所需」[11]為由，在四月十八日請求倫敦允許她轉移基地。不過，離開前，阿拉德和蓋倫帶著維吉尼亞要求的「餅乾盒」回來了。「餅乾盒」是一種新的小型發電機的暱稱，只有十四磅重，這次跟另一群情報員一起抵達法國。他們也帶來更多壞消息。外甥們在安德爾省（Indre département）的任務遇到了麻煩；萊夏的堂兄弟——名叫勞倫特與約瑟夫．萊夏的兩名醫生——幫他們找到藏身之地，但他們的一名無線電發報員被逮。「到處都是蓋世太保，」阿拉德激動地對維吉尼亞傾訴，「每個人都嚇得不敢動彈」，現在，沒有人願意跟他們合作了。萊夏已經前往巴黎，「想辦法另做安排」。

五天後，五月一日，倫敦傳來令人不安的消息：蓋倫恐怕被抓了。他最近一次的無線電傳輸沒有涵蓋適當的安全檢查碼，在那之後便渺無音訊。如果蓋倫扛不住刑訊——蓋世太保鐵定會對他大刑伺候——德軍會知道阿緹密絲已經重返法國。維吉尼亞匆忙打包，趕搭下一班前往巴黎的列車。「當然，我沒有留下地址，」她報告說。蓋倫的消息令她心煩意亂，她直奔龍恩女士的公寓思索她的下一步。

她顯然在什麼地方犯了錯。她允許太多人知道她的住處，並對她的口音說三道四。對於臥底的情報員來說，無懈可擊的法語攸關生存，重要性不遜於槍砲彈藥。這是戰情局急著派出維吉尼亞代表他們行動時，似乎沒有注意到的一項事實。在她的第一次任務中，法語沒有那麼重要，因為她是以美國記者維吉尼亞．霍爾的身分行動。但是特別行動處昌盛小組好幾名時運不濟的幹員丟掉性命，正因為他們的口音一聽就不像法國人。

維吉尼亞照例想到了解決辦法。她決定將賭注放在阿拉米斯的房東太太拉布特夫人身上；僅僅接觸兩天之後，她便斷定拉布特夫人個性謹慎而可靠。她請後者陪她外出，必要時替她開口說話。雖然事情顯然很危險，但拉布特夫人毫不猶豫地慨然相助，並成為──照維吉尼亞的報告所說的──一位「非常忠心且有用的朋友」[12]。沒有時間浪費了。維吉尼亞回到巴黎後的四十八小時內，這兩名女人已出發前往法國中部的另一個戰略性交通樞紐。她已在克勒茲向戰情局證明她的能耐，如今D日一天天迫近，她的上級終於派她執行她迫切想要的巡迴任務。她的新任務是「檢驗抵抗軍的能力，尤其是他們的人力，並滿足他們的要求」；這樣的任務更符合她的胃口。正如她在克勒茲所做的，她將負責尋找合適的降落場與空投地點，但對維吉尼亞來說最重要的是，她得到了正式的行動號令：「協助抵抗組織，並規劃破壞行動」。她的游擊戰爭即展開──但在哪裡開打？

萊夏曾告訴維吉尼亞，他的家人跟涅夫勒省科斯恩羅亞爾（Cosne-sur-Loire）一帶的抵抗組織有聯繫；那裡是法國的中心地帶，位於巴黎西南方，距離五小時車程。她聽說那裡的游擊組織群龍無首，陷入派系鬥爭──這是一個令人氣憤的常見問題，尤其在做為凝聚力量的讓・穆蘭過世以後。義勇軍也急需各種軍需品。儘管這裡是全國最危險的地帶之一，但盟軍司令部顯然需要在涅夫勒省建立可靠的游擊力量，負責襲擊北上增援海峽防禦的德軍，並在盟軍進攻之前、進攻期間以及進攻之後破壞德軍的通訊線路。當維吉尼亞選擇這裡做為她的下一個行動地點，特種部隊總部欣然同意，但提醒她那裡的情勢「非常火熱」，逮捕行動一波接著一波，所以「請務必小心」[13]。

維吉尼亞和拉布特夫人一起出發前往維塞羅上校（Colonel Vessereau）的家；維塞羅是退役的憲兵隊隊長，曾擔任法國前總理愛德華・達拉第（Edouard Deladier）的助理。他的媳婦咪咪的弟弟萊夏事先通知他，一位重要客人即將來訪，他正熱切地等待她的到來。一個傲慢專橫且引發分裂的游擊領袖剛剛離開這塊地區（這令許多當地人額首稱慶），在那之後，上校便加緊吸收了上百名游擊隊員，並贏得許多現役憲兵的支持。然而，他們除了耙子和掃帚，別無作戰工具，甚至欠缺食物與衣服。正當維塞羅覺得盟軍遺忘了他的地區，維吉尼亞的出現不啻為一大喜訊。透過她的發報機，她可以直接跟倫敦聯繫——此刻在許多法國人心中，倫敦取得了象徵希望與豐饒的神祕地位。他終於有管道要求武器、彈藥、經費和更多幹員來訓練他吸收的新血。

維吉尼亞立刻在維塞羅上校「盡全力支援」的情況下，著手訓練他的人員成為一支急就章卻有效的游擊軍。他們共同決定將游擊隊伍拆成四個二十五人的小隊，藉此訓練、組織並最終武裝他們。這是直接取自特別行動處新的《游擊領袖手冊》（*Partisan Leader's Handbook*）的辦法，這本手冊被視為非正規作戰手法的聖經。小型組織最能夠快速行動、避免被發現——事實上，維吉尼亞明明白白告訴游擊隊員，他們的格言是「開火、焚燒、破壞」，緊接著「離開」。最好穿著橡膠鞋底的鞋子，把臉用泥巴塗黑，在夜間行動。她指揮他們開始進行小規模的破壞——也就是所謂的「水蛭」任務；用鑿穿德軍車輛的油缸、在漏油處點火這類簡單手法，持續攻擊守備比較不嚴密的地點。他們可以靠加重的繩索或倒下的樹扯斷電話線，或在鐵路交會點打入木頭楔子以堵塞交通。這些都是有用的滋擾戰術，但若要打一場真正的仗，維吉尼亞需要向英國請求補給。她安排在十天後（五月十五日）的下一個月圓夜空投十二箱爆裂物、槍械和彈藥，在此同時，她持續訓練游擊隊員的基本功。

維吉尼亞請求拉布特夫人擔任她的聯絡員，但不要向任何人——包括仍在巴黎的阿拉米斯——透露她的行蹤[14]。如果維吉尼亞曾經從上一次任務學到任何教訓，那就是盡快跟軟弱的情報員一刀兩斷，無論他們是不是她理論上的上級。如今，她幾乎稱得上冷酷無情。她通知倫敦，阿拉米斯「工作毫無進展」，她乾脆任他自生自滅、沒有任何辦法聯繫基地。「我告訴自己，『不管了』，」她報告說，「開始專心投入我所在的地區」[15]。幸運的是，狂野的比爾．唐諾文可以容忍、甚至鼓勵這種以下犯上的行為，他常常說，「我寧可要一個有膽量不服從命令的年輕上尉，也不要一個中規中矩、只想明哲保身的上校」[16]。不過，這樣的舉動對女人來說太不尋常。總之，阿拉米斯只找到一個安全庇護所藏匿新來的幹員，而實際上需要三個。正如維吉尼亞指出的，他顯然無法滿足在這個毫無法紀的狂亂國家執行特殊行動的特定需求。他怯弱地將工作上的挫折，怪罪於「如我沒有人引薦，外人很難打進圈子」的事實[17]。這個問題似乎不影響維吉尼亞；他的失敗反而襯托出她的成功。

在此同時，如今被倫敦的新上司視為頂尖破壞高手的馬歇爾．萊夏，仍得面對自己的難題。蓋世太保掃蕩了圖爾一帶的抵抗分子，他很難找到炸毀鐵路運輸中心所需的援手。終於，有人介紹他認識一位化名李里亞斯（Lilias）的醫學系學生，令他如釋重負。後者答應前來萊夏與阿拉德在安德爾省的祕密藏身之地，開車送他們到巴黎找人幫忙。萊夏的新未婚妻奧黛特．威倫（Odette Wilen）跟他們揮手道別；她也是來法國出任務的。這對情侶在英國特別行動處受訓期間陷入愛河，幾天前才剛剛訂婚。威倫和天生比較謹慎的阿拉德都不太信任李里亞斯——例如，他的汽油是從哪兒來的？但倔強的萊夏——特別行動處後來說他「過度自信」並且「或許有點粗心大意」[18]——認為他可以應付李里亞斯，而且後者或許是他們迫切需要的突破點。

他們出發了；阿拉德和萊夏深情地向所有曾經藏匿並幫助他們的可敬法國人辭行。但奧黛特的未婚夫和他的摯友從此一去不回。李里亞斯——另一個野心勃勃的雙面間諜——直接把他們送進曾經關押阿弗列．德雷福斯（Alfred Dreyfus）上尉的巴黎謝什米地（Cherche-Midi）前軍事監獄。他們被單獨監禁，等待蓋世太保審訊。直到萊夏說服一名警衛偷偷將消息送出去，他們的命運才曝了光。不久後，他被帶到福煦大道（這條馬路在戰爭期間被不客氣地稱作「德國鬼子街」）的蓋世太保大樓，離凱旋門不遠。接下來五十二天，他在惡名昭彰的五樓審訊室受到最卑劣、最恐怖的待遇。下方林蔭大道上的行人已經習慣聽到慘叫聲。蓋倫（稍早前落網）和阿拉德被分開審訊，三人全都反覆受刑直到幾乎喪命，不過蓋倫想辦法在牆上刻下他的名字和一些日期，作為紀錄。

化名蘇菲（Sophie）的奧黛特·威倫追隨未婚夫的腳步來到巴黎，此刻淚如雨下地向維吉尼亞訴說事情始末。戰爭已造成許多令人心碎的遺憾，但維吉尼亞抵達科斯恩才兩天就聽到的這個消息，著實令她心如刀割。萊夏是真正的朋友，她最初在里昂行動的那段期間，他從未背棄她，無數次為了她險些被捕。後來，他在西班牙出獄之後，是她督促他和其他人前往英國接受特別行動處培訓，以便重返一線。幾名外甥的重返顯露出他們的勇氣，但她的鼓勵卻令他們付出了代價。不過，有生命危險的不只他們，還有維吉尼亞：至少三名被囚的幹員知道她在法國，兩人知道她在科斯恩。用不了多久——多虧阿萊什在傑美恩·基林的里昂廚房查到的情報——審訊者就能將這三人和他們鍾愛的姨媽連結起來。

情報員被訓練咬牙撐過四十八個小時，不透露任何重要訊息——以便給他們的情報組足夠時間撤離。一般認為開頭十五分鐘最難捱，囚犯應該想辦法封閉自己，讓心靈神遊到另一個地方，一分鐘一分鐘地熬過去。前面兩天可以洩漏一點零星的情報，以換取食物或水——不過他們知道，一旦開口，就不可能繼續保持沉默。許多地方情報員（或許經過二十四小時的訊問轟炸）受到最難以承受的心理壓力，不得不替德國人工作。正如利昂·古斯的狀況，威脅傷害他們的家人特別有效。不論外甥們多麼勇敢，蓋世太保——以及克勞斯·巴比本人——此刻無疑已得知維吉尼亞回到了法國，他們肯定會加強力度對她進行搜捕。她必須以軍事級別的準確度逐一排除風險，不論會傷害誰的感情。

維吉尼亞首先鎖定蘇菲，因為可想而知，後者在前往維塞羅住處的路上肯定被人跟蹤了。維吉尼亞隱藏所有情緒，禁止這位震驚的信差（她已因為英國皇家空軍的一起失事事件，失去第一任丈夫）營救這三名情報員。蘇菲「非常激動、非常戲劇化，寧願去搖晃監獄的柵門」，維吉尼亞報告說，「如果她不放手，恐怕會讓所有人陷入麻煩」。維吉尼亞知道她這麼做很「冷酷」，不過，化解這場危機有賴一套有效的計畫，而不是慌亂的反應。維吉尼亞命令她立刻離開，好好躲起來，直到可以被送回英國。她的裁決很無情：「蘇菲太情緒化、太引人注目，無法擔任我的聯絡員或其他任何角色」[19]。

這一波逮捕迫使維吉尼亞轉移據點，不過空投行動還是照計畫進行。她已開始將科斯恩的抵抗勢力轉變成可靠的游擊隊伍，無法留下來指揮重大行動令她備感挫折。只有維塞羅上校夫婦知道她的行蹤，維吉尼亞要求他們「不要告訴任何人」——但她透過另一名聯絡員和他們保持聯繫，指示他們如何訓練游擊隊員。她也安排一名新的幹員空降進入科斯恩，接替她的工作。令她心滿意足的是，她組建的這支隊伍後來浴血奮戰，打贏了占領者，協助在九月間光復這塊地區。

維吉尼亞必須為這項已經將她最親的朋友置於最深險境的任務找到意義。萊夏信任李里亞斯並不是她的錯，但幾位外甥和姨媽的連結，總是讓他們多了一個弱點。所以，她現在必須向自己證明，如此努力地重返一線，是一件明智且值得的事。或許正是基於這個原因，她接著選擇前往德軍勢力特別猖獗的一塊區域——十五英里外的謝爾省（Cher）沃地區敘里（Sury-en-Vaux）；這塊法國中部地區，被視為抵抗運動最難打進的地方。她在考驗自己的極限，但這裡也給與她寶貴的有利地位，得以觀察敵軍的部隊動向，留意敵軍的人數、編制與火力。維吉尼亞維持她的農婦偽裝，主動替另一位農民照顧羊群。為防範抵抗軍伏擊，某些路邊和田野都埋了地雷，不過她找到可以放牧的地方，一邊倚著牧羊人的旗杆，一邊聆聽德國人對談。一九四四年春天的天氣很糟，不過她幾乎每天都不辭風雨地外出打探消息，木頭鞋底深陷爛泥巴裡。她盡量不開口說話。等到夜裡打開發報機的箱子，她總有許多情報可以傳回倫敦。她以「QRV？」這個信號作為開場白，意思是「你們準備好了嗎？」

以當時的條件而言，她很幸運能找到一位願意冒生命危險，在法蘭西民兵與納粹充斥的地方幫助她的人。在這個保守的法國中心地帶，據信至少一成的當地人直接替德國人工作，許多農民靠這種方法賺了不少錢。太多人搶著抓住機會；德國人開出高達十萬法郎的賞金——一大筆錢——換取關於游擊隊基地的消息，然後以迫擊砲和機關槍攻擊這些地點。一名情報員估計，「最多只有百分之二」的謝爾省當地人「願意為了解放法國而出生入死」[20]。不過，維吉尼亞再度顯露驚人的識人眼光和同樣驚人的說服力。她的新房東太太——歷經生活磨難的五十多歲寡婦艾絲黛拉・伯特蘭德（Estelle Bertrand）——無疑知道收容瑪雪兒女士的風險。也許是因為感到榮幸，或受到刺激的吸引，或純粹因為維吉尼亞展現的解放法國的決心，艾絲黛拉很快成為另一名忠誠的支持者，願意為她的房客豁出性命，因而換來維吉尼亞的信任。幾天後，五月十五日，當維吉尼亞在夜色掩護下偷偷溜去接收她為科斯恩游擊隊安排的武器空投，艾絲黛拉就陪在她身旁。

相較之下，艾絲黛拉的八十四歲老父親朱爾斯．朱特利就比較麻煩了；他納悶這兩個女人在耍什麼把戲。維吉尼亞發現他起了疑心，並擔心她說不定是德國人。她解釋自己之所以有外國口音，是因為她來自法國的最北邊，然後送他一桶酒打消他的其他疑慮。現在，她可以放手吸收並武裝另一支游擊隊滋擾當地的德軍；她在五月二十日通知倫敦，她迫切需要砲組、炸藥、茶葉、衣物、經費、繃帶和肥皂[21]。

不過，她念念不忘三名外甥還在蓋世太保手中的事實。安頓好新住處之後，維吉尼亞立刻不顧納粹的管制，再度以偽裝身分趕回巴黎策畫營救行動，並偷偷傳遞訊息給他們。她收到了回音：「我們是八個人，不是三個」。另有五個人被捕，包括萊夏吸收的兩位醫生堂兄弟；他絕不會拋下他們自己逃生。維吉尼亞深知，要在法國最高警戒監獄完成如此大規模的越獄行動，簡直難如登天。不過，束手放棄絕非她的個性；她每星期反覆冒著生命危險回到首都，不顧一切地試圖想出新的計畫。她需要趕緊行動。六月初，阿拉德轉監到弗雷納監獄，此舉意味他很快就會被遞解出境或遭到處決。萊夏和蓋倫也會緊跟在後。她無法忍受幾名外甥因為如此令人欽佩的特質

——他們的高貴與勇氣——而付出終極的代價。

各方面的時間都很緊迫。英國處於D日登陸的戒備狀態；盟軍突擊部隊在英國南部的軍營以及其船隻所在的港口都已進入封鎖。如今，大君主行動（Operation Overlord）顯然即將展開，海峽兩岸的張力明顯可見。倫敦一星期前指示維吉尼亞：「活動期已開始。句點。請在下週五（六月二日）前傳回有關鐵路或陸路任何大規模移動的所有情資。句點。」從那時起，她便鉅細靡遺地傳回她觀察到的德軍車隊、車隊規模、編制、路線及補給線等情資——盟軍司令部熱切讀取的高級情報。幾乎沒有時間睡覺，她比任何時候都更依賴她的苯丙胺藥片。每天夜裡，她將收音機調到BBC的法語廣播，聆聽預先約定好的、有關攻勢即將展開的暗號。但一夜夜過去，她只聽到假的訊息，只能繼續緊張地等待。教堂講壇上的神父感受到焦慮與懸疑的氣氛，開始急切地祈求上帝的拯救[22]。

德軍加強鎮壓抵抗運動。只要有接觸游擊隊之嫌，任何人都可能被就地處決。在維吉尼亞所在的地區，法蘭西民兵開出兩千法郎的高額賞金給告發者。不經意的閒談從未如此危險，隨著大批新的抵抗軍成員在D日前幾週湧入，遭雙面間諜滲透的危險也同樣大幅增加。有些因為太不可靠而被拒絕的冒牌戰士，為了洩憤並領取賞金，轉而向法蘭西民兵通風報信。遇到這種情況，情報員必須當場採取必要行動。「口風不緊的成員會被組織剔除，」班・考伯恩說明，「知道得太多又無法閉緊嘴巴的人會被槍殺」[23]。屍體上會適時貼上示意的字條，說明他或她因為告密而被處決。

維吉尼亞察覺危險已近在眼前。她聽說人們對於朱特利的閣樓為什麼深夜還不關燈，傳出各種閒言閒語。她也注意到好幾輛德軍無線電探測車在巷子裡穿梭，顯然已抓到她的訊號。所以為了保全勇敢的房東一家人，維吉尼亞再度轉移陣地。D日前夕，她在敘里埃布瓦（Sury-ès-Bois）的一座農場安頓下來。

當維吉尼亞在法國跟德軍大玩貓捉老鼠的遊戲，霍爾太太緊盯著報上的歐戰進展；法國如今顯然即將開戰，她非常擔心女兒的安危。維吉尼亞已經好幾個月沒有消息，但她夠瞭解她的小女兒，猜想她肯定置身某個危險的地方。四月，霍爾太太寫信給倫敦的格雷爾上尉——維吉尼亞出發前曾留下他的名字與地址——以求安心。六月二日，紐約一位叫做夏洛特．諾里斯（Charlotte Norris）的女士終於代替他回覆。基於安全理由，她回覆的內容有些模稜兩可，她為此致歉，但她補充說「您的女兒效力於美國陸軍的第一實驗分遣隊」，沒有透露這是戰情局的掩護機構。維吉尼亞在做一件「非常重要且耗時的工作」，所以「必須調離倫敦」，並且「盡可能降低通信次數」。她接著說，「霍爾太太，歡迎您隨時來信。我們跟令千金保持聯絡，如果她的情況有任何改變，我們會立刻得知。只要有她的消息，我十分樂意與您分享」[24]。

維吉尼亞也在等消息。關於她在聽到D日終於開始進行時究竟身在什麼地方，各種說法不一；一個可靠的版本表示，六月五日晚上，她跟艾絲黛拉．伯特蘭德以及其他幾位支持者正在她位於敘里埃布瓦的農場新家聽收音機。他們將頻道調到BBC的法國廣播，聽到每天晚上的例行台詞：「這裡是倫敦，法國人向法國人發聲。請收聽幾條個人訊息」。簡樸的客廳裡空氣滯悶，收音機收訊不良，所以這一小群人擠在收音機旁聽播音員開始宣布：「消沉的單調之音使我心傷悲」[25]。這是維吉尼亞三年前開始從事情報工作就在等待的暗號。她經歷過的一切，做過的每一件事，承受過的所有痛苦、哀傷和恐懼，全都是為了盟軍重返歐洲大陸的這一刻作準備。她只為了這個理由，在法國最危險的地區靜靜等待、與危險共舞、置死生於度外。如今，D日終於來臨。大批船隻已趁著黑夜駛進它們在英吉利海峽的作戰位置。在艾森豪將軍指揮下，第一波的十五萬兵力將在清晨踏上諾曼第海岸的長長沙灘，面對德意志國防軍的槍砲與怒氣。

接下來宣布了不下三百條的「行動暗號」——每一條都指示某一情報組執行事先約定好的鐵路、橋梁或電話線路攻擊行動。行動號令幾乎響徹每一座村莊、小鎮和城市。現在是抵抗組織大展身手、幫助史上最大規模的海上攻勢圓滿完成的時候。盟軍司令部的指令很清楚：最大程度地滋擾敵軍，以各種方法破壞通訊線路。法國各地「瀰漫興高采烈的氣氛」，同樣興奮的巴克馬斯特後來回憶，「人們挖出藏在閣樓和酒窖石板底下的武器、穿上制服、擦亮鈕扣。法國準備幫助自己重獲自由」[26]。

盟軍在北方三百英里外登陸的消息，振奮了維吉尼亞所在的整個地區。她最初在里昂費盡力氣只能招募到寥寥幾名援手，如今三年後，憑空湧出了數千名自願者，遠超出任何人的預期。如果說她在D日之前忙碌不已，現在則像颳起旋風般疲於奔命。她命令她近期籌組並武裝的幾支隊伍開始行動——切斷電話線以「癱瘓」敵軍通訊、在馬路與鐵道上埋炸藥、炸毀橋梁，甚至移除路標，混淆急著趕往北方驅逐入侵者的德軍。他們會插上當地木工做的新路標，引導德軍轉錯方向，可能的話，「最好通向懸崖峭壁」[27]。其他人則將特別行動處的馬糞炸藥放在大馬路上，開心地等著德軍車輛靠近，看著它被炸到半空中。不久後，德軍只要看到糞便（不論真假），整支車隊就會緊急停下來檢驗情況，耽擱數小時時間。抵抗組織在全法國的破壞活動，效果比任何人預期的都要驚人。德軍不再能依賴他們對法國任何一塊地區的控制，也不再能依賴任何通訊線路。不過他們的報復行動非常野蠻，法國戰士往往因為欠缺補給品而支撐不下去。

如今戰爭終於開打了，為了上述理由，這個地區每一位抵抗領袖莫不迫切希望維吉尼亞幫忙提供更多軍火。她馬不停蹄地往來數百英里的鄉間，檢驗每一個抵抗組織的可靠性與需求，並將她的建議傳回倫敦，幾乎沒有時間吃飯或睡覺。汽車、卡車和汽油非常稀缺，所以維吉尼亞大多數時候不可思議地靠單車四處奔波。她很清楚她的舉動引人側目，也很清楚這段時期非常危險，尤其是一個單獨行動的女人。社會秩序日益瓦解。匪徒橫行，強姦、搶劫的案件時有所聞，光因為錯誤時間出現在錯誤地點就可能被就地處決。如今盟軍踏上了法國領土，納粹也覺得他們面臨了生命危險，因此胡亂對無辜百姓殘酷施暴，發洩自己的怒氣。而且，D日仍有可能功虧一簣，盟軍仍有可能被擊退。艾森豪的部隊花了六天才在五個薄弱的登陸灘頭堡完成會師，他們往內陸的推進遭遇德軍頑強抵抗，受阻於諾曼第的樹籬與溝渠。維吉尼亞知道，盟軍部隊可能還要一段時間才能抵達她的地區。

每一天，在希特勒「把盟軍趕回海裡」的命令下，越來越多德軍增援部隊北上馳援。在謝爾省北部，哥倫布上校（Colonel Colomb）——承平時期的阿諾．德伏奇（Arnaud de Vogüé）伯爵，但現在是當地的抵抗領袖——沒有武器展開攻擊，只能氣惱地看著德軍部隊穿越他的地區。他的人馬屢屢遭法蘭西民兵襲擊，後者抓走並折磨他的支持者，想得知抵抗組織的營地所在。沒有武器、彈藥或甚至食物，他們幾乎不可能保護自己。絕望之下，游擊隊員搶劫商店裡的麵包和銀行及郵局裡的現金，設法自力救濟。他們通常在目擊者面前簽下借據，承諾只要收到空投的現金或解放日來臨，立刻還錢。不過說實話，沒有人知道那一天何時到來。

哥倫布唯一的希望，是附近一位名叫黛安的傳奇「英國」發報員；她的法語「糟透了」，但似乎能跟倫敦的當權者連上線。然而，由於她嚴密的安全措施，他始終找不到門道聯繫她。不過，他聽說他的老朋友——特別行動處幹員菲利浦．德沃梅庫（曾經的高蒂耶，但現在化名安托萬或聖保羅少校）——已逃出監獄，正在附近行動。安托萬之前在倫敦接受特別行動處的正式訓練，似乎改變了一些想法；短暫停止行動後，四月間回到法國。登陸幾天後，這兩名法國人緊急碰面，哥倫布問他是否知道如何聯繫行蹤飄忽不定的黛安，因為他急需她的幫忙。安托萬立刻猜出她的真實身分——還有哪個女人有這樣的能耐？他找到方法寄給她一張加密的字條：「向您致敬——來自三兄弟之一——你猜猜哪一個？」他立刻收到回音，維吉尼亞用她在里昂的舊化名確認了自己的身分，並認出他是德沃梅庫三兄弟中的哪一個（康斯坦丁和西爾萬已被遣送到德國）。「我也向您致敬，」她回答，「瑪麗致高蒂耶」。

維吉尼亞同意在薄暮時分，跟她的老同事和哥倫布在當地的一處密林裡碰面。在里昂，安托萬曾想盡辦法找維吉尼亞的麻煩，她需要重新打造他們的關係，盡全力樹立自己的權威。這一次，她拋開農婦的偽裝，展現出強悍游擊領袖的外表與氣勢。當她穿越樹林走向他，他看見「我認識的那同一個不凡的女人，昂首闊步，高明地隱藏了她的假腿」。她還活著，還保有一顆熱切的心，始終充滿勇氣，如今就連德沃梅庫都肯定「維吉尼亞・霍爾不可用一般標準衡量」。他不得不承認，她已完成「許多不可思議甚至不可能完成的任務」[28]，而且還會做到更多。這句話出自一個激烈的愛國人士之口，確實是極高的評價；和他的許多同胞一樣，他懷疑英國佬打算在戰後霸占他的國家——尤其如今數十萬盟軍部隊已經踏上法國領土。此外，他還鄙視女性在家庭以外的成就，而且至今仍跟他反覆斥為「毫無價值」[29]的許多美國情報員相互掣肘。維吉尼亞無疑很高興看到她的老同事重回一線——並開心地察覺他此刻對她展現的敬意。

不過，她仍保持謹慎。摸清楚哥倫布的底細之前，她不會貿然答應替他求援。現在出現了太多投機客和冒牌貨。她仔細盤問他，並檢驗他的人馬，最後才斷定他的組織「貨真價實」，並發送信號請倫敦寄給他補給品。此刻在這一帶，維吉尼亞大權在握；她有權決定哪些抵抗組織能得到盟軍相挺、哪些組織因為欠缺支援而逐漸式微。她嚴格的軍事作風，令相貌堂堂但個性爽快的德伏奇伯爵肅然起敬。歷經幾個月的空等，短短五天後，大批斯登衝鋒槍、彈藥、爆裂物和雷管從天而降，黛安熟練地進行分發。她也帶來四十三萬五千法郎，幫助他償還債務、避免積欠更多。第一次空投後，第二波物資緊接而來，順道為哥倫布的組織送來一名發報員，好讓他直接跟倫敦聯繫。哥倫布事先並不知情，不過維吉尼亞默默替他打點好一切，而他從此再也沒見過她。哥倫布終身為「她的勇氣、威信和決斷力」敬佩不已，「我們這些有機會見過她行動的人……永遠忘不了抵抗軍陣營中這一抹耀眼的身影」[30]。

由於她終日奔波、四處檢驗游擊組織，維吉尼亞沒有時間回到巴黎籌畫營救計畫。不過，她一直催促她的內線打探消息，不久後，她聽說蓋倫和萊夏跟阿拉德一樣，即將移監弗雷納監獄，等待被遣送到德國。她將希望寄託於逐漸逼近巴黎的艾森豪大軍，到時候，她能趁亂救出幾名外甥和他們的朋友，就算失敗，盟軍光復巴黎也能令他們重獲自由。在此同時，她所能做的，無非是透過維克路線將奧黛特．威倫（心慌意亂的蘇菲）撤離到西班牙。

不過此刻，維吉尼亞承載了過重的負荷。她在至關重要的法國中部，替至少三個省份的許多支游擊隊伍發送無線電信號。感謝她在路邊工作的日子，她提供了有關軍隊動向——特別是德軍第七軍團北上進度——的重大情報（納粹最高司令部指望第七軍團支撐防禦，阻擋盟軍攻勢）。她也參與訓練、指揮攻擊與破壞行動，並安排與接收空投物資。然而，游擊隊的成功引來最令人膽寒的報復。她的科斯恩游擊隊伏擊了從西南部北上諾曼第作戰的德軍車隊，為了報復，蓋世太保在當地的三個村子燒殺擄掠。在其中一個村子，他們屠殺二十七位居民，包括當地牧師；據說他們把牧師半裸的屍體吊在鐘樓上示眾。

到了六月底，倫敦明白這樣的情況撐不了太久，於是在七月八日的月圓夜，戰情局派另一名小組召集人兼發報員萊昂（Léon）空降而來，接替她在科斯恩的工作。勒內・德富爾諾（René Défourneaux）上尉一個月後抵達，擔任指導員的角色。幸好，再也不會有人要求維吉尼亞替某個人當助手；她現在被視為領袖的典範。事實上，萊昂出發前即被明白告知，對於他即將加入的小組，他可以信任黛安的正面報告，因為她是一位「老練的召集人……我們對她的判斷抱持莫大信心」。事實證明她是對的。收到更多物資後，那支游擊隊「在〔美國第三軍團司令〕巴頓將軍直接指揮下，以最有效率的方式炸毀跨越羅亞爾河的聖蒂博（Saint-Thibaud）大橋」，並破壞十六條鐵路線、導致八列火車脫軌、炸斷四座鐵路橋梁、切斷該地區所有電話線，並擊斃八十名德軍，而他們本身只有十二人傷亡[31]。一般認為是維吉尼亞的努力，使得科斯恩游擊隊成為了「滋擾敵軍的最強力元素」[32]。她的其他組人馬也完成同樣有效的攻擊——包括成功破壞她在任務第一天便探勘過的聖塞巴斯蒂安車站。

如今在一線跟她攜手合作的戰情局男性幹員，「很快就像她的法國同志那樣，對她的表現大吃一驚」。保羅・馬丁諾（Paul Martineau）上尉看著她「氣定神閒、游刃有餘地指揮許多成功的游擊活動，彷彿主日學校的老師在安排郊遊野餐」[33]，不禁向他的上級表示，這名「傑出」女性理應得到「最高榮譽」。然而，每當她組建出一支有效的作戰部隊，正準備展開行動，令維吉尼亞挫折的是，她無可避免地又被召喚到其他地方，只能將隊伍交給不如她有一線作戰經驗的人指揮。她安排過十五次空投行動，送來了武器、彈藥、發報機、召集人、食物、藥品和其他許多物資。她曾經召集並武裝八百名戰士，形成一股核心力量，凝聚後來快速成為「重要」武力、「亟欲投入戰鬥」[34]的一萬兩千多名游擊隊員。然而，維吉尼亞從沒有機會親自指揮自己的游擊隊。這一點即將改變。她最後一次送信給還在掙扎的阿拉米斯，表示她「即將受命前往一個未知的地方」。她向他告別，並冷冷地補充說，他「一定會接到某個地方某個人的信息」，不過他聲稱從來沒有人聯繫他[35]。然後她失去了蹤影。

第十章　山上聖母

在上羅亞爾省聖克萊芒（Saint-Clément）村後方的高山上，一名孤獨的哨兵緊張地盯著山下的廣闊地貌。站在制高點上，巡邏的游擊隊員可以觀察從西北方的勒皮和南方的阿爾代什（Ardèche）地區進出利尼翁維瓦賴（Vivarais-Lignon）高原的路線。平常，友善的當地警察會在警方突襲之前先跟他們通風報信，但法蘭西民兵變聰明了，開始在山下的谷地計畫他們的突襲行動。死傷最慘重的一次發生在一九四四年四月，陰險毒辣的法蘭西民兵跟來自勒皮的德軍聯手，迅雷不及掩耳地殺到山上，殺害五名游擊隊員以及四名幫助他們的村民。許多殘餘的游擊隊員繼續退到海拔更高的林間高地，有些人就地取材搭建營地，靠樹枝和樹葉替他們遮風擋雨——甚至作為他們躲避攻擊者的屏障。儘管他們一心希望武裝起來抵抗占領者，但他們沒有武器可以防身，更別提滋擾敵軍。然而，德軍用於補給與增援——以及後來用於撤退——的主要陸路與鐵路路線穿越這塊地區，切斷或堵塞這些路線是很重要的工作。盟軍司令部認為這塊地區的起義時機已經成熟。這裡也藏著戰爭期間最不平凡的祕密之一。

六月十四日，在樹林和哥倫布上校以及安托萬祕密見面的隔天，維吉尼亞南下兩百英里，來到維瓦賴高原上一個較大規模的聚落——利尼翁河畔勒尚邦（Le Chambon-sur-Lignon）村。她奉倫敦之命，前來檢驗無線電信號上所說的「一支有紀律、可信任、準備好接受軍事命令」[1]的當地游擊隊伍，並向倫敦回覆這支隊伍的才能、規模與需求。她對法國各地都有一定的認識，對這塊地區也略有所知。她到過這裡，因為在她的第一次任務期間，好幾位忠誠的線人（例如朱利安夫婦）都住在勒皮。這一次，她跟布瓦潔女士（她在謝爾省的新房東兼伴護）花了一天從科斯恩抵達聖艾蒂安（Saint-Étienne），途中危險重重，最後開車兩小時穿山越嶺，結束這段旅程。

通往尚邦村的小路沿著高原蜿蜒而上，南法國其他地方處處可見的紅色屋瓦和天竺葵盆栽，被紮實、看起來有點冷硬的玄武岩和花崗岩房屋取而代之。由於沒有幾間房子有暖氣或甚至電力，為了抵擋強風與寒氣——冬天的氣溫可以降到華氏零下十五度——窄小的窗戶是不得不然的措施。堅固的石頭屋頂可以承受厚重的冬雪；路上的積雪有時會切斷高原的聯外交通，長達數星期之久。現在是六月，艷陽高照，但在海拔半英里以上的地方，空氣帶著清新的味道，就連夏天下雪也見怪不怪。牧場的土壤貧瘠，由於沒有拖拉機，所有工作都是當地人拿著鋤頭和鐮刀用雙手完成。一九四二年夏天，由於染上肺結核而從阿爾及利亞來此地養病的阿爾貝·卡繆（Albert Camus），說這裡是「優美的鄉間」，但也「有一點陰鬱」。他認為山頂上的樅樹林是「一支野蠻的軍隊」，等著在天亮後衝下山谷——和真實的世界。這片高地有一股遺世獨立的氛圍，這是高懸天際的一塊神秘地方，居民偶爾會被跟美國的阿米希人（透過德裔的賓州親戚，維吉尼亞對這群人並不陌生）相提並論。這裡和法國其他地方截然不同。

雖然地理位置與世隔絕，這片高原卻擁有不尋常的開放精神和收容被迫害者的高貴傳統。四百年前，許多胡格諾派的新教徒便是躲在這裡，逃避法國天主教廷的龍騎兵（早期的宗教清算手法）。從那時起，當地人（絕大多數仍秉持樸素溫和的新教信仰）延續了收容外人並反抗壓迫者的風俗習慣。在這一次的戰亂中，當地年輕人在高原各地的牆上用粉筆塗上象徵勝利的「V」，遠在這個親同盟國的符號出現在法國其他地方之前。難怪它如磁鐵般吸引了逃離納粹的難民，不論是躲避集中營的猶太人，或是因為不想到德國當奴工而加入游擊隊的年輕人。正如維吉尼亞即將發現的，這塊地區幾乎家家戶戶都祕密冒著生命危險窩藏至少一名逃亡人士。

一抵達目的地，兩個女人徒步經過兩棟被焚毀的農舍，走向尚邦村上方的一個小聚落，來到一家名叫拉普里奇的三層樓兒童收容所門前。維吉尼亞敲門，當一位高高瘦瘦、面容真摯的年輕人來開門，她問道：「波尼先生？」維吉尼亞穿著符合她年紀的樸素夏季連衣裙，聲稱自己是一名比利時記者，前來報導法國兒童的情況。她開始針對他照顧孤兒及營養不良兒童的「偉大」工作提出問題；儘管波尼有點看不透這位帶「盎格魯薩克遜」口音的女人，他還是請她進門。他在巴黎附近的朋友[2]曾通知他維吉尼亞可能來訪，但由於戰爭期間路上不太平，這裡很少有客人到訪。

奧古斯特・波尼（Auguste Bohny）是一位來自瑞士的二十五歲教師，為了照顧戰爭中的兒童難民而前來尚邦村。他總是小心翼翼地反覆演練他的每一個答覆[3]。作為瑞士救濟會（Secours Suisse）的一員，他跟高原上性格剛毅的牧師、老師、醫生和農民建立了一個嚴密的網路，從戰爭一開始便合力收容好幾千名年幼的難民；這在法國堪稱絕無僅有的案例。他太清楚這些孩子面臨的威脅（其中許多人是拿著假身分文件躲藏的猶太兒童），過去數度幫助他們躲過圍捕。事實上，這塊高地挽救了三千多名猶太人的性命，一九八八年，尚邦村成了法國境內唯一榮獲以色列頒授國際義人獎（Righteous Among the Nations）的村莊。波尼自然懂得謹言慎行，不洩漏任何訊息。

言不及義地談了大約一小時後，維吉尼亞承認她是「英國人」，她其實對兒童的情況不怎麼感興趣，而是想找到聯繫游擊隊的管道。不過，波尼和高原上許多人一樣誓言反對暴力，拒絕支持任何形式的武裝鬥爭。他幫不了她。維吉尼亞來找他，顯然是聽信了餿主意，現在，她認為自己辛辛苦苦跑這一趟根本毫無意義。天色已晚，來不及離開尚邦村，兩個垂頭喪氣的女人住進當地一家旅館，打算隔天早上返回科斯恩。

她們離開拉普里奇後，波尼重新考慮了維吉尼亞的請求。他把事情告訴家裡的一位私人教師（此人為了逃避馬賽的強制勞役令而加入游擊隊），後者又告訴他的游擊隊上級莫里斯・勒布拉特（Maurice Lebrat，也是一名教師）。勒布拉特斷定，維吉尼亞的來訪事關重大，有必要叫醒當地的抵抗領袖之一，皮耶・法約爾（Pierre Fayol，跟妻子瑪麗安娜一起躲在一棟偏遠農舍的退役後備軍官）。午夜之前不久，當同志們帶著消息闖進農舍，法約爾正迷迷糊糊地即將入睡，枕頭邊放著他的機關槍和手榴彈。

這位來自倫敦、身分不明的密使——維吉尼亞沒有說明自己代表哪一個組織——來得正是時候。打從這個月月初，上羅亞爾省抵抗組織（有些人喜歡以「祕密軍隊」相稱）的其他成員便在高原西南邊的穆謝山（Mont Mouchet）跟數千名德軍交戰。他們成功除掉數百名德軍，並拖延其他人前往諾曼第的腳步。不過，德軍後來以優勢火力展開血腥反擊，報復性地蹂躪了當地幾個村莊。維吉尼亞抵達的三天前，游擊隊在喪失幾百名弟兄後不得不迅速撤退。他們分散進入山區，最後在聖克萊芒附近的游擊基地重新集結。現在，他們擔心駐紮勒皮和聖艾蒂安的德軍部隊將施加更嚴厲的報復，高原入口的聖阿格雷夫（Saint-Agrève）村已經遭德國空軍機關槍掃射。他們太清楚格利耶爾高地的屠殺事件，害怕悲劇重新上演。不過截至目前為止，盟軍提供的武器和彈藥寥寥無幾——一年前的空投補給品稍早前被蓋世太保搜走了。D日一週後——正當北方五百英里外的盟軍部隊終於殺出灘頭堡——法約爾手下的兩百多名人馬鬥志昂揚、蓄勢待發，但幾乎沒有可供作戰的武器。登陸行動之前，盟軍最高司令艾森豪將軍為了鼓舞他的陸海空將士，曾說出「全世界的目光都在注視你們」的豪語。然而在上羅亞爾省，游擊隊員感覺全世界徹底遺忘了他們的困境。

「我們沒有時間查她的身分。我們需要立刻見她，」同志們簡單說明情況後，法約爾做了決定，「她說不定能夠幫助我們」[4]。幾人不顧宵禁，凌晨三點偷偷溜到她下榻的旅館，上樓走進她的房間。三十九歲的法約爾觀念古板。在每一個抵抗組織，女人首先必須對抗柔弱的刻板印象，就算游擊隊願意收下她們，她們也只能負責煮飯和縫補衣裳這類的「女人」雜務。許多組織都有越獄的逃犯混跡其中；若是平時，他們很可能還在服刑。性侵事件時有所聞。大多數人——包括法約爾在內——認為戰爭畢竟是男人的事。

不過，他從來沒見過這樣一個身經百戰的高個子女人；她三更半夜前來應門，渾身散發強大的氣場。在這幽暗而仄逼的房間裡，維吉尼亞的法國伴護布瓦潔女士不發一語地坐在陰暗角落。雙方寒暄幾句後，維吉尼亞立刻進入正題。幾個男人可以聽到飛機低空飛往法國其他地方的轟隆聲，這時，她以「強烈的口音」提出一個接一個問題：你們是什麼階級？行動地點在哪裡？誰給你們下命令？你們設置了空投區嗎？你們可以召集四十名優秀人員嗎？你們需要什麼？最後，她以相當強勢的口吻質問：你們會毫無異議地執行我的命令嗎[5]？

如此威嚴的訊問令法約爾大為震驚，他回答他有一支名為伊桑若跳傘隊（Compagnie Yssingeaux Parachutages）的勘察隊，這群人已經列出好幾個潛在的空投區。召集四十人馬不成問題，假如他能得到支撐游擊隊的補給品，還能號召更多人。

「你心裡想的是哪一類行動?」法約爾問。

「破壞,」她回答,「你們需要什麼。」

「武器、炸藥和錢,尤其食物,」他答覆。

維吉尼亞指示她的訪客上午八點開車過來,距離當時不到四個鐘頭。「我們去看看空投區,」她告訴他們。

法約爾面臨了艱巨的任務。依規定,沒有特殊許可證的人不得開車,而且各種車輛都很難找到,汽油更是稀少。不過,法約爾盡責地在約定時間開著一輛車停在旅館門口;這輛車是蓋世太保最喜歡的低底盤四輪驅動黑色雪鐵龍,外觀優雅、操控性佳,還有兩個優越的特色。它有加強馬力的引擎(經過改裝,可以祕密添加苯溶液),跑得更快;擋風玻璃可以往下摺疊,車上的人得以朝前方開火。不過最重要的是,德軍的巡邏兵會假設車上是自己人,因而允許它自由通行。

維吉尼亞、法約爾和另外兩名游擊隊員在寧靜的星期四早晨出發,巡視散佈於廣袤高原上的九個潛在空投區。她有條不紊地評估每一個地點。首先,她徒步丈量土地面積(空投區必須有大約半英里寬的平坦乾燥的地面,沒有任何障礙物或坑洞)。她舉起手帕的一角測試風力——如果手帕沒有被吹到完全水平,表示每小時風速不到十五英里,適合跳傘。她記下座標、選擇代號(以魚類為名),以及可以用燈光傳送摩斯密碼供飛行員辨認的識別字母。每一個空降區都有專屬的獨特訊息。維吉尼亞最喜歡的空降區位於高原的制高點,代號「鯛魚」,識別字母為R,

BBC的法語廣播會在空降行動幾小時前宣布「星辰墜下黑暗的光芒」，預示接收小隊做好準備。

這地區的潛力令維吉尼亞印象深刻，但她無法立刻聯繫倫敦——由於害怕被納粹或法蘭西民兵發現，她此行沒有帶發報機。她告訴游擊隊，她必須先向上級彙報才能採取進一步行動：「我不能自己做最後決定，但我會回來找你們，或者下達任務給你們執行」。她坐在岩石上俯瞰他們，說明他們必須跟其他合格的游擊隊競爭有限的資源——事實上，上馬恩省（Haute Marne）幾個地區等待空投已經等了五個月了。德軍在該地區的道路與鐵路暢行無阻，因為當地的游擊隊根本沒有任何武器[6]。「不過，我今天就可以給錢，錢就在我身上，」她拍拍肚子說。

當天下午，他們在莫里斯．勒布拉特的母親開設的縫紉用品店後頭一間煙霧繚繞的房間再次聚會[7]。維吉尼亞一跑進來——她已拋開老婦人的拖沓步伐——立刻打開她的腰包，遞給莫里斯一疊千元大鈔。「這裡是十五萬法郎。點點看。」莫里斯匆匆數了一下說，「這裡有十五萬兩千法郎。」「再數一遍。肯定是十五萬。」莫里斯重新數錢，但堅稱她多給了兩千塊錢。「啊！」她會心一笑。他通過了她的誠信測驗。她把椅子推開桌邊，示意離開。維吉尼亞最後交給他們一張便條紙，上頭寫著一個名字、一個在科斯恩棟濟路的地址，以及一句暗號：「我是尚雅克派來的」。必要時，他們可以在那裡留話給她[8]。然後她消失了，留下一群被震懾得幾乎說不出話的男人。不過她很快會發現，他們其中有一人已經開始厭惡她的權威。

維吉尼亞跟布瓦潔女士北上返家，回歸她在法國中部組建並武裝游擊隊的忙亂生活，並且指揮所有人展開全面的破壞行動。沒有人知道她過去幾天跑哪裡去了，更沒有人敢開口問她。六月十七日，她發報通知倫敦，利尼翁河畔的尚邦村至少有兩百名「受到良好指揮的傑出人員」，並且可以快速擴充到五百人。她建議盡速派兩名幹員前來接掌這塊地區，並送來一位發報員和充足的武器。兩天後，戰情局指揮官感謝她的「優異」表現，建議由她本人擔任上羅亞爾省地區的無線電發報員[9]，「感覺上，她不同凡響的組織能力可以在那裡發揮更大作用」[10]。這是她第一次被正式賦與指揮權。戰情局六月十八日的紀錄顯示：「計畫由她主持這支游擊隊」。不過，事情照例沒那麼簡單。

維吉尼亞不情願立刻離開。她想要親自監督一系列的空投行動——除了槍械彈藥，她還要求倫敦送來迫切需要的醫療用品和甚至腳踏車輪胎。她還希望跟新來的發報員完成交接；後者被召來接替她在謝爾省和涅夫勒省的工作。不過在尚邦村，法約爾因為等不到音信而漸漸失去耐心。日子一天天過去，過了兩星期，還是沒有任何關於她的消息。那筆錢很有用，但到了七月初——D日過去整整一個月後——這群人依舊沒有槍砲或炸藥。這塊地區最慘烈的戰況發生在高原外的地方，但鄰近的戰事引發了恐慌，特別當發生在附近的勒謝拉爾（Le Cheylard）的一場戰役死了好幾百位居民和戰士之後。法國西南部的德軍也開始大舉移師諾曼第，沿途燒殺擄掠，什麼都不放過。沒有武器，法約爾的人馬既不能助戰友一臂之力，也無法派突擊隊到山下的谷地襲擊敵軍。

終於，法約爾按捺不住了。他派兩名密使去找黛安，準備不計一切代價把她帶回來。他們是賈桂琳・德庫瑪什（Jacqueline Decourdemanche，丈夫遭德軍槍殺的一名教師）和艾瑞克・巴貝札特（Eric Barbezat，尚邦村的一名書商）。兩人接受這項危險任務，騎腳踏車到山下四十英里外的聖艾蒂安。他們想辦法躲過德軍巡查，然後搭夜車到科斯恩羅亞爾，在七月六日上午抵達。他們分頭行動；賈桂琳獨自前往棟濟路的地址。奇蹟似地，她看見維吉尼亞恰好經過——雖然她現在很少在同一地方待超過幾個鐘頭。維吉尼亞向來客解釋，她已經傳訊息到尚邦村，表示自己即將到訪，但訊息肯定傳丟了。無論如何，她說她隨時可以動身，然後抓起立在大廳的三個行李箱。其中一箱是她的衣服，另外兩箱則是發報機組和各式槍械。維吉尼亞的從容令賈桂琳嘆服不已。賈桂琳知道，他們這一路上必須通過好幾個關卡，如果在任何一個檢查哨被逮，維吉尼亞必死無疑。然而，維吉尼亞似乎無懼於眼前的危險，整個人容光煥發，彷彿她在最危險的亂世之中找到了心靈平靜。她讓賈桂琳想起文藝復興時期的聖母像——「很美」，而且散發「驚人的恬靜氣息」，無視「她行李箱內攜帶的內容物」[11]。

維吉尼亞彷彿不再依賴她的偽裝。拋開農婦的裝束，維吉尼亞耀眼的容貌（她的頭髮如今是閃亮的深栗色）非常引人注目。當她們穿越車站大廳去跟巴貝札特會合，一名鐵路員工立刻認定她是外國人，悄悄挨近她的身邊，低聲警告她德國人即將進行搜查。他示意他們三人躲進火車停車庫，他們別無選擇，只能跟著他走，好幾分鐘緊張得無法確定自己是否一步步落入圈套。蓋世太保確實現身展開突擊檢查——他們可以聽見月台上沉重的腳步聲和德國人的吼叫聲；幸運的是，蓋世太保沒有檢查車庫，最後在火車進站前空手離開。他們三人上車，站在悶熱擁擠的走道，擔心如何應付下一次的突擊檢查，因為他們已無處可藏。

火車開動了，當他們聽到一陣空襲警報，最後一抹落日餘暉正隱沒在山頭後方。擁擠的列車緊急剎住，導致乘客跌得東倒西歪，行李箱四處飛散。列車長指揮所有人跳車，並在田野間分散開來尋找掩護。車門嘩地打開，男女老少尖叫著彼此推擠，設法在轟炸之前盡可能遠離如同標靶的列車。當艾瑞克和賈桂琳終於在混亂中擠到門邊，飛機已經幾乎在他們頭頂上空了，但維吉尼亞在他們跳車之前緊緊抓住他們的胳膊。她輕柔而平靜地勸兩名同伴留在車箱裡。「前來轟炸的是英軍，」她解釋，「我通知過他們。他們知道我在車上；我們不會被炸」。炸彈在他們四周如雨點落下，炸得車箱搖搖晃晃，空氣中瀰漫辛辣的硝煙。艾瑞克目瞪口呆地望著鎮定自若的維吉尼亞，無法相信當他們的路線成了英國皇家空軍的轟炸目標，他們還能活著走完剩下的路途。「要是尼維爾（Nevers）河的鐵路橋在夜間遭轟炸怎麼辦？」他屏息提問。「噢，橋肯定會被炸，」維吉尼亞確認，「但那是明天早上的事，等我們的火車通過之後」。事情果然如她所料[12]。

維吉尼亞和倫敦保持聯繫，這表示她被充分告知英國皇家空軍在這一帶的行動，並且能同樣充分地向上級說明她的行蹤，以免暴露在不必要的我軍危險之下。飛機向火車附近——但不算太近——的目標投擲炸彈之後，適時朝遠方飛去。不過，歷經漫漫長夜，當三人在清晨抵達聖艾蒂安，卻發現應該在那裡等著送維吉尼亞進尚邦村的車子沒有出現。

他們在車站空等，痛苦地知道他們的身影在空曠的車站大廳裡非常顯眼。最後，由於維吉尼亞不肯放下她的行李，艾瑞克只好離開兩個女人，到失蹤司機的家裡找人。途中，他從未見過的一個男人刻意撞了他一下，跟他借火。艾瑞克點燃火柴時，那人傾身警告他不要靠近那棟屋子，因為有人告發那名司機，他的家已遭到監視。那人接著遁入一條小巷，艾瑞克自始至終不知道那人怎麼曉得警告他。不過，維吉尼亞顯然得自己想辦法登上高地了。

艾瑞克必須快速思考。維吉尼亞不能繼續在原地等待，因為巡邏兵隨時可能決定搜查她的行李。聖艾蒂安是德軍的駐紮地，警戒很嚴密，自從上次美軍空襲導致上千人喪命（包括法國百姓和德國士兵），氣氛特別緊張。因此，所有人都不歡迎美國人，被舉報的風險很高。儘管盟軍部隊或許已踏上法國領土，但他們仍陷在數百英里外的諾曼第，所以這塊地區離戰爭結束還非常遙遠。艾瑞克想得到的唯一辦法，就是去找他以前的工廠老闆；他一九三九年在那個工廠工作。兩人私下的關係不錯，但艾瑞克無法擔保他的前任雇主如今效忠於誰，尤其當那麼多當地的兒童死於美軍轟炸。要求他幫助是另一場豪賭，不過艾瑞克別無選擇。他跑到工廠跟老闆解釋，他的兩名女性友人被困在車站，因為來接她們的人沒有出現。他可以幫忙嗎？令艾瑞克如釋重負的是，老闆的回答「很爽快……他會親自去接她們」，他們一行人可以在一個安靜的房間休息到下午四點，然後搭上前往聖熱內馬利福（Saint- Genest- Malifaux）——與尚邦村同方向的寧靜小鎮——的公車。他們可以在那裡住旅館，然後設法找到計程車。

躲在工廠休息一陣子後，這一行人分開登上公車，艾瑞克和賈桂琳把他們的腳踏車放上車頂。維吉尼亞照例留神聆聽任何有用的訊息，不小心在公車上聽說有一輛牛奶車可以一路載著乘客從聖熱內到尚邦村。到了聖熱內，她吩咐艾瑞克立刻找到這輛牛奶車，因為她必須在兩小時內抵達尚邦村，在預定時間向倫敦傳遞訊息。他在街上拔足狂奔，卻發現太遲了。他告訴她，牛奶車「已經客滿」，無法接受其他乘客了。如今被困在鎮上，維吉尼亞只好入住旅社，及時開始傳送訊息。不過，如果她在那裡停留超過一夜，那就太蠢了，因為在這小鎮上，她的信號很容易被偵測到，而且她的外國口音、紅頭髮和白皮膚太引人側目。艾瑞克必須憑空想出另一套計畫，而且要快。

那天夜裡，旅館出現突發狀況，黎明時分，一輛救護車來到旅館外頭。兩名緊急醫護人員衝上階梯，幾分鐘後，一個從頭到腳被毯子裹住的人被擔架抬著送上救護車。救護車開始慢慢朝當地的醫院前進。當它抵達通往尚邦村的分岔路口，它猛然轉向，開始加速上山。車裡，褪去偽裝的維吉尼亞終於帶著她珍貴的行李上路了，這得感謝艾瑞克的另一個老朋友鼎力相助[13]。翌日，他們得知蓋世太保攔下那輛牛奶車、逮捕司機、射穿疊在牛奶桶上的每一件行李，並把許多位乘客抓去審訊。

救護車在尚邦村近郊讓她下車，還留下一位不知道她是誰，也不知該拿她如何是好的牧師。這種種事情令維吉尼亞觀感不佳，特別因為德軍部隊經常會行軍穿越村裡的街道——事實上，幾支部隊住進了里格農旅館，一間藏匿猶太兒童的收容所就在隔壁。「他們對我的住宿與工作地點毫無安排，」她開口抱怨，開始後悔來到這裡。她責怪法約爾沒有替她做好安排，因為她擺明是冒著生命危險來幫他的。他和其他抵抗領袖還因為她上回留下的錢起了爭執。她認定這是「一個糟糕的開始」，也是一個不祥的兆頭。這裡顯然有許多自大的傢伙，誰也不服誰，不過，她倒是認為大多數的普通游擊隊員都很優秀。既然無處可去，維吉尼亞堅持搬進法約爾夫妻的農舍（至少暫時棲身），好讓她起碼可以開始傳送訊息。

她一抵達，立刻令人留下深刻印象。瑪麗安娜．法約爾是另一個被黛安的人格魅力、「非常英式」的容貌、她的權威以及「與其氣勢相得益彰的外表」迷住的人。作為當地抵抗組織的後勤人員，瑪麗安娜早已習慣應付游擊隊員無止無盡地需索更多食物、衣服、藥品或香菸。不過黛安「不要求人身舒適，接連幾天睡在乾草堆上，毫無怨言」[14]；瑪麗安娜和丈夫占據了唯一的床。

儘管三人同住在一個屋簷下，瑪麗安娜對卡斯伯特毫無所察，直到她建議維吉尼亞一起到屋外的小溪——那裡唯一的活水——洗澡。維吉尼亞答應了，但她拉起裙襬露出截肢說，「如果我沒嚇到你的話」，顯然擔心瑪麗安娜出現過激反應。在那一閃而逝的時刻，維吉尼亞極為罕見地露出了不安全感。最後，兩人都沒去洗澡。

此刻，維吉尼亞唯一的要求，就是給她一個發報地點。她每天花好幾個鐘頭傳送並接收無線電訊息，利用一系列最新的加密技術——這些技術一經德軍破解便立刻更換——在廚房餐桌上編碼與譯碼。如今使用比較安全的「一次性密碼本」（one-time pad）系統，人們可以看見維吉尼亞凝視和手帕差不多大小的方型絲巾，上頭印著五十個直行與五十個橫列的亂數與字母（信號接收站擁有一套一模一樣的密碼本）。每次用掉一個直行編碼或譯碼，她便一絲不苟地撕下方巾並燒掉它[15]。她太清楚有許多發報員一時疏忽大意，忘記摧毀證據，為此付出生命的代價。

如今，德國人擁有高度精密的無線電偵測設備，發報工作變得比以往更加危險。她向法約爾解釋，由於德軍的低空偵察機，她必須頻繁地轉移陣地。這種被稱為「鸛鳥」（Storks）[16]的輕型飛機（由於飛行時輪子會像鸛鳥的腳垂在機翼支柱下而得名）會定期掃描空中，尋找地下電台的傳送訊號。（由於鄉間幅員廣闊，它們比豐卡維爾更有效。）她說，如果他看見一架鸛鳥，或聽見它們不尋常的引擎轟隆聲，法約爾應該趴到地上一動不動，等到飛機飛過，立刻發出警報。如果被鸛鳥抓到信號，其他飛機便會緊接著「用炸彈……把這塊地區夷為平地」。只要抓到三秒鐘的信號，就能鎖定半英里以內的範圍，較長的訊號甚至可以精確定位到幾碼的距離。

事實上，賓主雙方都希望維吉尼亞趕緊搬走。兩天後（並且另外在卡繆曾經下榻的旅館住了一天後），維吉尼亞搬進維龍格村（Villelonge）一位熱情麵包店老闆家中的穀倉，離游擊隊基地和最佳的空投地點更近。她再次湊合著住進一個沒有自來水（更別提熱水）的地方，以木頭棧板為床，不過她至少能把穀倉當成她的指揮部，並且可以信任麵包店老闆替她把風。在這裡，靠著二十四歲的副手「鮑勃」（一位喜歡說俏皮話的前任船員，名叫勞爾・勒布利科〔Raoul Le Boulicaut〕，維吉尼亞第一眼就認為他比法約爾更盡責）幫忙，她終於可以訓練出一支屬於她的忠誠的游擊隊伍。鮑勃和他的人馬是亡命之徒，過去一年多來在山區棲息與行動，渡過最嚴寒的冬天。不過，鮑勃仍設法保持嚴明的紀律，毫不留情地剔除那些喜歡貿然開火或不守規矩的人。

光是為了生存、躲藏和吃飯穿衣，他的人馬幾乎耗盡了一切——他們得依賴當地人救濟。隊伍中隊伍中有三分之一是猶太人，大多數人都非常年輕；他們在廢棄的農舍紮營，在高原的東面山坡行動，監視著通往里昂和聖艾蒂安的道路。他們看見維吉尼亞的決心，也看見她願意和他們一樣忍受艱苦環境。雙方互相敬佩。「我知道他的性格有些詼諧，但他行事沉穩、表現傑出，深受手下愛戴，」維吉尼亞說，所以「我把鮑勃和他大約三十人的游擊隊視為自己人」[17]。沒多久，她的人開始流傳她在一次遠東任務中斷腿的小道消息——她認為有益無害而懶得澄清的流言蜚語。

鮑勃的人馬同意在她瘋狂地將情報傳回倫敦之際，替她留意鸛鳥飛機、蓋世太保、法蘭西民兵或其他任何入侵者。在此之前，他們只能靠陸路走私進來的寥寥幾支武器勉強自衛，但鮑勃告訴他們，這位神秘的新來者是「遊走盟軍各大情報機構的一個非常重要的人物」，能夠替他們「安排大批武器和破壞工具」[18]。有關這位大人物的消息不脛而走，很快吸引更多新血——尤其是一位名叫維克多・呂埃萊（Victor Ruelle）的當地農民，他主動號召一百五十位親朋好友前來響應。維吉尼亞開心地接納他們，開始加以組織、訓練，並尋找適合的伏擊或投彈目標。當倫敦提議她起用無所事事的阿拉米斯——如今沒有人會認真地把他看成她的上級——她毫不意外地立即「給與負面答覆」。

然而，並非每個人都像鮑勃的游擊隊那樣友善地幫助維吉尼亞。事實上，儘管維吉尼亞主動伸出援手，有些抵抗分子仍對她抱持戒心，甚至明目張膽地阻礙她的行動。法國的抵抗運動分崩離析，許多派系各立山頭——被個性衝突與政治立場所撕扯，尤其是戴高樂派（戴高樂支持者）和共黨分子（厭惡戴高樂日益崇隆的聲望與保守觀點的人士）之間的對立。維吉尼亞謹慎地從不談論政治，身為真正的情報員，她願意跟任何能幫助她打敗納粹的人合作，包括她認為勇敢又有效率的法國共黨義勇軍（**Communist Francs-Tireurs et Partisan**）。她努力凝聚各個敵對的派系，但往往徒勞無功——而且兩邊人馬都憎恨她跟對方合作的事實。他們更習慣懸賞彼此的人頭，而其他人則忙著報復性殺害或草率審判有通敵之嫌的人。事實上，法國人的內鬥極其激烈，有些史學家將這段時期稱為法國內戰——歐戰最熾熱時期的一場次要戰爭。

戰亂總是令局勢動盪不安，但對某些法國游擊隊員而言，國家在解放之後將由誰領導，是個至關重大的問題。他們所做的每一件事，幾乎都是為自己在戰後的位置籌謀。法約爾向抵抗運動中的戴高樂派投誠；這派人士（如安托萬）高度懷疑英美兩國對法國別有用心，甚至害怕出現「諾曼征服英格蘭」史事的反撲。他們依舊因為法國在一九四〇年兵敗如山倒而感到屈辱，因此特別痛恨羅斯福總統將戴高樂（法國未來唯一的領袖人選）排除在同盟國三巨頭（邱吉爾、羅斯福與史達林）之外。這很可能是維吉尼亞拒絕透露她是美國人——更別提她替美國情報機構工作——的原因。暗潮洶湧的時代背景，或許為法約爾的行為找到解釋（甚至原諒）的理由。

事實上，法約爾開始煽動人們懷疑維吉尼亞，暗中傷害這個正在試圖幫助他的女人。是誰給維吉尼亞權力發號施令的？他口沫橫飛地問。一個女人，尤其是一個外國女人，怎敢如此到處耀武揚威？法國情報機構和法國軍隊從不派女人上前線——抵抗運動中的女性作戰人員也寥寥無幾。誰會真的相信這個紅髮女巫（這是她如今的綽號）拿得出她承諾的槍械和炸藥？維吉尼亞非常清楚整個情況，並相信法約爾的上級吉沃德（Gévolde）——以山下谷地為基地的一位獸醫——也涉入其中。「我認為〔他們〕不算男人，」她向倫敦報告。幸好，鮑勃持續「表現傑出」，並且「扶持」她「渡過種種難關」。

在接下來的權力鬥爭中，維吉尼亞漸漸認為法約爾游擊隊的領導層能力不足，並且犯了「貪圖個人威望」的過錯。她說他們「什麼都要卻從不付出」；他們渴求她提供的物資，卻拒絕保證服從她代表盟軍司令部下達的命令，這個事實令她氣憤不已。只因為他們「更懂得追逐名利」，他們取得了上羅亞爾省游擊隊的控制權，但她認為這群人只會自我膨脹、被他們自己的部下鄙視，並且沒有妥善安排安全措施。已經有好幾群志願軍悄悄離去，但大多數人留下來，因為他們是納粹或法蘭西民兵手下的逃犯，無法回歸平民生活，只想「給德國人一點顏色看看」。她告訴倫敦，她「跟這些人相處愉快」，並且在此情況下，「盡自己最大力量幫助他們」[19]。

維吉尼亞希望請來兩位特種軍官，提供他們迫切需要的游擊戰術訓練。但法約爾和吉沃德激烈反對讓英國或美國軍官插手他們的組織（或許是因為害怕顯露出他們的無能），她只得取消計畫。她後來改請倫敦送來兩名中士——她相信較低的軍階比較不易引發衝突；但如今，她反反覆覆要求支援的聲音被倫敦置之不理。少了特種部隊總部的支持，維吉尼亞必須獨自應付數百名未經訓練的游擊隊員，心知自己的行動已曝光，形勢危險。在此同時，法約爾持續質疑她的權威——幸好，有消息傳來，（錯誤地）顯示她是一名中校，比她真正的軍銜高了四級。這個有益的消息讓她暫時穩住局面，不過，除非她能盡快召來第一批空投物資，否則她的生活會非常難捱。

電影有時會讓觀眾以為，D日的成功象徵著最艱苦的戰鬥已經結束。不過在法國許多地區——包括維吉尼亞的所在地——D日製造了新的挑戰。殘餘的德軍——和他們的法國合作者——緊張、害怕，而且比以往更凶殘。維吉尼亞在盡全力安排第一次空投行動時，必須不斷移動位置以免被鸛鳥飛機盯上。下個據點是尚邦村山上的一個小農莊，屬於莫里斯·勒布拉特的表姊莉雅所有[20]。勒布拉特女士的丈夫在戰爭中被德軍俘虜，她必須獨力經營農場並養育兩名年幼的子女，忙得不可開交。然而，這位穿著家常印花圍裙的嬌小女人不僅熱情歡迎黛安——並且把她餵得很飽——還成了抵抗運動的另一個支柱，始終對游擊隊員敞開大門卻拒絕收錢。「家母從不害怕，只是比較謹慎，」她的女兒喬琪特回憶[21]。被抓到的後果顯而易見。不久前的一個週末，德軍和法蘭西民兵突襲附近農場，他們懷疑農場窩藏抵抗組織的成員，槍殺了九名手無寸鐵的農民，讓他們曝屍地上。另有十一人被捕，三座農場付之一炬[22]。

然而，莉雅二話不說地收留維吉尼亞，願意給與一切幫助。她只堅持一件事情——絕不幫忙藏槍。喬琪特一隻眼睛留意巷子裡的動靜，她想起母親確實允許維吉尼亞在收訊較佳的屋子北面窗戶架起天線。由於沒有電力，維吉尼亞改裝一組借來的汽車電池為她的發報機供電。年輕的艾德蒙．勒布拉特（另一名家族成員）用力踩改裝的腳踏車，替電池充電。她會坐在他身旁，頭上戴著耳機向倫敦的接收站敲打摩斯密碼，後者會立刻認出她的發報風格。

莉雅．勒布拉特還收容了一位來自阿爾薩斯、性格溫和的二十二歲教師迪迪．祖爾巴赫（Dédé Zurbach）；他為了躲避令人痛恨的強制勞役令而逃亡，德軍抓了他的母親和姐姐作為人質的事實，在他心裡留下了創傷。六月間，維吉尼亞乘車巡視空投區時，同車的游擊隊員中就有迪迪。如今，他成了她的「得力助手」——身兼司機、助理、信差和保鑣；這是個累人的角色，維吉尼亞自己都承認，她時常表現得有如「嚴厲的奴隸主」[23]。她驅策男孩們拚死拚活地取得電池、發電機，偶爾替她自己找來香水，並且教她最喜歡的幾個人記帳，甚至譯碼。「她非常活躍，」他深刻地回憶，「並要求我們無時無刻不在」。

維吉尼亞替她自己、迪迪、艾德蒙和鮑勃買了腳踏車，瘋狂地踩著單車上下山檢查空投點，並訓練隊員接收至關重要的第一次空投。她每晚收聽ＢＢＣ；廣播中雖有給法國其他地區的許多訊息，卻沒有給她任何指示。在隊員們聽到事先安排好的暗語之前，她其實毫無證據證明自己代表倫敦。那是令人緊張的等待。終於，一天夜裡，BBC播報員用法語宣布：「星辰墜下黑暗的光芒」，暗語重複三次，意味出動了三架飛機。

接收小隊急忙趕到高原制高點空曠的鯛魚空投區。這裡沒有柏油路，在這恍若世界之巔的地方，只有幾棟房子散落四周。地平線上，迅速黯淡的光線襯托著由火山形成的中央山脈，尖齒狀的梅藏峰（Mont Mézenc）和利雪峰（Mont Lizieux）護衛山脈的兩端。當天空陷入墨紫色，維吉尼亞現身了，引來現場三十多名游擊隊員一片驚嘆。這位如今被他們稱為「聖母」[24]（La Madone）的神秘「英國女軍官」卸下了她的夏季洋裝，換上軍用夾克和卡其褲，唯一的裝飾品是繫在脖子上的橘色絲巾（這是隱藏發報密碼的好方法）。許多人對她的軍裝扮相——伴以迪迪替她買來的昂貴法國香水——交換欣賞的一瞥。當她走上最平坦的一片草地，檢查排成巨大Y字型、彼此完美間隔一百五十步的木柴捆，眾人的閒談聲戛然而止。飛行員將藉由這些木柴定位投擲點，迎著當季的西風飛進Y字型開口。幾個人在四周把風，阻止閒雜人等靠近；其他人則在一旁待命，等到一聲令下便點燃木柴，或以摩斯密碼向飛行員閃現空投區的識別字母R。加百列——把維吉尼亞的游擊隊當成家的年輕孤兒——負責豎起耳朵聆聽遠方傳來的第一聲飛機引擎聲。維吉尼亞一隻眼睛留神剛剛抵達現場觀察行動的法約爾，同時命令其他人在加百列聆聽時保持絕對靜默。可以想見，在這漫長而緊張的夜晚，維吉尼亞如果不能履行承諾，她的信譽——甚至生命——將岌岌可危。璀璨星辰點綴著絲絨般的天空，微風輕輕拂過草地，但時間早已過了凌晨一點，依舊沒有任何動靜。飛機到底會不會來？他們是否依然得孤軍奮戰？聖母究竟是不是個冒牌貨？

終於，加百列覺得他聽到一個低沉的聲音，隨著聲音越來越響，維吉尼亞示意隊員點燃木柴。沒多久，渾厚的轟鳴聲劃破黑夜，他們明明白白看見三架短機鼻的英國皇家空軍哈利法克斯（Halifax）轟炸機列隊而來的側影。隊員們壓抑著興奮跑步各就各位。飛行員依據山脈輪廓線給與的線索向右傾斜飛行，此刻慢慢減速，降低飛行高度，筆直朝地面上雀躍的人群飛來。轟炸機越飛越低，來到他們上空不到六百呎的高度，一到達Y字型的中心點，飛機打開了艙口。掉下來的不是炸彈；相反的，一個個攜帶巨型桶狀容器的絲質降落傘如雨點般落下，砰地掉在他們四周的地上。三架哈利法克斯重新爬升沒入黑夜之際，飛行員極有可能依照慣例揮動機翼道別，讓地面上的每個人心中膨湃洶湧。幾個月漫長而孤獨的等待結束了；法國的這塊偏遠地區不再被人遺忘。山上聖母實現了她的諾言。

維吉尼亞命令隊員趕緊行動。她之前已訓練他們分成幾個小組，分別撲滅火光、剪斷綁在如今散落高原的二十個金屬桶子和十個包裹上的繩子，並摺好降落傘，收進袋子裡。每個金屬桶子（由南倫敦克羅伊登鎮〔Croydon〕的南方煤氣局製造）重約三百二十磅，總重超過三噸的物資必須迅速且無聲地裝上等候中的牛車、送到附近的祕密據點，然後分發給游擊隊員。維吉尼亞限他們十五分鐘完成工作、離開現場，不容一絲差錯。加百列回憶，「這次……行動，一如後來的每次行動，必須不留任何蛛絲馬跡。沒有收好一條線或一塊降落傘碎片……或一個桶子，都可能為某個人、整支游擊隊或甚至當地全體居民帶來悲慘後果：逮捕、折磨、死亡」[25]。桶子本身被丟棄在高地邊緣莫奈特峽谷（Gouffre de la Monette）的洶湧瀑布裡，降落傘的絹絲則被村裡的女人做成二十多件襯衫和洋裝。

在祕密據點，維吉尼亞和她的隊員一起清點物資。那天夜裡，他們取得了藥品、胸口繡著洛林十字（Croix de Lorraine，二戰期間，戴高樂將軍採用洛林十字旗作為自由法國的標誌，象徵法國人不懈的鬥志）的軍裝（好讓游擊隊員換下破爛的衣裳）、靴子（大多數游擊隊員原本將就穿著老舊的木底鞋或甚至不穿鞋）、慰問品（餅乾、香菸，以及特別行動處寄來、標明「致黛安」維吉尼亞最愛喝的茶）。不過，最重要的是軍火，包括布倫輕機槍（游擊隊員首選的自動武器）、斯登衝鋒槍（簡單的近距離作戰武器，可以充填擄獲的德軍彈藥，深受游擊隊員喜愛）、手榴彈和爆裂物。維吉尼亞對各種武器的特點與品質瞭如指掌，令游擊隊員佩服不已。她熟練地分裝各種武器，藏在乾草堆下。補給品當中還有一支S型步話機（S-Phone）——一種尖端科技的可攜式對講機，可以掛在脖子上。英國的特別行動處實驗室研發出來的S型步話機，可以讓維吉尼亞從地面直接與進入空投區的飛行員對話。這次行動收穫豐碩。根據當天夜裡幫忙的一位教師所言，游擊隊員士氣大振，他們覺得受到認可，重振了自尊心，而且終於跟遠在數英里外的陌生人成了同一陣線的兄弟，被納入一支令人驕傲的解放大軍。

夜復一夜，飛機與降落傘接連降臨——帶來武器、巧克力、汽油桶、繃帶、維他命、藥品和苯丙胺（令人鼻酸的是，還有一次帶來維吉尼亞母親的信，透露她身體欠安的消息）。另一個標明「致黛安」的密封包裹裝了供她視情況分發的一百萬法郎，以及特別行動處的薇拉・艾金斯親手為卡斯伯特打包的幾雙特殊醫療用襪。對她的人馬——以及帶著敬畏的目光站在遠處旁觀的村民——來說，彷彿山上聖母所到之處，夜空就會出現哈利法克斯的轟鳴聲，熱鬧滾滾。總共完成二十二次空投——二十次在鯛魚空投區，兩次在鄰近的區域。火把很快被更有效率的電池燈或手電筒取代；牛車隊中則添了一輛側身印著「貝當元帥」字樣的氣化引擎卡車。從現在起，維吉尼亞可以使用S型步話機直接給與飛行員口頭指示（如此先進的一九四四年科技，無疑更增添她的迷人魅力）。有關「山上聖母」的傳言迅速流傳開來。有些人說她從天而降，也有人說她可以顯現神蹟，隨心所欲地變出槍械和炸藥。

夜間的芭蕾舞劇無疑是維吉尼亞的個人大戲。第一次行動順利完成，毫無阻礙。但是第二次來了一個沒經驗的飛行員，他誤將物資投擲在德韋塞（Devesset）的另一個空投區，位於十五英里外的阿爾代什。當他透過S型步話機告訴維吉尼亞他已完成空投，這位可憐的年輕飛行員立刻悔不當初。她火冒三丈地連番飆罵，然後派鮑勃開卡車到德韋塞收桶子，藏進附近的一座農場。有幾個不眠的漫長夜晚，飛機根本沒有出現；另外幾個晚上，飛機高度太低，桶子撞擊地面後轟然爆裂；還有幾次，厚重的雲層阻擋了Y字型的導航燈；最糟的狀況是飛機在前來的路上被擊落。英國皇家空軍特勤隊成了為抵抗運動注入命脈的英雄，但也為此折兵損將，付出昂貴的代價。德軍攔截了一份密電，出現在一個較不常用的空投區——幸好，那天晚上並未安排哈利法克斯前來，游擊隊員解決了這些入侵的敵人，將他們的屍體丟進利尼翁河。不過，管束一大群游擊隊員的繁重工作帶來了後遺症。維吉尼亞發現她在上羅亞爾省的日子「不同於以往，而且非常艱難……將黑夜用於等待空投，而且多半空等一場」[26]。有時候，她接連好幾天沒睡，得靠苯丙胺支撐她的精神，並跟睡眼惺忪的隊員分享她的藥物。在這樣的壓力下，一丁點失誤都會令她暴跳如雷、滿口髒話、抽菸抽個不停、煩躁地朝地上吐口水，猶如典型的游擊隊員。

「黛安渾身散發精力、勇氣與魅力，但她也可能盛氣凌人、蠻橫霸道[27]，」鮑勃的手下安德烈·盧（André Roux）說。「我們偶爾會被臭罵一頓，」迪迪同意，「黛安不見得好相處……但她對周遭所有人留下了深刻影響。我絕不後悔認識她[28]。」維吉尼亞知道自己很嚴格，尤其因為她非常罕見地同時身兼召集人和發報員的角色（兩者都是專職的工作，而且需要非常不同的技能）。但在里昂和挑剔的同志共事的經驗，讓她學會表達欣賞。她會表示，「我能在上羅亞爾省好好活著工作」，多虧了迪迪和「鮑勃連」的人馬。她也會跟男性隊員稱兄道弟，特別是學會傳統的游擊隊道別語：「親愛的，待會兒見。他媽的！」如果說她曾將萊夏和阿拉德視為外甥，游擊隊的年輕隊員就是她的兒子。尚·納萊特（Jean Nallet）——波尼收容的學齡孤兒——曾告訴她，他夢想成為一名醫生。她的回應是指派他擔任她的醫療助理，讓他負責管理繃帶和藥品，並將她一九四〇年在救護車勤務隊學到的急救方法悉數教給他。七月最後一週，她的聲望如日中天，以至於身旁擠滿了志願者。從最初的三十人，她如今掌握了四百人大軍。她將所有人編為五個連。她向倫敦傳訊，如果能保證送來更多武器，有可能出現「源源不絕的新血」。有些開心的夜晚，她會替大夥斟上杜松子酒——當然是從德軍身上擄獲的戰利品。在這些時候，迪迪後來回憶，她會跟大家分享她記憶最深刻的「快樂時光」[29]。

不過，更多物資引來了更多問題。維吉尼亞顯然認為她跟法約爾的交易，是由她資助他的游擊隊並提供武器，換取他們接受她的命令，納入盟軍更宏觀的D日後戰略。他不承認這樣的約定，只願意聽命於法國內務部隊（French Forces of the Interior，簡稱ＦＦＩ）的吉沃德司令（ＦＦＩ如今的正式名稱為「抵抗運動法國分隊」，被期許展現出更接近正規軍的風範）。她試著當個「值得信賴的自己人」，設法跟法約爾和他的連隊合作，但他們「一味索求，從不付出」。維吉尼亞絕非唯一一個遭遇如此敵意的英美情報員——但她決不讓權力鬥爭阻礙與德軍的真實戰鬥。幸運的是，他們起碼有一致的攻擊目標。「只要吉沃德和法約爾……願意執行破壞與游擊任務，我不在乎他們是否因為我的存在而不願與我們合作，」她後來悲傷地說[30]。無論如何，維吉尼亞可以依賴鮑勃的人馬和維克多．呂埃萊的大批親朋好友執行任務。她在一座偏僻的穀倉盡可能訓練他們從事破壞行動的技能。必須記住的一個要點是，塑膠炸藥可以安全地藏進口袋，而體溫可以幫忙把它們捏成適合目標物的形狀；不過，同等威力的雷管很不穩定，有可能引爆自燃。維吉尼亞如今負責指揮眾多破壞任務——令她挫折的是，她不能親自參與行動。懸賞她人頭的獎金依然很高，她不能從暗影中走出來，而卡斯伯特無疑妨礙了她的逃生機會，不過，她暗中擘劃每一個細節，直到最後一刻。

在他們的每日例會中，法約爾依舊不予合作——儘管她持續為他提供充足的補給品。根據她跟礙事的人打交道的經驗，她決定找其他FFI軍官合作，藉此打破僵局。這一次，她會帶著錢去，因為她知道FFI極缺現金。她透過一位聯絡官聯繫上FFI的主計長，主動為他提供資金；她刻意使用男性化名「尼可拉斯」，並讓他相信她是英國人（她認為這樣比較不會引起反感）。他答應見面。維吉尼亞拿香菸賄賂當地一名英語教師，借後者的車開到勒皮去見他。當埃米爾·塞龍德（Emile Thérond）司令官見到一名威風凜凜的女人大踏步走進他的藏身之地拿錢給他，肯定嚇了一大跳。他立刻展現比法約爾和吉沃德更合作的態度，兩人達成協議。如果FFI配合盟軍的計畫——包括攻擊目標與戰術的選擇——事成之後，她會交給他三百萬法郎。對此協議，雙方都很滿意。這筆錢足以支應三個連的一百五十名弟兄和一場持久的破壞行動，並且讓當地的FFI終於打下穩固的財務基礎。維吉尼亞靠著走後門遂了自己的心願，並以強硬的談判風格贏得塞龍德的尊重。他對她的「堅定決心、精力、分明的條理以及非常高明的組織能力」讚不絕口，認為跟這樣一位「傑出領袖」合作「榮幸之至」。事實上，他和她密切合作，以至於當她離開這塊地區，他便辭去ＦＦＩ的職務，而且立即生效。

盟軍司令部如今將首要目標鎖定勒皮——一座被錐狀的死火山環繞的中世紀城市。多虧了她的線民網路，維吉尼亞向倫敦傳回一個重大情報，表示德軍準備將參謀總部轉移到里昂西南方一百英里外的地方（自從一九四二年占領自由區，里昂便是德軍參謀總部的所在地），因為那裡被視為比較安全的地區。目標是召請ＦＦＩ——感謝塞龍德司令的配合——協助，讓納粹後悔這次決定。沒多久，維吉尼亞發動十幾起她所謂的「橋梁與隧道破壞」行動，幾乎夜夜都會出現重大爆炸事件，阻礙德軍在城市及四周的行進，並切斷他們的補給線。她派躲在高原上的幾支小隊下山炸毀道路、破壞鐵路讓德軍的運輸列車脫軌，並摧毀幾座橋梁。

最驚天動地的一次行動（這次終於得到法約爾的配合）發生在八月二日，目標是勒皮和聖艾蒂安之間的鐵路幹線。這條鐵路在沙馬利埃（Chamalières）——勒皮以北不遠處——的一座高空單軌橋梁跨越羅亞爾河，這座橋是絕佳的破壞標的。趁著夜色的掩護，一小支游擊隊按照維吉尼亞訓練他們的方法，沿著橋梁底部鋪設爆裂物，在清晨六點炸穿一個大洞。與此同時，另一支游擊隊在十英里外的地方砍斷樹木橫亙鐵軌並放鞭炮，攔下一列逐漸靠近的火車。車上的法蘭西民兵被俘，等到駕駛員和司爐工爬出司機室，擋路的樹木也被移除，三名游擊隊員接管了這列火車。然後，他們添煤燒火，讓火車全速衝向即將坍塌的大橋。僅剩一百碼的距離時，三人跳出車外，滾向鐵道邊的灌木叢，嘶嘶作響的火車一頭衝進大橋裂口，讓聖艾蒂安和勒皮之間的鐵路線永久報廢[31]。維吉尼亞在八月八日向上級報告，勒皮已呈圍困狀態，主要的聯外道路被悉數切斷。她接著將重心轉向破壞電力與電話線，讓德國占領者接連幾天無電可用，而且除了盟軍可以輕易攔截的無線電信號，他們無法聯繫其他單位。

維吉尼亞一天起碼聯絡一次倫敦，讓上級隨時掌握她的工作進度。儘管盟軍的大部隊仍陷在諾曼第進行苦戰（七月二十一日，作戰六星期後，只占領了卡昂〔Caen〕一座城市），根據維吉尼亞的報告，上羅亞爾省的游擊隊成功滋擾德軍部隊，勢力範圍越來越大。在這新的作戰階段，有數百名志願軍任她號令；伏擊德軍車輛或甚至車隊的行動，變得跟破壞行動一樣重要。此刻，在上羅亞爾省這類區域，有許多法國人願意起身抗戰，人數之多，令德軍和同盟國司令部同感驚訝。D日後的幾星期，法國各地游擊隊的成果超出了預期，產生重大的軍事箝制力量，連同盟軍的大規模轟炸，令德意志國防軍不得重新集結對抗更北邊和南邊的盟軍部隊。

維吉尼亞每一次行動都經過無數次探勘踩點、精心研究，在失敗乃家常便飯的時期，她的行動無疑是屬於比較成功的一批。在特種部隊總部的新辦公室，巴克馬斯特驚嘆她的人馬充分利用崎嶇的山林地勢達到最大的奇襲效果並遁於無形，熟練地「與敵人激烈作戰」[32]。例如有一次，在拉伍特（Lavoûte，勒皮以北不遠處）的羅亞爾河河畔林木叢生之處，維吉尼亞的十八名手下藏在樹林間的隱蔽處，對一支有一百三十五名兵力的德軍車隊展開一場極為成功的攻擊，殺害十四名德軍並摧毀數輛卡車，法國方面無人傷亡[33]。另一次，他們以藏得很好的火箭砲炸毀一輛滿載德軍的卡車，圍捕了十九名法蘭西民兵並沒收他們的重要文件，同樣沒有損失一兵一卒。還有多起鐵路爆炸案，尤其以隧道為目標，因為隧道較難修復，可以拖長鐵路恢復通車的時間。有一次，他們炸毀鐵路隧道，等修復車輛進入隧道後再炸一次。爆炸的力道反覆撼動大地。「這個極其勇敢的女人做得很好[34]，」戰情局高層在八月十四日承認。她的軍銜甚至略升一級，成了一名上尉——不過還是無法反映她的實際工作，並且沒有立即導致加薪。

戰爭的消長正迅速轉向，但蓋世太保的殘餘部隊如今展開瘋狂殺戮，維吉尼亞仍時時刻刻處於危險。在里昂，克勞斯．巴比屠殺被關在蒙托盧克監獄中的數百名抵抗分子，包括勇敢的年輕醫生羅傑．勒弗雷斯提耶（Roger Le Forestier），他曾在高原上照顧維吉尼亞的弟兄，但八月四日在勒皮郊區被捕。屠殺的場面慘無人道，據說鮮血浸透了監獄的天花板，然而，致命的圍捕行動以及巴比想逮到維吉尼亞和其他游擊領袖的執念持續不退。她再次為了躲避鸛鳥飛機而轉移基地，這一次搬進盧瓦貝（Roybet）救世軍棄置的一間氣派的三房大宅，位於莉雅．勒布拉特的農場和鯛魚空投區的中間點。從馬路上不容易看見這棟房子，她付了好幾千法郎的高額房租，很興奮能擁有屬於自己的地方。她把屋子收拾乾淨，並布置多餘的房間，讓新來的人能舒服地住下，同時，她把發報機藏進屋後廢棄的輸水隧道。她甚至找到時間到樹林裡採蘑菇，到汩汩流經柵門外的小溪抓魚。勒布拉特女士繼續替她煮飯，派小女兒帶著用紙包好的美味熱食，彷彿小紅帽似地穿越兩英里的林間小徑送飯給維吉尼亞。

當然，維吉尼亞依然掛念她的外甥——儘管千頭萬緒的工作纏身，她持續安排人送食物包裹到監獄給他們。她無法離開自己的崗位，所以她發報給特別行動處的老同事班．考伯恩；她認為考伯恩最有可能給與幫忙。八月初，考伯恩代表她聯繫監獄裡一名友善的勤務兵，卻赫然聽到萊夏、阿拉德、蓋倫和其他五人已經被遞送到德國的壞消息，她永遠聯繫不上他們了。外甥們被送到維吉尼亞口中的「威瑪」（Weimar）——曾是十八世紀歐洲啟蒙運動核心的典雅小鎮。她指的是位於威瑪郊區林地的布亨瓦德死亡集中營。「我不知道這類囚犯抵達威瑪後會遭遇什麼，」她痛苦地傳訊給倫敦，但她無疑心中有數。他們基於無可動搖的忠貞而付出了最高代價。

黛安或許是歷經戰火千錘百鍊的強硬人物，但維吉尼亞無法接受命運如此對待她最勇敢的多位朋友。若說她跟第三帝國的戰爭從未休止，現在，她偶爾從內心深處渴望結束一切。或許，她也曾懷疑這一切是否值得。當她在深夜和迪迪跟艾德蒙．勒布拉特一邊喝著她最愛的茶，一邊計畫隔天的行動，她有時會放下防備。她會說起自己有多麼想家[35]，但她從未透露她的家鄉在哪裡。

八月的每一天，她指揮游擊隊對德軍展開更多攻擊，但並非每一次行動都能照計畫進行。一支小型的伏擊隊意外遭遇由五十四輛納粹車輛構成的車隊，不得不迅速撤離，但他們無法及時救出隊長，後者在此次行動中犧牲。不過，游擊隊對人員及通訊線路的持續攻擊，重創了仍堅守這塊區域的黨衛軍、親納粹的俄羅斯志願軍和法蘭西民兵。他們撤退到勒皮；這座城市被群山環繞，相對容易據守。FFI和其他勢力開始收緊絞繩——照維吉尼亞所言，他們意圖靠「純粹的虛張聲勢」把德軍逼出來。在維吉尼亞指揮下，他們切斷了電話線，加深德軍以為自己陷入圍困、四面楚歌的印象。他們接著攔截無線電訊號，所以每當敵軍試圖走出駐防地，游擊隊會事先得到情報、展開攻擊——暗示城外有一支無所不知的游擊力量。游擊隊員也伏擊送來食物與汽油的補給隊，讓德軍開始恐慌會餓肚子。終於，在八月十八日，由五十輛軍車和八百士兵組成的德軍縱隊企圖突圍。事先得到通知的維吉尼亞游擊隊幫忙包圍車隊，並炸掉許多座橋梁以防他們逃跑或得到增援。戰況激烈，拮据的游擊隊很快就消耗光可用的槍械與彈藥。然而他們終究獲勝，殺害了一百五十名德軍，並俘擄另外五百名士兵和法蘭西民兵。他們接著攻打這座城市，隔天便占領德軍的駐防地，抓到超過一千名戰俘。八月二十二日，當維吉尼亞急切地申請更多武器和彈藥，疲憊而英勇的游擊隊員在勒皮以北二十英里處，困住德軍最後一支衣衫襤褸的殘部。雙方在夏末的溽暑中鏖戰整整五天；敵軍企圖突圍，而FFI面對猛烈的火力毫不退讓。五名法國人死於納粹部隊頑強的最後一搏，但三十一名德軍也丟了性命。這是決定性的一刻，象徵這塊地區結束了戰爭。令人歡欣鼓舞的是，德軍地方指揮官——朱利葉斯．史瑪林（Julius Schmahling）少校——彈盡援絕，也失去了意志力與希望，最後帶著六百名弟兄在埃斯蒂瓦雷耶（Estivareilles）投降。這塊地區終於清除了所有敵人。

多虧了維吉尼亞，法國人拯救了自己。受她資助且由她組織、武裝、指揮的教師、農民、學生和工廠工人，在沒有正規軍隊的協助下解放了上羅亞爾省。在盟軍部隊甚至尚未殺進巴黎（更別提解放依舊烽火連天的法國其他地區）的兩天前，他們就擊敗了德軍。她將戰勝的消息傳回倫敦——並請求新的指示。記載著她在這塊地區「了不起的表現」的官方紀錄中，特別行動處首度提及了她的義肢[36]。

消息迅速傳開。在謝爾省，菲利浦．德沃梅庫聽說她在游擊工作上的傑出表現，連他都盛讚她不遜於一線上的其他任何一名情報員。令人開心的是，她武裝並組織的幾個法國中部地區——特別是克勒茲一帶——是諾曼第之外最早獲得解放的地區。盟軍光復上羅亞爾省那天，夏洛特．諾里斯寫信給芭芭拉．霍爾，為維吉尼亞的杳無音訊致歉。「我非常明白維吉尼亞的音信全無讓您多麼憂慮。您千萬別擔心，霍爾太太……您有充分理由以她為傲。維吉尼亞在做一件非常了不起的大事。」

她們當時不知道——並且接下來四十四年一直列為機密的是，維吉尼亞的工作也為盟軍收復巴黎鋪了路。根據美國《陸軍》（*Army*）雜誌一九八八年的一篇報導，她在法國中部以擠奶女工身分臥底期間，以及之後提供關於德軍第七軍團部署與動向的情報，「至關重要」。該雜誌表示，她的報告被用於指揮特定的空中偵察行動，最終幫助美軍在巴黎以西的卡爾瓦多斯（Calvados）鄉間，在被稱作法萊斯包圍戰（Falaise Pocket）中，準確定位並困住德軍部隊。這次遭遇戰中，納粹有高達十萬人陣亡或被俘，成了D日後兩個多月以來，盟軍在諾曼第戰役中最關鍵的突破點。三天後，八月二十四日，巴黎肅清了敵人，四年多來首度恢復自由[37]。這是維吉尼亞的努力，再度默默為戰爭進程作出貢獻的另一個時刻。但維吉尼亞就是維吉尼亞，她還想證明更多。

第十一章　從天而降

一九四四年九月四日，高原上的微風聞起來有秋天的味道。維吉尼亞正心急如焚地等著載送兩名美國情報員而來的飛機，即將失去耐心。另外三名幹員已在幾天前的深夜出現；其中一人搭乘英國皇家空軍的飛機從天而降，身上似乎穿著蘇格蘭方格呢短裙[1]——一個錯誤的服裝選擇，因為他恰巧落在松樹樹梢上。不過，至少傑佛瑞・哈洛斯（Geoffrey Hallowes）上尉和他的發報員羅傑・利尼（Roger Leney）中士準時抵達，並且證明了自己的功用。相較之下，兩名新的戰情局幹員和負責載送他們前來的美國軍機此刻仍無影無蹤。她一度以為自己聽到遠方傳來飛機聲，但當她用S型步話機呼叫飛行員，卻沒有聽到任何回音。「這種行徑不可饒恕，」她氣沖沖地向倫敦投訴，「我發現美國空軍作風惡劣、對工作漫不經心」[2]。即將破曉之前，她取消了這次行動。

事實上，亨利・萊利（Henry Riley）和保羅・古洛（Paul Goillot）此時已在二十英里外的熱比耶德容克山（Mont Gerbier-de-Joncs）山腳下降落，距離羅亞爾河的源頭不遠。惡劣氣流和強勁風力晃動飛機機身，並把他們吹離了預定路線，猛然在樹林間著陸，迫使兩人花好幾分鐘手忙腳亂地設法從纏繞樹枝的繩索間脫身。由於擔心很快會引來蓋世太保，他們在黑暗中匆忙行動，試圖找回和他們一起空降的五個包裹。只找回三個包裹後，他們放棄搜索，開始徒步走向尚邦村，沿途避開他們認為似乎已被德軍占領的農舍。在一團混亂的戰事中，沒有人告訴他們哪些區域已經獲得解放。兩人抵達尚邦村並向呂西耶女士——黛安在村裡腳踏車店的線人——說出暗語之前，對這裡的局勢毫無概念。呂西耶女士告訴他們，幾天前，塔西尼將軍（Jean-Marie de Lattre de Tassigny）麾下的法軍正規部隊舉辦勝利遊行，隊伍甚至穿越村子而過。這支部隊隨著盟軍八月十五日在地中海海岸的第二次登陸行動剛剛抵達法國。迪迪被叫來照顧這兩名情報員，他解釋黛安正在傳送無線電訊息，不能被打擾。他會把兩名幹員抵達的消息轉達給她，而她會在傍晚和他們碰面。

兩人心裡七上八下。戰情局很少派女人深入敵後，更別提由女人負責指揮，不過，萊利和古洛奉命前來擔任黛安的行動策畫員和武器指導員。他們承認，跟女人並肩作戰——甚至聽命於她——的想法令他們不太舒服，但兩人得到明白指示：「鑒於她豐富的一線經驗，你們必須服從她的命令」[3]。而在另一邊，維吉尼亞惱怒地想著，「就在一切都已結束的時候，我終於得到原本迫切需要的兩名〔後援〕情報員。」

當天晚上，盧瓦貝，鮑勃前來這個擁有古樸石頭壁爐和昏暗燈光的廚房跟他們共進晚餐時，一如既往地展現支持的態度。為了這個重要場合，莉雅．勒布拉特肯定從她的自家廚房為他們送來了美食；石頭壁爐也升起了火，驅散秋天的寒涼。即便在戰亂中，維吉尼亞仍然盡力打造有格調的生活環境，讓這個有木頭百葉窗和人字型石頭屋頂的堅固老房子舒適愜意。和她一起渡過解放後那段開心時光的人，記得她當時容光煥發、心境祥和；她經常在戶外騎單車，皮膚曬黑了，穿著短夾克和軍褲，看起來一派輕鬆自在。利尼中士回憶[4]，這是一段快樂的插曲，她給人留下了難以抹滅的印象——或者如他們依然說的，尚邦村時期的維吉尼亞「眼底閃耀著星光」。和她共渡那段時期的許多人，終身為她那驚人的美貌和高深軍事本領之間的強烈對比驚嘆不已。沒有人猜得到，她當時一直在服用鎮定劑，試圖緩解她經年累月賴以為生、導致她長期失眠的苯丙胺帶來的副作用。也沒有人猜得到，由於長期壓力與失眠，她的後背依然飽受搔癢難忍的紅疹之苦（後來被診斷為神經性皮膚炎）[5]。當然也沒有人知道，她的內心是那麼孤單。

當加百列和艾德蒙．勒布拉特清點剛抵達的戰情局幹員帶來的兩百萬法郎，三名美國人開始試著瞭解彼此。維吉尼亞以銳利的目光打量她的同胞。他們會是她的助力或阻力？亨利．萊利是典型的普林斯頓高材生，殷勤而迷人，除了欠缺作戰經驗，他是一位天賦極高且訓練有素的陸軍軍官。不過，吸引維吉尼亞注意的，卻是抽菸抽得很兇、用「滿口俚語」[6]親切聊天、比較年輕的保羅．古洛。他比維吉尼亞小八歲，身高比她矮六吋，被特別行動處的訓練員比喻為「矮腳雞」[7]，但他擁有超出常人的活力與鮮明個性。他出生於巴黎的普通家庭，童年喪母之後便移民紐約，但他的英語仍帶著一絲迷人的法國口音。保羅身材精瘦、皮膚黝黑，臉上隨時保持笑容，戰前曾當過廚師、侍酒師、水電工和技工，彷彿什麼都會修理，而且在熟悉破壞行動之後，彷彿什麼都能炸掉[8]。最重要的，他會完全服從她的命令，同時把她逗得開懷大笑。他的態度恭敬，卻也帶點調皮。她的父親奈德或許不會贊同，但經過五年孤單而漫長的戰爭歲月後，她的心淪陷了。

維吉尼亞告訴他們戰地的實際狀況——空投任務、種種行動、各次失敗與勝利，以及法國內部的派系鬥爭。她也解釋，雖然她此刻很高興見到他們，但儘管她之前一再吵著要人，卻從未在需要的時候得到後援人手。她雖然露出倦容，卻依然令他們印象深刻。兩人佩服她的成就，也佩服她儘管吃了許多苦仍渴望做得更多。亨利和保羅明白自己來得太遲了，但他們當場決定留下來，盡己所能繼續幫助黛安。隔天見過吉沃德後，他們對她的忠心益發堅定，後者如今在勒皮的FFI總部將自己封為上校。兩人「相當厭惡」種種政治權謀，也看不慣吉沃德儘管「對軍事戰術，甚至指揮小部隊作戰的基本準則」一竅不通[9]，卻仍裝出軍人的派頭。傑佛瑞．哈洛斯去了勒皮以後深有同感。他也被那些在德軍撤退隔週才加入抵抗組織、企圖撿現成便宜的「騙子」震驚得目瞪口呆。「許多人剛剛穿上制服、自己別上少校的徽章，然後迫不及待地用他們的假軍四處撈好處，」他報告說，「這些總部冒牌貨引發了群情激憤」。

維吉尼亞要求哈洛斯上尉以及被稱為杰德堡小隊（Jedburgh；他們的格言是「奇襲、殺敵、消失」）的英法突擊隊協助吉沃德和法約爾。杰德堡的隊員雖然身穿軍服，但他們是以三人為一組的小隊，受過游擊戰術與領導力的專門訓練，負責協調抵抗組織與正規軍的行動。維吉尼亞指示杰德堡小隊想辦法將上羅亞爾省FFI當中比較不聽從指揮的成員，塑造成一支訓練有素、凝聚力強的軍力，幫助解放法國其他地區。既然她替法國人提供了經費、武器和制服，她下定決心要求他們繼續充分配合盟軍的整體行動。儘管上羅亞爾省已經肅清德軍，許多人仍害怕敵人會展開反攻。在她看來，FFI需要在自己的地盤上保持「高度警戒」[10]，在從南方與西南方進入勒皮的道路上安置地雷。她要求杰德堡人接掌大局，完成上述任務，因為自從這塊地區解放之後，法約爾和他的同伴再度變得很難合作。身為男性軍官，杰德堡人或許可以用她「不可能」做到的方式強加管束法約爾一幫人。她事先提出警告，他們其中有些人個性囂張跋扈，不過，她很高興看到杰德堡隊員表現得「非常出色」。

但是也有人例外。法裔的杰德堡成員豐特克羅瓦（Fontcroise）上尉內心傾向於戴高樂派，因而和吉沃德站在同一陣線，兩人聯手挑戰維吉尼亞的意願以及她奉命執行的任務。這兩名法國人擅自決定在貝爾福隘口（Belfort Gap）發動一次極為危險的行動；這個隘口是德意志國防軍最後衝刺回家的必經之路。他們計畫派遣靠她資助並提供武器的一支大軍展開行動，不打算事先跟負責確保游擊力量與正規部隊合作無間的盟軍軍官商量。維吉尼亞發出「一聲怒吼」，她認為這個主意很「愚蠢」，堅決主張他們在帶領一千五百名訓練不足的半調子前往德軍猛力據守的重要戰場前，應該先取得上級批准。然而，豐特克羅瓦只淡淡地回答：「你他媽的憑什麼命令我？」彷彿刻意進一步激怒她，他接著公然指示吉沃德拿維吉尼亞特意為了保衛上羅亞省而提供的一百萬法郎，作為這次行動的經費。維吉尼亞的挫折感達到頂點，她向總部抱怨：「你們表面上派人來配合我工作，但你們並未賦與我必要的權限」[11]。亨利・萊利同情維吉尼亞的處境，他也看出來了，儘管FFI大多數人都很正直，但有幾派人馬「越來越失控」。

有一段時間，哈洛斯和利尼奉命跟著豐特克羅瓦和北上的FFI部隊，在阿列省（Allier département）攻擊一支德軍車隊。哈洛斯在附近的維琪市遇到維吉尼亞的老朋友——戰情局招募官格雷爾上尉。他幾天前剛到法國，正在找她，於是哈洛斯向這位美國人指點方向。不久後，FFI開始被併入法國正規部隊，哈洛斯和利尼被明確告知，這裡如今不再需要他們了[12]。自從九月十日戴高樂以臨時總統身分上台執政、建立統一政府以來，法國各地出現了排擠外國支持者的浪潮。儘管他四年前起步時幾乎孑然一身，但他如今不容任何人挑戰他的權威。就連法國游擊隊員都得不到應有的感激與榮耀；他叫他們回去幹平時的工作，別再自命為軍人。戴高樂聲稱，唯有他能代表自由法國，而數百萬的法國男男女女也確實一心把他當成政治救星，紛紛以鮮花妝點他行經的街道。七月十二日，同盟國（包括羅斯福總統）終於承認戴高樂做為法國領袖的正當性（不過直到十月二十三日才發布官方宣言）。與此同時，九月七日，納粹押送貝當和他的維琪閣員離開法國，將他們軟禁在西格馬林根（Sigmaringen）——德國境內的維琪領土。

維吉尼亞渴望遠離醜惡的政治角力，回歸最令她感到快樂的事情——相對直來直往的對敵作戰。她個人的下一步可謂極其大膽。她一直纏著總部派給她新任務，倫敦終於傳來無線電訊息，授權她前去協助解放法國其他地區。她召集維龍格游擊隊陣中最忠誠的幾個人，開出一個提議。她準備從倫敦所稱她的「草莽弟兄」[13]中，挑出一支由她親自指揮的游擊隊，以精心鎖定目標的突擊與破壞行動滋擾德軍。她有食物、錢、武器、炸藥、車子和一台發報機。他們要不要和她一起行動？

她屬意的人選一一加入了，其中當然包括她的心腹——鮑勃與迪迪。「其他游擊隊員與鄰近的游擊隊伍被心不甘情不願地派去勒皮（FFI總部），」維吉尼亞彙報，儘管他們「迫切想跟我們走」。最後總共號召了十九名志願者——這是發動突擊式打帶跑行動的理想規模，不過，陣中絕大多數是不滿二十歲的毛頭小伙子。除此之外，她還有亨利和保羅這兩位指導員的支援；這是她渴望已久的事。不過最重要的是，她可以親自投入戰鬥，不必顧慮卡斯伯特。畢竟她從不害怕開槍，也一次又一次在戰火下證明了自己的勇氣。如今，她掌握明確的指揮權和適當的後盾，在法國戰事進入最後階段之際，她終於可以從暗影中走出來，打一場道地的戰爭。

維吉尼亞似乎十分珍惜這次的正面作戰機會，接下來幾天風風火火地為行動作準備。唯一的延遲，是倫敦——「令我們忿忿不平地」[14]——命令他們等到九月十一日，以便接收另一名新來的法國幹員與更多物資。等待期間，她要求亨利與保羅帶領男孩們第一次正式演練輕兵器射擊與游擊戰術。槍聲開始在維龍格村外的樹林間迴盪。在英美兩國都受過嚴格訓練的保羅架起練習用的標靶，並挖坑供隊員投擲手榴彈。亨利認為這群人的槍法糟糕透頂，但他們「聰明、肯做事、充滿鬥志、學習能力強，很快就成為一支嚴謹的作戰隊伍」。

維吉尼亞和亨利清點手上的軍火與物資，判定他們是一支「完全可以自由移動且自給自足的小隊」[15]。他們在七噸重的氣化引擎軍車上架設點三〇口徑的白朗寧機槍，並以布倫輕機槍保護後方。另一挺布倫機槍架在偵察車上，從擋風玻璃指向前方。他們還帶上重達五噸的春田步槍、柯爾特手槍、斯登衝鋒槍、卡賓槍和手榴彈，外加五十磅重的炸藥與爆破器材。大多數人跟亨利一起搭乘軍車，而維吉尼亞、保羅、鮑勃和另外兩人則分別乘坐三輛汽車。被稱作「黛安非正規軍」（Diane Irregulars）的隊伍準備出發了。

得到盟軍司令部批准後，車隊在九月十三日的日出時分駛離高原，隊員們穿著東拼西湊的美軍褲子和擄獲的義大利皮夾克。維吉尼亞下令車隊北上，經由克萊蒙費朗（Clermont-Ferrand）前往蒙呂松（Montluçon）。還沒駛出自由區之前，維吉尼亞和保羅坐在兩輛前導車中的第一輛，軍車跟在後頭，第三輛汽車則負責押隊。上路的感覺真好，但這也將是一趟充滿苦澀發現的旅程。由於路上到處是瓦礫堆，車行速度緩慢，直到入夜才走了一百五十英里，抵達克萊蒙費朗。撤退的德軍拋棄農用拖車、汽車、腳踏車，甚至他們原本用來載裝備的獨輪手推車。當地人告訴黛安非正規軍，德軍在撤離的路上如何血洗法國、如何濫殺無辜。「他們槍殺一個正在剪樹籬的男人……射死在離馬路一百碼的葡萄園工作的農民。他們屠殺七名在森林裡工作了一上午，正在回家路上的伐木工人。」[16]一名現場目擊者如此報告。在克萊蒙費朗，維吉尼亞目睹當地人從垃圾堆、肥料堆和路邊的溝渠裡，挖出親戚、朋友與鄰居支離破碎的遺體。這副可怕的景象讓這支非正規軍熱血沸騰。保羅陪同維吉尼亞去請教盟軍的區域指揮官，看看他們應該到什麼地方，最有可能逮到四散的德國士兵。事實上，他們打算報仇雪恨。指揮官勸阻他們前往蒙呂松，因為那裡已經有其他戰情局小組，包括她的朋友格雷爾上尉；後者找到了牆上和地上血跡斑斑的前蓋世太保總部，曾有許多特別行動處幹員在那裡遭到刑求。指揮官建議維吉尼亞帶著她的隊伍前往東北方、靠近瑞士邊境的布爾格（Bourg-en-Bresse），與正從地中海沿岸北上的美國第七軍團前哨部隊會合。她同意隔天早上出發，不過為了好好照顧她的男孩，她安排他們在舒適的旅館中過夜，並請警察在他們睡覺時看管他們的車輛。

隔天進入敵占區後，他們立刻看清自己即將面對的戰況。維吉尼亞的一名最佳射擊手在偵察車的腳踏板上就定位，手指放在自動武器的扳機上。在努瓦雷塔布勒（Noirétable），村民警告黛安非正規軍，一支火力強大的親納粹法蘭西民兵守在東北方地勢起伏的荒原上，攻擊每一輛開往其夜宿地——羅阿訥（Roanne）——的車輛。維吉尼亞下令隊員將所有武器上膛，並制定遭遇攻擊時的作戰計畫。此刻，架設了布倫輕機槍和斯登衝鋒槍的偵察車在軍車前方半英里處前導，維吉尼亞坐進後面的兩輛車之一。她命令車隊最後面的軍車，除非遇到金屬或石頭路障，否則遇到任何情況都不得停車。

這段路開得提心吊膽，但最後平安無事。「我們很遺憾，」萊利表示，非正規軍「一路開進羅阿訥，沒遭遇任何敵軍——剛好趕上晚餐時間」[17]。根據她在里昂跟拉穆拉蒂埃區修女打交道的經驗，維吉尼亞請求此地修道院的修女照顧她的人馬，她則出門將羅亞訥市面上的戰鬥匕首（原本是替占領者製造的）搜刮一空，供下一階段旅程使用。德軍正加速撤退，但消息指出，他們掠取戰俘的英軍制服並搶奪英軍的指揮車或美軍的吉普車，喬裝成盟軍部隊。她指示她的人馬準備好打一場肉搏戰。

非正規軍繼續上路，抵達布爾格的盟軍司令部。在這裡，維吉尼亞提議由她的小隊進入孚日山脈（Vosges）——法國東北部接近德國邊境的山區——偷襲敵人；撤退的德意志國防軍已在這裡設置一條穩固的防線，抵抗盟軍進攻。她籌畫出一套極其精確的計畫，派遣非正規軍在她找出的、具有戰略意義的隱密地點伏擊孤立的納粹小隊。「這項提議立刻引來熱烈反應，他們讓我們靜候幾天等待回音，」她報告說。

等待對方回覆之際，維吉尼亞徵用了幾英里外、位於魯瓦榭（Roissiat）的一座廢棄城堡。堡主是一位富有的律師，如今不知去向。這座灰石豪宅有大扇的窗戶、足以媲美小型旅館的房間數量、一架平臺式鋼琴，甚至一座酒窖。亨利和保羅「指揮男孩們把房子打掃乾淨，讓它適合居住，」維吉尼亞報告。他們打開百葉窗，並且盡可能客氣地扯下牆上的掛氈充作床墊。「兩位戰情局幹員做事格外有效率——正是我從一開始就希望得到的援手」。更令維吉尼亞欣慰的是，這些年紀輕輕就嘗過難以想像的艱辛與危險的男孩，「堅定地」準備好聽命兩位新來的、剛從訓練學校畢業的美國幹員。

他們後來聚集在可以俯瞰四周田野的大陽台上，開心地發現附近有一座泛舟湖，甚至有一艘小船。不過，即便置身如此迷人的環境，等待任務的滋味仍是對耐性的一大考驗。他們感覺戰爭正漸漸遠去，他們此刻只是在浪費時間。維吉尼亞努力轉移男孩們的心思，讓他們投入更多軍事訓練，過起固定作息的軍隊生活，訓練內容涵蓋出操、行軍、操作羅盤和小型部隊戰術演練，由亨利負責指揮。不過，幾天後，當她九月十九日出門探聽他們是否會如願被派去孚日山區，心情無疑有一些緊張。

事實證明，正規軍的挺進速度比人們預期的更快。游擊隊員浪漫、堅忍、甚至視死如歸的戰鬥日子徹底結束了。從她一九四一年抵達法國迄今，抵抗組織已從微不足道的勢力，躍升為沒有人預料得到的重大要角。艾森豪本人就常說游擊組織的綜合行動——破壞、伏擊、滋擾，以及持續侵蝕納粹士氣——將歐戰的時程縮短了九個月，並且將德軍的八個師永久阻擋在D日戰場之外。不過，現在顯然是交給專業人士清理善後的時候了。她的提議遭到拒絕。一切都太遲了。

這是一個屈辱的結局，結束了一場或許自始至終不可能實現的夢。維吉尼亞、保羅和亨利回到城堡，她把男孩們召集過來，傳達她準備立即解散黛安非正規軍的消息。男孩們震驚得說不出話來。她設法提振他們的精神；她說，他們說不定可以在蘇格蘭重聚，在那裡接受更多訓練，日後以突擊隊員的身分跳傘回到法國。男孩們想要此時此刻就跟德國人戰鬥；他們的國仇家恨等不了某個虛無飄渺的未來計畫。維吉尼亞與她的人馬歷盡了艱辛，但這條路卻殘忍地戛然而止。日日夜夜攜手為生存奮戰，已讓他們建立起深厚情誼。但是此刻，她必須跟她的「得力助手」迪迪、她稱呼「寵兒」的加百列，以及尚——她曾鼓勵追求醫生夢想的孤兒——深情地道別。「你們現在打算怎麼做？」她一一詢問他們。有些人難掩情緒。「我十分敬重黛安……我很難過我們得如此驟然分離，」迪迪回憶[18]。追隨維吉尼亞從事抵抗運動的歲月，讓他學會「包容、沒有算計的友誼，以及為國奉獻的精神」。他說，「光是那一段經歷，我這一生就值了」[19]。

另一位忠誠的隊員，葡萄果農安德烈·盧說，當他們必須跟這位「渾身散發活力與決心」、「令人難忘的英國女人」分離時，他的心底湧上很深的失落感。不過，這個女人始終保持神祕：「我們對她一無所知……隊伍就此消散，我們再也沒見過那個被我們稱作聖母的女人」[20]。為了捕捉最後的相處時光，他們在陽台上拍了一張大合照。做為指揮官兼唯一的女人，維吉尼亞妝髮整齊、穿著緊身卡其褲和夾克，站在一群人正中央。加百列站在她的左邊，但這一次失去了他那具有感染力的笑容。不過，從一開始的震驚緩過之後，他們點上蠟燭，洗劫了酒窖，保羅也煮掉他們最後的存糧。晚餐後，一名年輕隊員彈起鋼琴，維吉尼亞和他們一起高唱下流的歌曲。

後來，在那最後一夜，保羅和維吉尼亞走到湖畔，爬上小船，在星空下一起划船越過湖面[21]。從相識於盧瓦貝的第一天晚上，他們就成了堅定的朋友，保羅從此沒離開過她身旁。他從不像她遇到的許多男人那樣質疑她、衝撞她，反而始終在她身後默默相挺。他對她指揮官身分的尊敬顯而易見，但此刻還有更多情愫。這位身經百戰、對手下充滿感情的地下戰士，終於從一個男人身上找到了愛情。

幾個月、甚至幾年以來，她從不敢夢想未來。她不能放心地顯露她的脆弱或需要——更別提付出信任。信任有可能惹來殺身之禍，所以在她時時刻刻面臨生命危險的這個殘酷世界，她從不洩露一點點真心。她隱藏了真實的自己、她的殘疾，甚至她真正的國籍——當然也隱藏了她的恐懼。她得隨時保持克制，將戰爭置於自己之上，從白天到深夜，一刻不得放鬆。在三十八歲這年，維吉尼亞終於因為身為抵抗運動女英雄瑪麗或黛安——以及傳奇的山上聖母——而得到了成就感。她協助點燃法國抵抗運動的火焰，照亮最黑暗的日子，並為未來的祕密大軍打下了基礎。等到時機終於成熟，她在解放法國大片地區的行動中扮演了關鍵角色。她長期遭到拒絕或蔑視，不過現在，她成了戰情局的名人，受到抵抗組織成員熱烈擁戴。不過，這一切是付出慘重代價換來的。那一夜與保羅一起泛舟魯瓦榭的湖上，她長期以來第一次感到安全、第一次把自己置於首位。疲憊而憔悴的她，允許自己摘掉了面具。這美好的新鮮感受令維吉尼亞既顫慄又害怕失去，她希望保羅從今以後長相左右，勝過一切。不久後，她通知總部，如果日後再派她出任務，她希望保羅與亨利「與她同行，其他人都不要」。

三名美國人被召回巴黎，不過法國隊員可以自由選擇返鄉或加入法國正規部隊。選擇回家的人必須留下他們的武器，但可以帶走新購置的格鬥刀、一把手槍和六顆子彈防身。維吉尼亞給他們每人三千法郎的遣散費，「做為他們重新開始的資金，因為他們大多數人待在山裡已超過一年」[22]。她對上級交付給她的錢總是算得很仔細——迪迪曾說她稱得上「吝嗇」[23]——因此要求男孩們簽收據。她也給每人一封退役證明，以免他們被人誤認為逃兵，甚至叛國者。如今，法國各地紛紛出現報復行動，數千人被火爆（或冒牌）的游擊隊員當街射殺。黛安非正規軍就此分開。其中七人直接加入法國第一軍團第九師，繼續對抗德軍；另外九人則在返鄉探望家人後入伍。

逗留幾天後，九月二十二日，維吉尼亞、保羅、亨利和鮑勃動身前往巴黎（後者希望找回以往的英國人脈），抵達設在塞西爾飯店（Hôtel Cécil）的特種部隊總部，距離香榭大道不遠。光復一個月後，巴黎已和她六個月前以農婦偽裝穿越的那座城市大不相同。到處喜氣洋洋，街上的人們笑容滿面，三色旗在陽台和窗台上飄揚。維吉尼亞向當初簽署她的雇傭合同的戰情局主管保羅·范德施特里奇（Paul van der Stricht）中校報到，宣布自己已完成任務，請求被送回倫敦。她遲到了一會兒，神色似乎有些尷尬。她說她之所以遲到，是因為在躲避蓋世太保的搜捕，不過，就算她前往巴黎之前多偷了幾小時跟保羅在城堡裡廝混，又有誰會怪她？不過她拼命道歉，顯然因為對別人造成不便而無地自容[24]。如此傑出的幹員在一番出生入死之後平安歸來，范德施特里奇只感到非常開心。她安全歸來的消息迅速傳開。隔天，霍爾太太輾轉接到信息：「維吉尼亞依舊身心健康，她的工作十分順利。戰情充滿希望……預計維吉尼亞很快就能回家」[25]。

闊別將近二十年後，保羅第一次回到他的出生城市，迫不及待去找他的父親和姊姊。他們十年前回到法國，把少年的他獨自留在美國。當他抵達喬治拉芬內斯特街按了門鈴，姊姊賈桂琳幾乎認不出眼前這位笑容燦爛的三十歲美國軍官。那本該是一次充滿激情的重逢，但她退後一步躲開他的擁抱，告訴他父親已因癌症病逝的消息。他只晚了幾個月。賈桂林介紹弟弟認識她的丈夫和兩個女兒，其中一個才出生幾星期。但是，即便保羅因為家裡增添新成員而雀躍不已，父親的過世仍帶給他沉重的打擊。他覺得自己有如斷線風箏，頓失所依，不知道哪裡是自己的家。此時此刻，他和維吉尼亞之間剛萌芽的感情，似乎比任何時候都更重要[26]。賈桂林邀請保羅隔天晚上帶他的新女友，以及亨利和鮑勃兩位朋友來家裡玩。她擺出能力所及最精美的食物與美酒。那是保羅與維吉尼亞第一次被當成情侶對待，不論兩人看起來多不登對；比起她的情人，維吉尼亞年紀較大、身材較高，而且擁有更豐富的作戰經驗。戰爭往往能讓人與人的感情在短短幾週、甚至幾天內變得濃烈而密不可分，即便最不般配的關係也不例外。不過，女人如此明顯地扮演強勢角色，而男人顯然心甘情願聽她指揮，仍是一件非常不尋常的事。

九月二十五日回到倫敦後，維吉尼亞寫下書面報告，交代她在法國執行六個月的聖赫克勒

（Saint-Heckler）任務。陷入愛河並未軟化她的稜角。她首先列出一線人員面臨的挑戰，以及她和其他幾位幫手的成就，然後盛讚那些功不可沒的人。不過，她不屑與渴望透過獎章尋求榮耀的人為伍，她認為贏得同儕的尊敬、實現愛國責任和光復法國，已是足夠的獎賞。她在一線見過太多沉迷於晉升，但往往既沒本事又不努力的人，例如里昂的阿朗或勒皮的吉沃德。對於應該推舉誰獲頒美軍勳章的問題，維吉尼亞簡短地回答，「在我看來，沒有人有資格獲獎」。她說，她也「沒有理由獲此殊榮」[27]。

保羅在巴黎和姊姊團聚幾天後，一九四四年十月初前往倫敦與維吉尼亞會合。回到英國後，他有時間找找老朋友，並約了其中一位到軍官俱樂部吃飯。勒內・德富爾諾上尉是保羅在受訓期間的美軍弟兄，他剛剛從科斯恩回來，是維吉尼亞離開涅夫勒省前往上羅亞爾省後，接替她工作的三名情報員之一。他從未見過她，但是當然聽過她的大名，當保羅表示維吉尼亞也會參加這場飯局（保羅無疑曾驕傲地炫耀他那赫赫有名的新女友），他大為興奮。當德富爾諾穿過擁擠的用餐人潮，見到一位身穿高雅而嚴肅的黑色洋裝、戴著別緻的寬邊帽和一串珍珠項鍊、顯然年過六十的女人，他大吃一驚。大名鼎鼎的游擊領袖黛安真是一位年長的英國貴婦嗎？「她頭髮花白，看起來像個老婦」，而且手上拿著兼作拐杖的雨傘。不過，「她渾身散發威嚴，」他回憶，「恍如女王一般」。

一頓飯吃下來，德富爾諾覺得，在維吉尼亞的偽裝之下，藏著「德國人最好別招惹的鋼鐵般意志」。她的行為舉止也流露出不尋常的警惕性，「彷彿依然在提防埋伏」[28]。的確，雖然維吉尼亞謹慎地不洩露她的計畫，但她確實是在為日後的臥底行動而試用這個新的偽裝。她壓根沒打算照戰情局和她母親期望的那樣準備回家，反而在爭取前往一線的新任務。法國已幾乎完全脫離納粹占領，但歐洲的戰爭還遠遠沒有結束，維吉尼亞希望她能戰到最後一刻。三人聊起他們在法國的工作，兩個男人開始揣測他們或其他人是否有機會獲頒勳章。她接著花了半小時對這兩人訓話，表示「我們執行任務不是為了動章、獎勵或官方的表揚」[29]，而是為了更崇高的目的。

鑒於她抱持這樣的觀點，說來諷刺，維吉尼亞在倫敦的時候，遠在巴黎的范德施特里奇中校則有不同的看法。他認為維吉尼亞有資格得到美國陸軍第二高級別的獎章——傑出服役十字勳章（Distinguished Service Cross）——並為此展開了必要的調查行動。一名軍官負責尋訪她在上羅亞爾省的同志，例如哈洛斯上尉、鮑勃和亨利．萊利，問起「他們隊中的那名女性成員」。他最初的結論是：「她是一位極其勇敢的女士，展現出強烈的積極精神」[30]。戰情局寫信給她在英國特別行動處的同事，包括她從醫院病床上救出來，並送他翻越庇里牛斯山脫離險境的傑利．莫瑞爾；後者對她扮演的角色充滿溢美之詞。十二月，戰情局拜訪皮耶．法約爾，詢問他的意見。

法國重獲自由的這幾個月，法約爾發現自己老是想起黛安——雖然他原本並不知道她是美國人而不是英國人，而她的本名是維吉尼亞．霍爾。也許是因為他再也沒有理由認為維吉尼亞會威脅到他的地位或自尊，他能夠更清楚地看到她的貢獻。也許是因為在勝利的榮光中，他可以拋開對女性能力的負面評價，承認維吉尼亞的行動傑出而無私。不論基於什麼理由，法約爾徹底變了一個人，成了她最堅定的仰慕者之一。他告訴美國軍官，他已明白他們之所以取得如此快速而卓越的勝利，讓上羅亞爾省的德軍一敗塗地，她無疑居功厥偉，不論她的真實身分是什麼。回顧過去，他承認她扮演了至關重要的角色。「若不是黛安的介入，我們的人馬不可能得到適當的武裝，」他告訴調查員喬治．施里弗（George Schriever）上尉，「後來也不可能遠在盟軍部隊抵達之前……迅速解放上羅亞爾省……我們每一個人……都很佩服〔黛安的〕盡忠職守，以及她展現的無比勇氣」。

悔意是個強大的動力。法約爾對自己的阻礙行為後悔不已，這或許是他晚年花了十年時間研究維吉尼亞、寫了數百封信，甚至前往里約、巴黎、倫敦和美國，設法挖出更多訊息以紀念她的原因。他遊說政府官員授予她法國榮譽軍團勳章（Légion d'Honneur）的尊榮，但他沒有成功，因為在他查明她的全部貢獻時她已過世，而這項獎章無法死後追封。他似乎一直因為上羅亞爾省的事情而良心不安，以至於在一九九〇年寫下：「我們究竟欠她多少，大家心知肚明」。他在他的著作《德國占領下的尚邦村》（*Le Chambon-sur-Lignon sous l'Occupation*）中表示，維吉尼亞的精神「高聳於高原之上」，對那些認識她的人而言，她永遠是他們的聖母。

一九四五年初，她的傑出服役十字勳章舉薦過程，開始進入無數個彎彎繞繞的官方程序。正如維吉尼亞的一生，這條路不會太平順。與此同時，在法國，她對光復的貢獻似乎被完全抹煞。戴高樂出了名地敵視在他地盤上行動的美國或英國情報員，認為他們是無足輕重甚至令人鄙視的雇傭兵。此刻，在絕大部分地區，英美情報員正急切地將權力交到他的手中。儘管如此，他仍然忘恩負義地囚禁了一名特別行動處幹員，並威脅監禁其他情報員，除非他們立刻離開解放後的法國。而且基於某種預兆，他顯然特別急於撤下前線的女人，並將她們的角色從紀錄中抹去。

特別行動處的莫里斯．巴克馬斯特大力推舉維吉尼亞角逐英勇十字勳章（Croix de Guerre），他用「滋擾敵軍的最強大因子」說明她在一線的英勇事蹟。他在報告中表示，儘管她有美國口音、令人難忘的臉孔和一條木腿，但她長期潛入敵後工作，從未被逮。的確，她不太聽話，而且喜歡自作主張，但她「為盟軍的目標做出無可估算的貢獻，是法國的一位了不起的朋友」[31]。在特別行動處或戰情局的檔案中，沒有紀錄顯示她曾獲頒此等勳章；她後來的私人紀錄從未提及此事；她的姪女也對這項獎章一無所知。就連法國總統席哈克（Jacques Chirac）都相信，他在二〇〇七年公開讚美她是「真正的英雄」時，是他的國家首度給與她應有的榮譽。然而在一九四六年三月十六日，法國確實授予維吉尼亞英勇十字榮譽勳章，這是基於她在戰爭中的英勇表現頒發的高等獎章。由於紀錄毀於法國國家檔案館一九七三年的一場大火，這項榮譽是她帶進墳墓的另一個祕密。如今，二戰授勳者的明確名單不復存在，她的法國勳章已消失在歷史迷霧中。唯一留存的官方證據，埋藏在名不見經傳的諾曼第地區檔案館，被我在為這本書蒐集資料時挖掘出來[32]。

與此同時，維吉尼亞的許多法國支持者——包括著名史學家亨利・諾蓋雷斯（Henri Noguères）——相信，她理應得到的更高榮譽，被戴高樂支持者無聊的民族自尊心犧牲掉了；後者希望打造法國全然靠自己的力量重獲自由的神話[33]。「維吉尼亞・霍爾為法國及盟軍做出的貢獻，並未得到應有的認可，」諾蓋雷斯在一九八〇年代寫道。曾在謝爾省受到維吉尼亞幫助的德伏奇伯爵（也就是哥倫布上校）與法約爾所見略同，認為她至少應該被授予榮譽軍團十字勳章[34]。不過，維吉尼亞不想得到任何獎章，她告訴抵抗運動的一名同志，「我不希望人們談論我的事蹟。我所做的一切，都是出於對法國——我的第二祖國——的愛」[35]。那無疑是她從不提起她的英勇十字勳章的原因。

一九四四年秋天，維吉尼亞在職業生涯中從未如此炙手可熱。儘管戰情局已成立兩年多，但它總是需要為其花費無度、甚至它的存在，向帶有敵意的華府軍事機構辯護。維吉尼亞在一線的成功是一個強有力的答案，可以駁斥人們對戰情局無可避免的質疑。戰情局一直需要一個英雄；現在英雄出現了。

維吉尼亞本人急著回去工作，而在巴黎主掌西歐行動的范德施特里奇也同樣渴望她回來。當她十月底以舊的化名瑪雪兒・蒙塔聶被召回巴黎，返回巴爾的摩的念頭立刻被擱置一邊[36]。比利時與荷蘭的軍事挫敗，打碎了戰爭在冬天以前結束的希望。九月間，英軍從荷蘭越過萊茵河進入德國的攻勢，最後以慘敗告終。三個月後，一九四四年耶誕節前後，在比利時的阿登山區，當德軍發動西線的最後一次大規模反攻，慘遭奇襲的美軍蒙受了戰爭期間最嚴重的傷亡。解放法國的勝利感過去之後，盟軍現在必須面對還得跟希特勒纏鬥下去的苦澀事實。

「狂野比爾」・唐諾文決心發動一次驚天動地的行動作為最後一搏，徹底平息針對他的批評聲浪。本著這個精神，他從評價最高的十多位戰情局幹員人選中，精心挑出維吉尼亞執行這個即將在戰爭最後幾個月中扮演重大角色的超機密任務。她打敗那麼多位強健的男人雀屏中選，證明她已成功扭轉人們對女人上戰場的偏見——從檔案來看，她的殘疾甚至沒有被當成議題拿出來討論。相反的，維吉尼亞的勇氣、足智多謀、在法國「完美執行」的行動、「卓越的性格」、廣大的人脈、德語能力，以及曾在維也納讀書而熟知奧地利的狀況，在在使她脫穎而出。唐諾文認為她將能做出「極大的貢獻」，協助打入敵境的核心[37]。她如今享有崇高聲譽，甚至能提出讓古洛上尉參與行動的要求，唐諾文同意了。照她的請求，保羅也將獲得他渴望已久的美國公民身分。

這項代號為番紅花行動（Operation Crocus）的任務尚未確定成行，必須視盟軍的攻勢而定。不過，如果確定推動任務，它無疑是戰爭期間比較冒險的行動之一。維吉尼亞的生還機會估計不超過三成三，因為她和保羅將負責組織奧地利提洛邦（Tyrol）因斯布魯克（Innsbruck）一帶的抵抗勢力；對於最狂熱的納粹主義信徒來說，這塊阿爾卑斯山區享有某種特別的神秘色彩。盟軍擔心，德意志國防軍會在山中建立堅不可摧的祕密堡壘，堅強抵抗進擊的盟軍部隊。希特勒已經建立幾座地下軍火工廠，最有名的是位於克瑪滕（Kematen）的梅塞施密特（Messerschmitt）戰鬥機製造廠；數百名外國奴工在那裡工作，既沒有暖氣保暖，也沒有防空洞供他們躲避盟軍的持續轟炸。如今傳言顯示，納粹正在建造強大的稜堡，堡中有大量軍火和足以供十萬大軍支撐兩年的存糧，由黨衛軍的精銳部隊負責防守。沒有人知道這個威脅究竟是捕風捉影，還是德國間諜使出的終極騙局，或者是實實在在阻礙盟軍取得勝利的絆腳石[38]。相較於美國人，英國對於稜堡的存在抱持比較懷疑的態度。不過，似乎十分認真看待稜堡的戰情局，希望派一小群情報員潛入奧地利，與當地的游擊隊攜手阻止很可能成為大戰期間最血腥的一場戰役。維吉尼亞（其新化名與「黛安」略有不同）和她的團隊將負責調查稜堡是否存在，如果真的存在，便計畫發動一場攻擊。

接下來幾星期，她和保羅潛心研究新的安全措施，過上一小段堪稱正常的生活。一天中午，他們在聖日耳曼大道的一家餐館吃飯，她看見一張熟悉的臉孔。她從餐桌起身，走到餐館另一邊的皮耶·法約爾和他的妻子瑪麗安娜面前，後者認出她的走路姿態，以及在高原上令眾人留下深刻印象的驚人美貌和強大氣場。她告訴他們，她正等著前往中歐執行新的任務——當然，沒有洩露任何細節。四人舉杯道別。維吉尼亞或許壓根不知道，那個老是跟她做對的人已經改變了心意。不過終其一生，法約爾每想起這一刻便激動不已。那是他最後一次見到維吉尼亞，他承認他的人生再也無法如此鮮活、如此刺激[39]。

一九四四年十一月，在城市的另一邊，巴黎警方傳喚一位名叫厄瑪・阿萊什的三十多歲女人，盤問有關她的哥哥羅伯特・阿萊什的事情。傑美恩・基林被捕時，幾名同志委託神父保管她的私人財產，漢斯市（Reims）商人皮耶・德克萊（Pierre Decley）便是其中一人。九月解放後，德克萊前往里昂，卻發現傑美恩的公寓遭洗劫一空。價值一千三百萬法郎（今天約當三百萬英鎊）的現金和貴重物品隨著阿萊什不翼而飛。德克萊向巴黎警方報案，後者展開了調查。神父本人很快成為最大嫌疑犯。

厄瑪如今獨自住在阿萊什的豪華公寓，她承認哥哥曾替德國人工作，包括幾位最令人聞風喪膽的阿勃維爾間諜。她也供認，阿萊什在一九四三年一月前往里昂協助他們逮人之後，帶回來好幾箱的皮草與銀器[40]。警方搜索阿萊什的公寓，搜出從傑美恩・基林的公寓偷來的一些物品。如今罪證確鑿，但嫌犯早已逃之夭夭。

初審法官發出阿萊什的逮捕令，並派警察前往拉瓦雷納—聖伊萊爾（La Varenne-Saint-Hilaire）；那裡的教民已經發現，當初誘導年輕的抵抗分子走進蓋世太保圈套的，就是以前的那位神父。例如，一名年輕人為阿萊什提供有關德軍致命的V－1飛彈（俗稱「獅蟻」）的情報後，隨即遭到逮捕。D日之後，德軍便是以這種飛彈轟炸英國東南部，該名年輕人以為這枚

V－1飛彈會被送往倫敦（當然，事情並未成真）。盟軍在八月中抵達巴黎郊區以後，阿萊什就失去了蹤影。儘管費盡心力，警方依舊一無所獲。

節禮日（Boxing Day；耶誕節次日）當天，「黛安娜及友人」（維吉尼亞和保羅如今的稱號）被派到位於拿坡里以北的卡塞塔（Caserta）王宮接受密集訓練；這裡是戰情局的中歐總部，艾森豪的盟軍最高司令部辦公處也設立於此。在凡爾賽風格的華麗房間和綿延兩英里的精緻園林裡，她被教導如何止血、使用匕首，以及如何徒手殺人於無聲。開槍時必須蜷曲身體，雙手握槍抵住腰間，並使用雙連擊技巧——快速連開兩槍。在另一間教室，她練習將無線電發報技術臻於完美。不過，幾星期一晃而過，盟軍在義大利的攻勢遭遇血腥抵抗，膠著在北方幾百英里外。對於她認為不必要的箝制攻勢，維吉尼亞漸漸失去耐心。

一九四五年二月五日，在美國華府，推薦維吉尼亞角逐卓越服役十字勳章的正式公文，送到了狂野比爾在E街戰情局總部一樓邊間辦公室的紅木書桌上。維吉尼亞在敵人眼皮底下的大膽行徑，深深吸引這個不按牌理出牌、喜歡冒險犯難的男人。從那時起，她就成了他最愛的話題，而每次重述她的故事，他總愛稍微加油添醋一番。他最喜歡的，是一則關於她把假腿夾在腋下跳傘潛入戰區的不可信的軼事。局長如此熱衷散佈關於他的明星情報員的消息（不論真偽），開始令她在一線的指揮官發愁。報章雜誌（例如《讀者文摘》）開始出現各種報導，描述一位堪稱超人的「美國女孩」參與了高度危險的祕密行動。戰情局歐洲戰區指揮官詹姆士・福根（James Forgan）上校警告，授勳公告「必須推遲，直到不再危及授勳者人身安全的那一刻，後者至今仍在從事類似行動[41]。」

與此同時，維吉尼亞雖然有保羅陪伴，但兩人都因無法立即投入行動而感到挫折。事實上，直到三月（盟軍此時已越過萊茵河進入德國境內），如今更名為費爾曼行動（Operation Fairmont）的番紅花任務才終於擬定行動方針。即便如此，任務仍有很高的不確定性，隨時可能改變。不可思議的是，他們認為維吉尼亞潛入奧地利的最佳方式，是帶著發報機翻越另一座高山。「黛安娜曾徒步翻越一萬英尺高的庇里牛斯山，似乎不怕走路[42]，」在卡塞塔，驚訝得目瞪口呆的資深戰情局幹員傑瑞如此表示。她當然不怕，但她因為失望而怒火中燒。保羅由於德語不佳，被禁止陪她一起行動。她堅稱他們是不可分割的團隊，並試著主掌她自己的滲透計畫，甚至拜訪她在日內瓦的幾名線人，希望找到方法和他們一起進入奧地利。指揮官將她的反應解讀為令人討厭的「獨斷獨行」，一名高階長官寫道，「在我們看來，黛安娜的態度很愚蠢……〔但是〕我依舊希望幫助她幡然醒悟」[43]。維吉尼亞向來不容易馴服，而她的怒氣，反映出她希望保羅以愛人和可信賴的戰友身分與她同行的決心。她痛恨一線經驗不如她的長官駁回她的請求。有些沒見過她的人，甚至無法想像她是個女人，至少有一人以「他」來指稱她[44]。

不過，到了四月十日，維吉尼亞讓步了。她答應獨自潛入奧地利，不帶保羅；費爾曼行動開始倒數計時。她採用新的化名「卡蜜兒」，確認以組長之職招募她自己的奧地利游擊隊，負責對納粹車隊展開「時機精準」的伏擊——行動暗語是「結婚」。不過，卡蜜兒情報員的首要任務，是去打探納粹稜堡的虛實；這項威脅始終令盟軍司令部惴惴不安，致使盟軍分散資源。盟軍擔心納粹的這類防禦工事會讓歐戰延長兩年；許多歷史學家指出，這是美軍遲遲不打入柏林的原因，後來，有些人指責這項決定無異於將德國首都奉送給蘇聯紅軍。（另一些評論家則認為，部隊轉入奧地利山區，是同盟國允許蘇聯率先進入德國首都的結果，不是原因。）無論如何，維吉尼亞再度置身歐戰的核心，但她被下令只組織一小支部隊，因為基於山區地形，不可能運送足夠武器供大部隊使用：「你的人必須重質而不重量，確保每一件武器和每一磅炸藥，都交到能夠擊殺納粹、聽從命令並守口如瓶的人手上」[45]。

維吉尼亞和保羅前往位於法國與瑞士邊境的安納馬斯（Annemasse）做最後準備。天氣漸漸回暖，她準備在四月十五日夜間動身，從瑞士東部進入奧地利，不過盟軍出乎意料的快速進展推遲了她的出發日期。終於，指揮官開始承認，她的任務時走時停，是一件令人難以容忍的事。「必須正視這個女人。假如她是一名優秀情報員，她值得得到更好的對待，」一名顯然感到羞愧的高階軍官如此表示。伯恩傳來了答覆——官方互相推諉的典型說詞：「同意這項結論，但不接受有關忽視傑出情報員的指責」。

幾起事件接踵而至，快得令他們猝不及防。四月二十五日，蘇聯紅軍在易北河畔首度與美軍部隊會師。五天後，希特勒在柏林的元首地堡舉槍自盡。維吉尼亞預定出發的那一天，盟軍傳來了捷報；美軍第七軍團已抵達距離傳說中的稜堡僅十三英里的地方，一路上從未遭遇他們擔心的德軍負隅頑抗——事實上，美國大兵行經幾座城鎮時，當地居民甚至喝采歡迎。事實證明，在戰爭最後幾週支配盟軍戰略思考方向的納粹山中堡壘，不過是一座空中樓閣，只存在於少數死硬派德國將領心中，以及幾位美軍指揮官狂熱的想像裡。卡塞塔總部以幾句話中止維吉尼亞的任務：「鑒於軍事情勢的快速進展，相信沒必要讓黛安、〔保羅〕和小隊成員冒生命危險。計畫取消。」

五月七日，德意志第三帝國在法國北部的漢斯市宣布無條件投降。戰火在午夜前停止，隔天被訂為歐戰勝利日。突如其來的寧靜一開始感覺很奇怪；維吉尼亞沒料到和平會如此驀然降臨。戰爭的結束，讓許多歷經種種危險仍設法從戰爭中生還的情報員頓生茫然無依之感，維吉尼亞也不例外。不過，保羅的陪伴起了安慰作用，兩人前往他們最喜愛的城市巴黎，成天坐在咖啡館中、喝酒、抽美國菸、沉浸在陽光裡。能夠在一起分享愛與歡笑，是一件快樂的事。能夠活著或許就足以令人激動。戰爭的餘波依舊在他們四周迴盪。糧食短缺，人們在商店裡大排長龍。數百萬人無家可歸。街道灰撲撲的，電力時有時無。不過，最令人揪心的，是關於那些被遣送到德國或者純粹失蹤的人。他們還會回來嗎？如果能回來，他們會變成什麼樣子？

這段簡短的插曲，被華府傳來的一封電報打斷。羅斯福猝然而逝後，杜魯門宣誓就任總統。如今歐洲戰事已平，比爾·唐諾文急著替維吉尼亞爭取勳章，獎勵她武裝、訓練並組織三支非常活躍的FFI部隊；成功指揮一場有助於伏擊德軍的大規模破壞行動；以及她以嫻熟技巧執行高危險的無線電傳輸工作的表現。簡而言之，頒令狀上寫著，她在「對敵的軍事行動中，展現了超凡的英雄氣概」[46]。唐諾文很高興，他麾下的一名戰情局幹員，將成為二戰期間唯一獲頒卓越服役十字勳章的平民女性。如今戰爭即將結束，戰情局的未來越來越不確定，他急著宣傳這項獎章，為戰情局增光。因此，唐諾文提出一個不尋常的建議，要求在白宮舉行授勳儀式。「由於這是史無前例的獲獎情形，」他寫信給新任總統，「您不妨親自頒獎」[47]。杜魯門同意了。

然而，維吉尼亞既尷尬又惶恐。她不但對各種表彰抱持矛盾情結，更認為祕密情報員——這是她想繼續從事的工作——不適合成為公開場合的焦點[48]。對她而言，打一場漂亮的仗是她的天命，不只是一份工作，而且，她或許也擔心她的殘疾再度被媒體拿出來大肆討論。六月十三日，她請巴黎指揮官代替她回絕總統的邀請，拒絕前往橢圓辦公室受勳：「維吉尼亞．霍爾小姐……強烈認為她的獎章不應該受到任何宣傳……她表示她仍在執行勤務，迫切渴望展開工作。任何宣傳都會妨礙她投入行動」[49]。後來，維吉尼亞順道前往戰情局倫敦辦公室領取她的嘉獎令，一名年輕的女軍官驚異地回想那個場合。「為她的無比勇氣佩服不已」的陸軍婦女隊的瑪莉．唐納文．柯索（Mary Donovan Corso）回憶，「我讀過關於她的報告，迫不及待想見她」。但是，她發現維吉尼亞「說起話來過度言簡意賅，彷彿她對獲頒卓越服役十字勳章沒什麼特別感覺」[50]。維吉尼亞似乎既不追求榮耀，也不善於面對榮耀。

維吉尼亞知道她的工作尚未完成。她覺得有必要回到最初開始的地方。她曾在里昂和其他地方行動，足跡踏遍這條飽經戰火蹂躪的千里道路，到處都有朋友為她伸出援手。幸福的私生活並未使她盲目得忽視朋友們身上發生的悲劇。美軍行為激怒了許多抵抗組織成員，因為他們拿配給的香菸給德國戰俘抽——法國人長期被剝奪抽菸的權利，現在也只拿到少數幾根珍貴的香菸。人們普遍擔心，由於美國人沒有見識過納粹鐵蹄下的真實生活，他們對法國曾經承受的苦難「頑固地抱持懷疑態度」[51]，因此可能對罪魁禍首太寬宏大量。維吉尼亞是少數幾個曾見證與體驗納粹暴政的美國人之一。她永遠不會忘記那些曾冒著生命危險，幫助她煽起抵抗運動火焰的無名戰士。她明白他們付出了多麼慘痛的代價。

她百感交集地回到里昂，保羅陪在她身旁。河面上每一座優美的橋梁都在一九四四年九月被撤退的德軍摧毀，一九四四年五月的美軍轟炸也造成了大火肆虐。然而，對於這座美麗的城市，遠比破壞更糟的是人們遭受的痛苦。即便和平降臨，里昂在一九四一年和一九四二年的反叛光芒，已被失去一切的蒼白絕望所取代。維吉尼亞的援手大軍中，有太多人被送進駭人的德國死亡集中營，有太多人——例如阿方斯．貝索（紐頓兄弟被捕時，他也在宴席上）和名媛薇拉．雷伊——一去不回。就連那些被盟軍解救回來的人，也變得如同幽靈一般。他們又病又餓，虛弱不堪，被納粹掠奪者搶走了一切。

維吉尼亞在澤維爾街找到一名她的聯絡員——尤金妮．卡金（Eugénie Catin），她在一九四三年四月與紐頓兄弟同時被捕。她先被送到德國，後來又被送到布拉格附近的一座強制勞動營，回家之後，發現家裡的家具、衣服、鍋碗瓢盆、甚至燈具和管線都被搜刮一空。更令人心疼的是剛剛從拉文斯布呂克歷劫歸來的傑美恩．基林。在拉文斯布呂克集中營，女人被關進鐵籠裡，有些人被刻意注射壞疽；三分之二的囚犯喪命，但傑美恩奇蹟似地躲過了毒氣室或其他疾病。然而，她不再是往日那個樂呵呵、充滿感染力的人。她的皮膚發黃，曾經柔亮的捲髮點綴了幾縷花白。她的公寓、衣櫥和銀行帳戶全都空了，好友尤金．朱尼特過世的消息更令她備受打擊。

沒有紀錄顯示傑美恩手下的姑娘——那些曾冒險從她們的維琪或德國客戶獲取情報的妓女——發生了什麼事。在解放之後的憤怒混亂期中，許多妓女被視為「通敵者」而遭到殘酷對待，不論她們是否真的當了納粹走狗。更殘忍的是，她們往往是因為失去工作或丈夫才不得已進入這一行。然而，在所謂的淨化行動中，數千人被迫赤身裸體遊街示眾，任人吐口水、剃毛髮、恥笑辱罵甚至毆打。她們偶爾聲明自己是愛國者，至少有一個人聲稱她曾經故意傳播疾病，獨力「讓二十八名德國大兵失去作戰能力」[52]。不過，大多數民眾只對明確定義的英雄行徑感興趣，不把這些在微妙之處展現的勇氣看在眼裡。然而，維吉尼亞深知，勇氣可以有許多種表達形式。

在她以前的指揮中心，當盧賽醫生打開大門，維吉尼亞一時無法確定眼前這位瘦骨嶙峋卻態度威嚴的人物，真的是她往日的副手。盧賽才剛剛被遣送回國，他在布亨瓦德待了十八個月，跟維吉尼亞的忠誠情報員——紐頓兄弟——關在一起。三人全都活下來了，四月十一日被美軍解放。不過，盧賽再也無法恢復快活的性格；苦難全寫在他的臉上。他說，他被列為「夜與霧」（Nacht und Nebel）法令的囚犯之一；這些囚犯被認為對第三帝國造成最大危險，因此注定要「消失」在黑暗之中，對於他們的去向，家人將永遠一無所知。不過，他靠著三寸不爛之舌活了下來。集中營警衛饒他一命，讓他到集中營的隔離病房看病，照顧那些沒有藥吃、兩人擠一床的病人。此刻，他重述種種可怕畫面，包括強迫勞役、致命的傳染病、隨意處決，以及黨衛軍所作的那些駭人聽聞的偽科學實驗[53]。他或許沒對維吉尼亞說起集中營司令的妻子拿囚犯人皮做燈罩和書封的情節，免得她聽了難受。

不過，盧賽沒辦法緩衝最壞的噩耗帶來的打擊。他曾在布亨瓦德匆匆見到渾身是血、鼻青臉腫的馬歇爾．萊夏。九月十日晚上——當維吉尼亞、保羅和黛安非正規軍正整裝待發——他見到三名外甥被押解出營房。他但願他們只是出來放風，但他們其實是被帶到十七號木屋，再度遭到痛毆。傍晚五點四十分，他們被人用鐵絲吊起來，掛在屠宰用的鉤子上。他們的死是一段緩慢而痛苦的過程，被自身的重量一點一滴勒斃。死後，他們的遺體被隨意丟進火化爐。（維吉尼亞後來發現，萊夏的兩位表哥被送到另一座集中營。萊夏當初就是因為不肯拋下表哥而拒絕接受維吉尼亞營救。諷刺的是，兩名表哥最後生還並重獲自由。）

盧賽也情不自禁地提起阿萊什神父留下的陰影。肯定是因為他的背叛，才導致維吉尼亞的多位幫助者被捕，或許甚至波及了三名外甥。醫生氣自己上了他的當，他原本應該更能分辨是非善惡的。不過，維吉尼亞當然也應該為當初接納他，而分擔部分罪責。事實是，儘管她內心隱隱不安，但她決定見神父、接受他的情報，並付給他優渥酬勞，被許多人（例如傑美恩．基林）視為神父值得信任的信號。這個念頭一定終生糾纏維吉尼亞不放。事實上，阿萊什冰冷的凝視從未離開她的腦海。但現在，他人在哪裡？和皮朋那次令人黯然神傷的會面之後，六月十一日，維吉尼亞向戰情局總部遞交一份鉅細靡遺的報告，一五一十陳述阿萊什的背叛和他造成的痛苦。她告訴他們，為了盧賽、傑美恩、雙生子以及幾名外甥，他必須被繩之以法。她的話產生了戲劇性效果。

維吉尼亞還沒從里昂的所見所聞造成的震撼緩過來，就前往上羅亞省查探她的弟兄的狀況。途中，她順道前往勒皮拜訪朱利安夫婦——太太曾遭蓋世太保痛毆，現在正慢慢復原，先生從德國的集中營被遣返回國後，此刻依舊病體虛弱。他們和維吉尼亞的另一對夫婦友人——曾為她提供交通工具載運空降物資的拉布里埃夫婦——一樣，沒有錢、沒有家具、沒有謀生之計，甚至沒有衣服可穿。拉布里埃太太得靠她在集中營的床單，裁剪出她唯一的裙子。這些友人曾拒絕領取特別行動處的酬勞——而現在，維吉尼亞報告，法國政府拒絕幫助他們，理由是他們曾非法替外國勢力工作[54]。這樣的不公不義令維吉尼亞憤慨，她向倫敦上呈這些無名英雄的事蹟，替他們要求補償。至少在傑美恩．基林的案例中，由於本書而首度開啟的祕密檔案顯示，維吉尼亞親自為她的朋友爭取到八萬法郎的「津貼」，以及一張表揚其勇氣以及為英國政府盡心奉獻的獎狀[55]。

沒有類似紀錄顯示其他人是否得到經濟幫助。這些檔案也顯示，傑美恩奮不顧身企圖拯救的雙生子兄弟，曾焦急地查探她是否從集中營生還。然後在尚邦村，維吉尼亞得知鮑勃游擊隊的兩名成員在加入法國正規軍後陣亡。壞消息接連不斷，何時才是盡頭？

阿萊什是維吉尼亞夜不能寐的主因。一九四四年秋天，他設法在剛剛解放的布魯塞爾，靠詐騙取得了同性質的職位。這個消息恐怕無法給維吉尼亞任何安慰。他帶著一張偽造的巴黎大主教推薦信，說他是一名「優秀的神父」，在德國人手中受盡折磨[56]。比利時人心生憐憫，他們先收容了阿萊什，隨後又讓他擔任神父工作，照顧戰俘和被遣送者，以此為生。他如此具有說服力，沒有人懷疑他的真實性，甚至沒有花一點力氣打聽他的過去。不過一九四五年五月，有消息傳來，偵辦傑美恩．基林案件的法國警察正在追捕他。美國陸軍軍情處情報大隊也因為維吉尼亞和軍情六處的報告（阿萊什也背叛了後者的情報員）而動了起來。不久後，阿萊什的雇主要求他離開，警告他美國當局也想訊問他。神父逃回祖國盧森堡，不過後來，憑著他一貫的心計，他認為或許可以將劣勢化為他的優勢，躲開法國司法體制的報復。他回到比利時，在七月二日向美方自首。

他身穿便服，聲稱自己名叫雷內．馬丁（René Martin），之前經常前往里昂拜訪維吉尼亞。他發揮精采的演技，把自己描繪成德國人的受害者；他說德軍發現他在舊教區從事抵抗活動後，為求保命，他不得不替他們工作。他推測美軍迫切希望取得關於阿勃維爾的珍貴情報，暗示他可以洩漏十幾個有用的姓名，換取人身自由和財物資助。一九四五年八月六日，戰情局反間諜小組在巴黎展開進一步訊問，阿萊什聲稱他是盟軍這一邊的人。他表示是另一名雙面間諜滲透進維吉尼亞的情報網，並將線人的名字交給蓋世太保——相較之下，他一直在設法保護她。他堅稱自己跟種種逮捕行動毫無關聯。

多虧了維吉尼亞針對阿萊什的詳盡報告，美軍訊問員知道事情真相，沒有被騙。那天晚上，他們立刻將他遞交給巴黎司法單位，一週之內，關於他背叛行為的一連串法庭聽證會隨即展開。在此同時，如今自請回到法國的貝當元帥被宣告犯了叛國罪、判處死刑（後來減為無期徒刑）。阿萊什絕望地使出各種最後手段，想辦法自救。神父孤注一擲地表示，法國情報機構想必願意用阿勃維爾一位上層人士的資訊，交換他的性命？

在巴黎，維吉尼亞返回美國前，收到了戰情局對她的評估報告，其中極盡讚美之能事。在最嚴峻的情況下，她的動力和實務能力（包括快速而準確的判斷力）始終保持「卓越」。在敵後潛伏多年，顯示她極其穩定、理智、無畏、有能力領導他人並與之合作。她的體能（包括敏捷度、耐力、強度和大膽行動）被評為「非常令人滿意」。報告指出，「霍爾小姐的每一項任務都取得優異成果」，而她也將繼續保持傑出幹員的表現。一長串讚美之後還補充了熱情的評語，盛讚維吉尼亞是歐戰期間最成功的盟軍女間諜，為情報戰爭領域開創了新局面。她未來的職涯肯定穩當了。

維吉尼亞曾經深愛法國，也始終希望住在海外，所以現在為什麼回家？為了休息，也一定是為了遺忘，同時也為了討好保羅；後者十分珍惜把舊世界的恩仇拋到腦後，以美國人身分展開新生活的機會。她帶著同志與上司的敬重和一名好男人的愛，啟程回到大西洋對岸。戰爭讓她實現了自我，和平能帶來同樣的滿足嗎？

第十二章　中情局生涯

一九四五年九月，維吉尼亞回到陌生的祖國美國。她成年以後的大半歲月都在歐洲渡過，而這片在她一九三一年離開時經濟蕭條、民生凋敝的土地，已然躍升成打了勝仗的超級強權。它見證了法西斯主義在歐洲的潰敗，並且在向廣島和長崎投擲原子彈後，也見證了日本在八月間投降。和平驀然降臨，而當她年近四旬時返鄉，情況卻不如想像的那般愉快。沒有幾個情報員像她這樣長期潛伏敵境，她得花點時間才能從多年的壓力、煎熬和飢餓中復原。如今，行動刺激出的腎上腺素全數褪盡，臉孔終於反映出在飽受戰火蹂躪的歐洲生活六年後，該有的面貌——而且，她的左半邊後腦勺有一大片（原因不明的）疤痕。「她看起來糟透了，也老了許多，」當年十六歲的姪女蘿娜回憶，「我們發現戰爭讓她筋疲力盡。她把事情怪罪於為了支撐下去而服用的所有藥丸——不論鎮定劑或興奮劑」。遺憾的是，和分開八年的母親團聚，並非她所需的復原良藥。維吉尼亞沒有成為芭芭拉期望的社交名媛。她沒有結婚、沒有子女、面容憔悴，而且顯然和保羅．古洛——一個家無恆產、僅有中學學歷、最大的抱負是開一家餐館的入籍公民——曖昧不清。她那恣意妄為的女兒或許為戰爭做出了重大貢獻，但那些事情和老一輩霍爾家族的美好生活八竿子打不著。

首次見面時，芭芭拉對保羅態度冷淡。維吉尼亞試著跟母親講道理，告訴她保羅是個善良、聰明、風趣、能給她幸福的好男人——但在芭芭拉看來，女兒的態度囂張跋扈，令她非常生氣。保羅試圖發揮高盧人的特有魅力，另外想辦法贏得未來丈母娘的心，可惜徒勞無功。芭芭拉不為所動，兩人的婚事被擱置下來。儘管維吉尼亞個性叛逆，但在這件事情上頭，她沒有違逆母親——不過她拒絕跟愛人一刀兩斷。折衷的方法是隱瞞她和保羅的關係，設法跟母親虛與尾蛇。

兩星期後，只有芭芭拉陪同維吉尼亞前往不起眼的戰情局大樓（緊鄰一座廢棄的煤氣工廠），到唐諾文的辦公室參加一場不公開的儀式，終於被授予卓越服役十字勳章。保羅沒有出現。或許是因為穿著白色洋裝、繫著白色雪紡紗頭巾的維吉尼亞想避免衝突，也或許是因為這件事情的祕密性質讓她只能帶一位貴賓前往。唐諾文穿著將軍服接待兩位女士，無疑因為這個低調的場合將成為同類儀式的絕響而感到傷心。為了挽救他鍾愛的戰情局不被廢除，這位不受約束的將軍向杜魯門總統列舉維吉尼亞在一場激戰中的英勇表現，聲稱她恰恰代表在未來制衡克里姆林宮的行動中，戰情局所能扮演的角色。然而，就連她輝煌的紀錄，都無法說服杜魯門留下這個由唐諾文創立並主掌的機構。身為民主黨人，杜魯門本能地不信任有領袖氣質、立場偏向共和黨的狂野比爾，以及他的任何人馬；這份厭惡，由於媒體強力將戰情局比喻成美國版的蓋世太保而變本加厲（這些惡意消息是由戰情局的對頭——例如聯邦調查局局長埃德加・胡佛〔J. Edgar Hoover〕——提供給媒體的）。維吉尼亞早已預見這個結果，因此和唐諾文會面三天前，她便以任務已經完成為由辭去戰情局工作。她抱著希望（而不是期待）寫信表示她會說六國語言，但願再次為國效力：「我對情報工作的未來深感興趣，希望日後成立新的情報機構時，您能考慮我的申請」[1]。她的戰情局檔案寫著，她是一位「傑出人才」，胸中懷抱為國貢獻的「熾烈慾望」。

大刀在授勳典禮四天後砍下。十月一日，戰情局奉總統令解散。數千人（包括保羅）丟掉工作，不過維吉尼亞起碼拿回兩千零六十七美元的積欠薪水。不可思議的是，維吉尼亞只跟戰情局簽過一年工作合同，從未續約。不過，官方判定她在一九四四年四月到一九四五年九月間累積了三十三天有薪假。那段期間，她只休息了五天。

維吉尼亞是一名戰爭英雄，但如今許多復員軍人期望回歸原來的工作崗位，工作非常難找，尤其是一個殘障女性。不過，她之所以迫不及待地找工作，倒不是為了錢（她繼承的投資依然為她帶來豐厚報酬——而且她用錢總是精打細算），而是因為她迫切需要被需要。然而，跟許多退役的祕密情報員一樣，她發現，無法（或不願）說明她在服役期間的確切工作內容，會令民間的企業雇主退避三舍。有些人懷疑她之所以不願意多談，必定是為了隱瞞什麼不可告人之事；戰情局備受爭議的公眾形象，更讓人加深這種印象。大西洋兩岸的許多老同事都面臨類似問題。丹尼斯・雷克在特別行動處的英勇表現（他在一九四四年重返法國，參與幾次最激烈的戰鬥）為他贏得眾多獎章，包括英國軍功十字勳章和法國榮譽軍團勳章。然而，沒有雇主的介紹信，他的生活也陷入了困境。好萊塢明星小道格拉斯・范朋克（Douglas Fairbanks, Jr.）的出現是他的救贖，後者請他擔任管家兼僕從，形容他是「比較矮、比較圓、比較快活的真人版吉福斯（Jeeves）」[2]。

維吉尼亞考慮加入美國陸軍，但一想到必須嚴格遵守命令，她就打消了興趣（不過，她確實以上尉軍銜加入後備軍團）。重回國務院的念頭，讓她想起有關卡斯伯特的種種荒謬往事。她在戰前和戰爭期間結交了多位媒體界好友——例如一九四三年在馬德里認識的美聯社記者查爾斯・福爾茲（Charles Foltz）——不過，她的好奇心遠勝過她的文筆，而新聞工作始終是個掩護，不是她的天命。朋友們建議她出書，但和其他情報員不同，她覺得有必要保守祕密，因此用「那不過是我生命中的六年時光[3]！」推辭了那些建議。

當她的老朋友埃爾布里奇・德布羅——如今主掌國務院東歐司的前任駐華沙副領事——造訪巴克斯洪恩農場，她請他說說她的未來有哪些選擇。德布羅的答案證實了她日益加深的擔憂：得之不易的和平非常脆弱，西方世界——尤其是美國——禁不起另一次如同一九四一年珍珠港事件的偷襲。儘管維吉尼亞不是理論家，但她同意德布羅的看法。納粹主義潰敗後，新的威脅將來自東方的極權主義，冷戰已埋下了種籽。一九四五年底，人們驚覺蘇聯已滲透美國政府的核心以及其原子彈計畫，這不僅讓華府顏面盡失，也暴露出美國情報網的失敗。廢除戰情局僅僅幾週後，杜魯門不得不重新思考，最後在一九四六年一月成立了中央情報組（Central Intelligence Group）。維吉尼亞立刻開始謀職。中情組最初既沒有自己的人手也沒有經費，但維吉尼亞纏著她的人脈幫忙說項。這段期間，恰逢邱吉爾在美國密蘇里州的富爾頓（Fulton）發表令人不寒而慄的冷戰演說，向世人警告第五縱隊正在全歐洲掀起共產主義浪潮。他呼籲西方世界予以強力反擊，指出許多國家已被蘇聯奴役，切斷了與自由世界的聯繫。「從波羅的海的什切青，到亞得里亞海的里雅斯特，」他擲地有聲地說，「一道橫貫歐陸的鐵幕已經降下」。美國需要在傳統的外交和戰爭手段之外，找到另一種工具來應付這項新的威脅。

十二月，維吉尼亞的遊說終於取得成果。她成了第一批加入即將在九個月後成為中央情報局（簡稱CIA）的女性之一。她即將進入一個位於政治風暴核心的組織。如今，美國的政策決策者將中情局視為「對付日益擴張的冷戰的攻擊武器」[4]。的確，總統給中情局的密令，包括明確要求他們在歐洲及全球執行「隱密的心理戰，旨在反擊蘇聯以及蘇聯鼓動的活動」。維吉尼亞基於流利的義大利語而被派駐義大利，那裡被認為特別容易屈服於所謂的「紅色威脅」（墨索里尼政權垮台後，義大利政府出現了大批共黨勢力），令華府擔心西方文化的古老源頭、羅馬天主教教廷的大本營，將成為敵對的極權國家。她發現自己回到威尼斯美國領事館工作，就在聖馬克廣場附近，和她在一九三〇年代一樣。身為年薪四千美元的GS-13級特約情報人員（位階相當於上尉），她的任務是蒐集有關蘇聯滲透活動的軍事與經濟情報。由於深得民心的共黨政客鼓吹民眾罷工、上街頭搶糧食，這裡有許多活動值得關注。維吉尼亞盡責地撰寫關於義大利、法國、希臘和南斯拉斯各起事件的報告，但她渴望更積極地實際參與行動。她坐在辦公桌前，看著男性幹員插手一九四八年四月的義大利大選，暗中支持保守的天主教民主黨候選人；他們在羅馬西班牙階梯（Spanish Steps）頂端、富麗堂皇的哈塞拉飯店（Hassler Hotel），交換塞了幾百萬義大利里拉的包包，與此同時，俄羅斯情報員則在其他地方以莫斯科提供的資金，為共產黨的候選人做同樣的事。在一場特別大手筆且目標精確的競選活動後，中情局支持的政黨一舉拿下百分之四十八的選票，成功將共黨趕出權力舞台長達數十年之久。這是中情局即將在未來二十五年反覆套用的模式。

這項行動是中情局最初的成功任務之一；詹姆斯·安格爾頓（James Angleton）——跟英國情報員金·費爾比一塊抽菸喝酒的好兄弟（後者當時已從特別行動處轉調軍情六處，並已開始向蘇聯傳遞情報）——在這項任務中扮演關鍵角色。安格爾頓長袖善舞又野心勃勃，日後將位居中情局高層，不過事實證明，身為中情局反間諜部門負責人，他的好兄弟將對他的工作造成不利影響。相較之下，維吉尼亞的角色則局限於後勤分析；這從來不是她的強項，她告訴上司，她覺得這項工作很「無趣」。她在一九四八年七月辭職。「她並未明確指出她的不滿之處，」中情局的檔案如此寫著；不過，她明確表示她「偏愛準軍事行動，勝過蒐集外國情報」[5]。另一個原因，很可能是保羅不願意和她一起定居義大利[6]。或許還有另一個因素。她護照上的出入境章顯示，她這段期間曾進入法國；當時，針對阿萊什的調查工作終於準備收尾。幸好，維吉尼亞在報告中指出阿萊什老奸巨猾、善於操縱人心，這份報告在法國情報機構中廣為流傳。他們因此拒絕他以提供阿勃維爾官員的情報換取減刑的提議。事實上，極不尋常的是，巴黎的前阿勃維爾成員——包括偶爾監督阿萊什行動的雨果．布萊謝爾中士——主動作證駁斥他。受到他背叛仍生還的少數抵抗分子，包括傑美恩．基林和盧賽醫生，也前往巴黎提供證據。基於她的中情局幹員身分，維吉尼亞被禁止現身，但她其實也沒必要到庭。阿萊什的案件鐵證如山，他的辯護律師不得不以精神錯亂作為抗辯理由，不過一名專家證人立刻予以駁斥，表示神父的狀況是邪惡腐敗，不是精神失常。

阿萊什的案件轟動一時，他成了背叛和納粹惡行的化身。當他在一九四八年五月二十五日被傳喚到巴黎法庭，以「為敵人從事情報活動」的罪名受審，大批民眾湧進法庭觀看審判過程。維吉尼亞不太可能混跡其中——不過我們無法排除她以偽裝或甚至記者身分到場的可能。如果她真的去了，她會看到如今四十二歲的宿敵依然目空一切、不可一世，左右兩邊各站著一名情婦，婕妮薇芙．卡恩（Geneviève Cahen）和芮妮．安德烈（Renée Andry）。記者稱他是「阿勃維爾的拉斯普丁（**Rasputin**；譯註：著名的俄羅斯妖僧，據說擁有蠱惑人心的能力，生活淫亂）」，《世界報》（*Le Monde*）描述他在被告席上的儀表：「叛國神父羅伯特．阿萊什身穿灰色夾克，鬍子刮得乾乾淨淨，臉色泛黃，神情滑頭，彷彿用聰明而牢不可破的虛假事實上過油一般。他有薄薄的嘴唇和帶著戒心的日耳曼藍眼睛」[7]。

他直到最後仍堅稱清白，不過陪審團壓根沒打算相信他。經過三天的審判程序，他被宣判有罪，判處死刑（陪審團對他的情婦比較寬大——芮妮當庭獲釋，婕妮薇芙則被判十年徒刑）。維吉尼亞終於可以確定阿萊什絕無可能逍遙法外；這是她必須親手了結的案卷。六個月後，她和保羅一起回到美國。一九四九年二月二十五日，阿萊什在他的眾多受害者飽受折磨的弗雷納監獄，最後一次向獄中神父領取聖餐。破曉時分，他被押出牢房，載到附近的一座碉堡。他被下令站在行刑隊面前，上午八點五十五分遭到槍決。

離開歐洲前，維吉尼亞短暫造訪她的幾個老巢穴。據信她順道去勒皮看了朱利安夫婦，可能也曾到謝爾省拜訪朱特利一家人，不過，大多數人甚至還沒聽說她來訪，她就已經悄然離開，和以往一樣來去無蹤。當她在一九四八年七月重新踏上美國國土，她期待被重新安插到中情局，獲得另一項工作。不過，在她離開的這段期間，美國——及其情報機構——已經變得不一樣了。歐洲終戰三年後，人們已不如往日那般理解與尊敬軍人的戰功。聰明而背景深厚的大學畢業生接管了位於華府市中心的舊戰情局大樓。就連那些曾參與戰事的人，都沒有幾個人具備深入敵占區、跟狡猾而凶狠的敵人較量的經驗。辦公桌前的耶魯和普林斯頓畢業生成天高談闊論，狹隘地以自身形象想像情報人員該有的模樣。她申請另一個職位，被一位資深官員評定為「我面試過的……

最合格的人選」[8]。然而，儘管維吉尼亞曾被派到海外從事幾件簡短任務，但全是無足輕重的小事。在和平年代，中情局的官僚顯然不在乎浪費這種非正統派的人才。維吉尼亞再度成了局外人。

一九五〇年初，在她四十四歲生日前後，她搬到紐約，住進五十四街離曼哈頓劇場區不遠的公寓，正式和保羅同居。這是他們第一個正式的家；至少在大蘋果，他們可以不必看芭芭拉不贊同的臉色。維吉尼亞的哥哥也同樣無法苟同。「當我父親被問到他們是否結婚了，他會回答，『他們最好是』，」蘿娜回憶，「爹地非常吹毛求疵，但丁娣狂放不羈，而且走在時代尖端」。

這對情侶交遊廣闊，朋友圈裡包括兩位大使和幾名情報員——這些人並不在意兩人有違世俗的關係——而且他們全都喜歡派對。戰情局的遺風之一就是出了名的飲酒無度，如同一名歷史學家形容的，「全體人員……乘著酒精的浪潮，航向第二次世界大戰」[9]。維吉尼亞和保羅也不例外。蘿娜的父母禁止她到紐約姑姑家過夜，「因為他們擔心丁娣酒後開車」[10]。這對情侶買酒都是買「桶裝」的，人人搶著受邀參加他們的聚會。維吉尼亞的身體狀況好多了，她花很多錢到第五大道的時裝店添購新裝。保羅的戰情局同事勒內．德富爾諾——他先前只在倫敦見過維吉尼亞以英國老貴婦偽裝出現——無法相信她的轉變：「她穿著俏皮的花洋裝，光彩照人，還有一頭柔軟的棕髮，宛如小姑娘一樣」[11]。維吉尼亞是優雅的女主人，帶著一點神秘色彩，有一個漂亮的歐洲風格的家。保羅則負責倒酒和講笑話。

終於，中情局開出一個工作給她：一份低階的文職工作，甚至不在正式編制內。經過十八個月的等待，一九五〇年三月，維吉尼亞開始在中情局的一個門面機構——自由歐洲全國委員會（National Committee for Free Europe）——擔任行政助理。從帝國大廈三樓，她幫忙準備自由歐洲電台（Radio Free Europe）的廣播節目；這個電台負責從事心理戰，旨在支援共產國家羽翼未豐的抵抗運動（維吉尼亞不禁覺得諷刺，二戰期間，她曾跟法國的紅軍合作愉快）。她也盤問剛剛抵達紐約的東歐流亡人士，試圖挖出有用的情報，並且教導難民團體如何——以她在一份祕密報告中的話說——讓家鄉「維持自由與抵抗的精神」，「解救鐵幕中的國家」[12]。一九四〇年代，一個國家接著一個國家赤化，包括一九四八年的捷克斯洛伐克和匈牙利，以及隔年的中國。儘管面對驚天動地的世界大事，但這份工作卻枯燥繁瑣，不是她離開義大利後要求的準軍事職務。於是在一九五一年，她再度申請另一份工作，設法進入她按理有資格隸屬的中情局核心。戰爭過去六個年頭，維吉尼亞的職涯再度令她備感挫折，如同她在一九三〇年代的狀況。彷彿她從未在第一線情報工作中證明自己的價值。

維吉尼亞的家世也無法讓她免除痛苦而漫長的安全程序。中情局——如同美國政府的任何一個分支——戒慎恐懼地提防遭蘇聯滲透。莫斯科已進行第一次的核子試爆；艾瑟爾和朱利葉斯・羅森堡夫婦（Ethel and Julius Rosenberg）因為向俄國人洩漏美國核子祕密而受審；威斯康辛州的參議員約瑟夫・麥卡錫（Joseph McCarthy）已開始偏執地大肆指控政治對手從事「非美國」活動。在這狂熱的氣氛中，一丁點嫌疑都可能毀掉整個職業生涯。維吉尼亞挫敗地回答一份長達十四頁的問卷，內容是關於她的父母和哥哥、她的教育背景、她曾到過哪些國家，以及其他種種。她認識曼哈頓的鄰居嗎？她得靠薪水維持生活嗎？她可以列出五個對她「瞭若指掌」的人嗎？她列出德布羅、記者福爾茲和三名女性友人的名字。這個程序如此「勞師動眾」令她深感驚訝；她為自己花了那麼長時間才完成問卷而致歉。終於，歷經七個月審查，她被要求進行測謊。一九五一年十二月三日，她成了首批獲准進入中情局總部的女性幹員之一。當共黨掌控的北韓進攻西方世界支持的南韓、冷戰爆發了一場激烈衝突之後，中情局總部已大幅擴建。當大多數人仍以為中情局的主要工作在於蒐集情報時，她宣誓入職，表示她將「捍衛美國憲法，對抗國內和國外的所有敵人」。維吉尼亞被分派到鮮為人知的隱蔽行動（covert operations）部門，薪水一夜之間翻了一倍。

維吉尼亞和保羅打包收拾曼哈頓的公寓，搬到華府。為了避免和芭芭拉再度起衝突，他們倆正式分居。好處是他們可以更常見到蘿娜和她的弟弟；他們經常在週末帶兩姊弟到索羅門斯島（Solomons Island）——一個風景如畫、木屋林立的景點，距離巴爾的摩兩小時車程——駕駛帆船、釣魚、騎馬。他們租了一艘船，保羅捕捉鰻魚，在戶外用一個有腳的特殊炸鍋以奶油煮魚。他經常摘野花送給維吉尼亞，兩人一同沐浴在陽光下。她依舊隨時保持自制，從不喜歡摟摟抱抱。但她寵愛她的姪女——甚至試著教她開（歐洲排擋）車——而保羅總在一旁炒熱氣氛。

「噢，瘋狂的保羅！」當他對兩名年輕人惡作劇，維吉尼亞會開心地尖叫。當時即將成年的蘿娜注意到，她的姑姑丁娣格外沉穩、自信，身邊不乏仰慕者。「她是個氣場強大的人，習慣當家作主，但保羅很適合她。他有一點點瘋狂、一點點淘氣，總喜歡搗蛋。他們是天作之合，他點亮了她的生命。」

兩人似乎都渴望擁有兒女，不過維吉尼亞已經四十五歲，況且母親反對她嫁給保羅，所以戰後剛返國時，他們並未嘗試生兒育女。但如同一些女情報員發現，敵後工作的壓力、營養不良——再加上使用藥物——種種因素使她們無法受孕。在新工作崗位上，維吉尼亞認識了一位未婚懷孕（這在一九五〇年代初是一大醜聞）、不知如何是好的女秘書。在保羅應允下，維吉尼亞提議收養這個孩子，三個人認真討論了一番。最後不知基於什麼原因，事情並未成真，保羅和維吉尼亞顯然感到失望[13]，兩人隨後養了一大群貴賓犬。她終身沒有建立屬於自己的家庭。

儘管情緒受挫，維吉尼亞終於在極機密的法國準軍事行動中，找到工作上的滿足感。美英法三國政府都相信，法國抵抗運動是個很好的範本，可用來在歐洲各國成立所謂的「敵後」（stay behinds）網路，協助北大西洋公約組織（NATO）對抗蘇聯。她負責招募並訓練潛在的游擊組織，同時指揮祕密行動、安排逃亡路線。她的不凡閱歷終於受到上級法蘭克．威斯納（Frank Wisner；二戰期間在土耳其中部行動的前戰情局幹員）善用。一年內，她成了中情局隱蔽行動單位的第一位女性行動官，隸屬於一個美其名為「計畫處」的部門。她的背景在同事間蔚為傳奇，她成了男性世界裡的一個「神聖存在」——不過，她也是一名遺老，來自做事方法和現在大不相同的過氣年代。一名年輕男同事形容她是「戰情局海外行動年代留下來的強勢女士」。「穿著成套毛線衫、戴著珍珠項鍊的年輕秘書，豎起耳朵聆聽維吉尼亞對前來她的辦公桌聊聊戰時故事的男性準軍事幹員吹牛，」他回憶往事，想起她將深棕色頭髮盤在頭上，插一支黃色鉛筆固定髮髻的模樣，「在老朋友面前，她總顯得興高采烈」[14]。她也沒有忘記在法國的老同志，好多年來都會寄聖誕卡給他們——不過似乎沒有附上回郵地址。有一次，一名非正規軍弟兄執拗地追蹤她的下落，他的鍥而不捨顯然打動了她，她答應當他的子女來美國玩時，讓他們住在她家。不過，她拒絕參加他們的重聚，理由是她不想聽任何人談起她在戰爭期間的事蹟。她的心只能打開到一定程度。

一九五二年秋天，維吉尼亞加入南歐司，忙著制定熱戰和冷戰計畫，包括監督幹員在雅典成立祕密廣播電台，向羅馬尼亞和保加利亞等鄰近的共產國家發動心理戰。儘管史達林在一九五三年三月過世、蘇聯與西方的關係短暫解凍，她的工作仍快馬加鞭地持續進行。維吉尼亞的男性上級懂得欣賞她五年的地下情報經驗，在該年的評估報告中評定她表現「傑出」，並說她「洞悉情報工作以及行動面臨的問題」。的確，他們希望她更樂於幫助其他人，不吝於將「她視為不言而喻，但別人可能不知道或不明白」[15]的技能傳授給比較資淺的同事。他們判定她特別適合從事詳盡的行動規劃，認為「如果有機會親上一線，她的整體潛力將能大幅提高」[16]。他們認為她或許特別能勝任滲透共產國家的艱巨任務；在這些被稱為「封鎖區域」的地方，中情局一直無法取得可靠的情報。

然而奇怪的是，維吉尼亞並未因此被派到海外指揮重大任務——照她平常的性格，她絕對會急於把握這樣的機會。相反的，她告訴上司，她「目前無意」[17]赴海外工作——也許是因為她想留在美國陪伴保羅，後者放棄繼續從軍或從事情報工作，轉而投入他熱愛的餐館業。舊疾復發——維吉尼亞私下歸咎於她在戰時使用的藥物[18]——或許也是部分原因。她在那段時期的照片顯示出冷硬的臉部線條，她的體重也增加了，越來越難帶著卡斯伯特運動。資料顯示她的心臟可能出了問題，這是長期使用苯丙胺的一個常見副作用。一九五四年九月，她並未參加中情局為員工投保的人壽保險，也許是因為某種既有的疾病而遭到拒保。顯然，戰時從事艱苦任務的壓力，為她帶來了一輩子的影響。

然而，在職業生涯的這個關鍵時刻，選擇留在華府的辦公桌前會讓她付出高昂的代價。迄今，情報人員可分為總部工作人員和一線特工人員；維吉尼亞的強項顯然是後者，但如今，她被困在光譜的另一端。前任中情局幹員克雷格．葛萊利（Craig Gralley）說，「那些幫助她在海外避人耳目、神出鬼沒的特質——也就是她的年紀、殘疾和性別——恰恰成了她在辦公室環境中的阻礙」。在中情局隱蔽行動處，升遷、地位和「話語權」大體取決於最新的一線經驗，這是她如今欠缺的。她偶爾會被派去海外，但都屬於所謂「臨時調任」的工作，不足以增進她的行動能力。一九五三年評估報告中最有害的一部分，在於說她是個敢直陳意見的女人——儘管是一個「和藹可親」、「認真負責」並「樂於合作」的女人。戰爭時期，「狂野比爾」．唐諾文對意志堅定的女性讚不絕口，相較之下，一九五〇年代中期的「老爸最明智」思維，認為在家帶孩子、柔順的金髮女郎是女性典範。無兒無女又被貼上「坦率直言」的標籤，是個危險信號。和平年代正緩慢而穩穩地將她桎梏於牢籠之中。

一九五四年末，她調到西歐司的準軍事單位，逐一檢視各國執行「非常規作戰行動的條件」。這些行動是最高機密——美國不能被發現主掌或甚至支援義大利、希臘、西班牙和葡萄牙的「敵後」活動，因為某些罪犯或極右派分子也捲入其中。如今，維吉尼亞在中情局冷戰時期最不體面的部門工作。同事們看重她的意見、多方面才能和經驗，但也有資料顯示，她被視為是難相處的人，或許因為她對自己參與的計畫提出了一些保留意見。該年的評估報告形容她「各方面條件極其優秀」，但也暗示她在遇到緊急事件時也許無法控制情緒或保持冷靜（沒有任何實質證據）。對於一個長達三年時間冷靜地躲過蓋世太保追捕、在後備軍團擔任上尉、並已證明即便遭遇重大意外也無法阻止她前進的女性幹員來說，這是一句微妙而經典的惡評。其他含沙射影的評語，包括她對自己對中情局的價值，抱著「不切實際」的看法，而她最顯著的特色是「獨立」[19]。維吉尼亞的前途蒙上了陰影。

她遭受的對待，或許比絕大多數人的際遇更極端。不過，這類心態非常普及，以至於艾倫．

杜勒斯（Allen Dulles，曾任戰情局在中立國瑞士的情報站站長）在一九五三年出任中情局局長後，指派中情局內部的一組女性人員展開調查。這個所謂「裙釵調查小組」（Petticoat Panel）發現，不論出現多少反面例證，女性比男性「更情緒化、更不客觀」並且「不夠積極進取」[20]的觀念，確實受到普遍認可。中情局高層同意讓各級主管接受性別平等教育，但此舉似乎毫無成效。唯一可見的變化是，女性如今獲准每週進中情局健身房一次——不過在女性員工仍被期待戴著潔白無暇的手套上班的年代，這樣的改變簡直微不足道。當時，中情局內部氣氛低迷，光一九五三年就有五分之一的幹員離職。許多人認為他們的上司不知道自己在做什麼，將「驚人的經費」浪費在失敗的海外行動上，卻謊稱成功。對外頭的世界而言，中情局象徵最高級別的公共部門，是全能而陽剛的反共力量。但內部人員卻聲稱，「無能的人被賦與龐大權力，能者卻像走廊上的柴堆，被棄置不用」[21]。

維吉尼亞如今進入中情局最近承認的、她的職涯中「最不愉快的時期」，「她的績效評比出現嚴重爭議」[22]。一九五五年五月，她被調回巴爾幹半島司的準軍事部門。她以專案官（case officer）和基幹情報員（principal agent）身分，被賦與令人興奮的任務，負責規劃並執行一項未公開的「重大政治行動專案」。從她的護照來看，在她飛回華府遞交一份高度機密的全面報告，說明她的結論與建議之前，她曾到過法國、瑞士、德國和英國。這份至今仍被列為機密的報告，被她的上級評定為「傑出」而「高水準」[23]。事實上，她在這項任務上的成功，使她在回到華府後，被挑選為首批榮獲中情局終身職（最有價值的永久幹員）的女性之一。這項殊榮讓她得到一個晉升機會——在充滿陽剛味的中情局總部，這項拔擢案格外引人注目。可惜的是，欣賞她的上級隨後被調到另一個單位，就在此時，她真正的麻煩開始了。

少了上級的力挺，她的報告——儘管一開始備受讚譽——遭到排擠，有流言說她太過謹慎。一九五三年艾森豪總統入主白宮後，中情局發動了越來越大膽的行動，打起一場堪稱聖戰的反共戰爭。在瘋狂推動隱蔽行動、最後導致中情局搖搖欲墜——正如持批判態度的歷史學家提姆．韋納（Tim Weiner）所言，使中情局面臨了「內憂外患」[24]——的過程中，維吉尼亞謹慎籌備的行事風格顯得格格不入。法蘭克．威斯納本人「成了工作狂，每天工作超過十二小時，每星期六天，並要求部下和他一樣拼命」。他最終結束自己的生命，但批評者宣稱，他之前的部分行動躲過上級的監督，因為他鮮少向局長如實報告他的所作所為[25]。

中情局的反共狂熱帶動了「迴紋針行動」（Operation Paperclip）。這項行動大舉引進前任的資深納粹，理由是不論他們在戰爭中的行為多麼殘忍，他們是最極致的反蘇聯人士。美國陸軍的情報單位延攬了里昂屠夫克勞斯．巴比本人。當維吉尼亞得知，導致她眾多朋友被折磨至死的罪魁禍首，如今因為她自己的國家而安然走出戰爭罪行法庭，她該多麼地如何痛心疾首？當她得知美國政府（包括她的中情局雇主）付給這些人優渥報酬，她又該做何感想？在德國或其他地方的任務中，她是否甚至可能被迫與他們某些人合作？由於她不願談論自己的工作，她對這項政策的想法以及所受的影響，只能留給後人想像。但她在里昂的老同志安德烈．庫瓦西耶相信，她的「宿敵」[26]得到這樣的獎賞，她必定至少「非常失望」。

她的報告被束之高閣後，維吉尼亞反覆要求上級釐清她的職責；她形容自己的職責「模糊不清」，但被下令耐心等候，同時被留在她所謂的「完全真空」下工作。她後來提出的任務建議被視為「好點子」，受到上級採用，然後分派給其他（男性）幹員執行。最後，她奉命參加一項任務，但侮辱人的是，她必須向低她兩級的男性幹員報告工作。一位曾經在十幾位身強體壯的男性間脫穎而出、被選來執行二戰期間最危險的祕密任務的戰爭英雄，不到十年後便受到這樣的折辱，簡直令人難以置信。

一位不知名的資深官員阻斷了她的一切晉升希望；儘管他承認自己從未實際監督她的工作，仍在一九五六年提出一份苛刻的年終評估報告。他指責她的工作成果「毫不足取」，並聲稱她欠缺「進取精神、勤奮態度與創意思維」[27]。他交出這份該死的報告之後立刻休假，不給她任何討論空間。可想而知，這件事情令維吉尼亞火冒三丈。盛怒之下，她寫了一封信，嚴詞反駁評估報告中被她指為「毫無可信度」的「不公平」論點。她受到輕視、被下令向較低階的幹員報告，這些都是「不恰當」的行為，而質疑她是否有能力執行她在戰爭期間表現卓越的準軍事行動，實在太過荒謬。「這樣的評估無疑毫無根據，」她發出怒吼。她以前的上級也認為毫無理由批評她。「如果我要找一名幹員執行同樣或類似的任務，」他說，「我會選擇〔維吉尼亞．霍爾〕去做」[28]。

強力人士再度出面替她說話，但這無疑說明了一個被能力和經驗都不如她的男人視為直接威脅，這樣的女性被排除在高階職位之外的事實。就連中情局後來都承認，她的作戰經驗比大多數男性幹員（包括前後五任局長）豐富，並因此受到高度推崇。事實上，維吉尼亞所受的惡劣對待，後來被中情局內部當做教科書級的歧視案例[29]。「維吉尼亞比許多日後在組織內部官運亨通的男人強出許多，」克雷格．葛萊利說。

維吉尼亞和保羅依舊為了芭芭拉的緣故而分開生活，喝酒喝得很兇；她的姪女蘿娜相信，她越來越需要借助其他力量沖淡戰爭的回憶，無疑包括同伴遭叛徒阿萊什傷害的痛苦記憶。辦公室的氣氛——以及人們對一位曾因英勇表現而受國王和總統親身關切的人缺乏尊敬——想必毫無幫助。或許，保羅如今跟人合夥開了一家法國餐廳並身兼主廚的事實，也是一個誘因。幸運的是，當她在一九五七年一月調到中情局另一單位，她重新恢復士氣。這一次，她被調到中情局西半球組擔任地區行動官，協助推動中南美洲從古巴到阿根廷的反共政治戰與心理戰。「她似乎回到了擅長的領域，」中情局的一份祕密報告指出，「她的上級將她視為傑出資產……她的多元能力、才智和本事引人注目」。他們承認，她「沒有顯著的弱點」[30]。

工作恢復穩定後，維吉尼亞認為，是時候把私生活狀態定下來了。芭芭拉依舊固執己見，但丁娣終於決定拋開一切顧慮[31]。一九五七年四月十五日，維吉尼亞和保羅叫上幾位朋友開車出城，辦了一場低調而簡單的婚禮。他們幾星期後才通知家人。她冠了夫姓；古洛太太正式搬進保羅在馬里蘭州切維蔡斯（Chevy Chase）的家，位於華府郊區。終於能將兩人的關係公諸於世，是對保羅的一大安慰；他的餐廳不久前因為合夥人捲款潛逃而關門大吉。至少，保羅如今可以時時刻刻陪伴身旁，成為維吉尼亞的「家庭主夫」。

維吉尼亞現在五十一歲，也結了婚。兩者都不利於她在中情局的發展；中情局認為已婚婦女比較難委以大任[32]。她的「低階狀態」，令同事霍華德・杭特（E. Howard Hunt；後來因參與水門事件而入獄）非常難過。「沒有人知道該拿她如何是好……她令中情局的非作戰人員——我指的是那些官僚——感到困窘」[33]。

一九五九年，在距離佛羅里達海岸線僅僅九十英里的古巴，狂熱的馬克思主義者菲德爾・卡斯楚（Fidel Castro）取得政權。然而，儘管在她負責的區域出現如此驚天動地的事件，維吉尼亞該年的評估報告將她比喻成某種答問專欄作家，說她是「許多年輕秘書的閨中好友」，協助她們解決「社交」問題。的確，他們承認她有能力在上級外出時暫代職務——正如她當年在維也納領事館所做的。中情局高層也並非全然沒有人支持她。那年後來，她升到GS-14級；這份遲來的位階相當於中校軍階，是當時女性所能達到的最高級別（在中情局的隱蔽行動處，歷年來只有五名女性幹員達到GS-14級）[34]。她的年薪調漲到一萬四千一百二十美元的高薪，不過，這是她十四年職涯中唯一一次晉升，並非維吉尼亞盼望的解決之道。上級持續派給她遠低於她的能力與階級的任務。當她和保羅搬到更遠的地方，住進馬里蘭州巴恩斯維爾（Barnesville）一座優雅的鄉間別墅，一位主管甚至質疑她會繼續盡心盡力工作。不過，有種種理由支持，中情局位於蘭利的新辦公大樓——其摩登的白色大理石長廊和被鹿群啃咬的園林——對她特別有吸引力。

維吉尼亞在中情局的最後幾年持續毀譽參半。欠缺最新的一線經驗始終是她的弱點，不過就連她的批評者都說，她特別擅於「挑出行動提案的缺陷與隱患」——這項才能在當時的中情局似乎十分罕見。一九六一年，在一次試圖推翻卡斯楚的愚蠢行動中，中情局狠狠地羞辱了自己以及熱愛詹姆士．龐德的甘迺迪總統。彷彿沒有從一九四二年八月第厄普戰役的笨拙行動中，學到精心策畫的重要性，中情局派一支古巴反抗軍在豬玀灣登陸，企圖殺進古巴內部，推翻卡斯楚的共黨政權。許多人若非喪命，就是陷在沿海盤根錯節的紅樹林裡動彈不得。華府似乎沒有人知道這一帶的地理狀況，因為他們仰賴粗略的十九世紀探測地圖做為行動指引。這次血淋淋的慘敗被引為國恥，艾倫．杜勒斯最終引咎辭去局長一職。蘿娜記得維吉尼亞難得地談起她的工作（古巴在她負責的區域內）。家人一般不會問起有關中情局的事，但這一次，她透露自己「很高興」這次行動「不歸我管」。

一九六六年，她的年薪大幅調漲到超過一萬七千元。不久後，在她的六十歲生日，她最後一次開車離開她在蘭利的停車位。六十歲是強制退休的年紀，但有她這種本事與經驗的大多數幹員，一般預期會留下來擔任培訓顧問。維吉尼亞似乎沒有受到延攬，或者，她純粹受夠了中情局內部的火爆場面。她的心臟似乎也持續出現問題，無論如何，她的職業生涯以令人失望的方式結束了。局裡的許多粉絲驚惶地看著她收拾辦公桌、向大家道別，那一天，有些人暗自決定終有一天為她伸張正義。在有關她的職涯祕密報告中，中情局承認許多同事「覺得她由於資歷豐富、令那些感到威脅的男同事相形見絀，因而受到排擠、被打入冷宮」。其中一人忿忿不平地說，「她的經驗和能力從未得到適當的器重」[35]。從戰爭凱旋而歸，重回這個處處碰壁的乏味世界，確實令人難以忍受——維吉尼亞比大多數人感受更深。英雄事蹟很少換來應有的報酬。

維吉尼亞和保羅擁有彼此，也對他們在巴恩斯維爾的漂亮法式別墅有一套宏偉計畫。她現在有時間將旅行見聞，包括從城堡和威尼斯宮殿得到的靈感來布置房子了。她在有一大面玻璃窗、採光充足的客廳招待客人——包括她昔日在中情局的擁護者。維吉尼亞擁有跟摯友維繫終生友誼的本事，現在，她至少可以好好花時間跟他們相處了。她終於願意善待自己，搬進一樓的房間，不再需要承受爬樓梯的痛苦。不過，那並沒有——至少一開始沒有——阻止她大肆修整廣達三十畝的院子。她蓋了一間溫室種菜（特別是她最愛的菊芋），還種了上千株在春天盛放的水仙花。保羅會穿著皮圍裙，伏在地上尋找蘑菇。他們還養了一群脾氣特別壞的鵝，必要時得拿掃帚將牠們趕出屋外；兩人最終把牠們——或至少牠們的肝——製成鵝肝醬。夫妻倆甚至曾實驗以自家生產的羊奶製作法式乳酪——不過有一批壞掉了，臭氣熏天。一起烹飪是他們最愛的消遣，吃過飯後，維吉尼亞會在一架老式的手織機上織布。

從二戰退下來的情報員之間，這種相知相伴的生活並不多見。歷經戰爭的磨難，許多人的婚姻因承受不住負荷而崩潰。威廉・辛普森的第一任婚姻在他返回英國後立刻破裂，他的經歷和殘缺成了妻子無法跨越的障礙。劇評家羅伯特・斯坎倫（Robert Scanlan）在撰寫《等待果陀》（*Waiting for Godot*）的評論時曾說，儘管這齣劇作並非作者薩謬爾・貝克特（Samuel Beckett）參與抵抗運動的紀實文學，但它的意象——以及呈現的心境——顯然擷取自那段時期：「經歷過歐戰的每個人都變了一個樣子，他們很難表達內心的巨大騷動」[36]。

保羅透過自己在法國服役的經驗，起碼可以稍微理解他那不平凡的妻子經歷過什麼。不過，她還是偶爾需要獨自前往紐約的老地盤，尋找心靈的平靜。一次北上的途中，維吉尼亞再度顯露她的足智多謀。她都到了公路收費站，才發現忘記帶錢包。她不願意回家取錢耽誤時間，因此說服收費員收下她的天梭錶（她在中情局就職期間收到的禮物）作為抵押，等她回來後再贖回。

然而，就連維吉尼亞也無力止住健康的日益衰退。她漸漸失去使用義肢的力氣與意志力，卡斯伯特被丟進角落，由拐杖取而代之。很快地，她開始坐在椅子上凝望窗外飛過的小鳥，或者用一把銀勺子餵食圍在她身邊的五隻法國貴賓犬。她那活躍的大腦貪婪地玩著填字遊戲，狼吞虎嚥地閱讀歷史和旅遊書籍，尤其喜愛間諜小說。儘管受到各方鼓勵，她依然拒絕寫下自己的故事。定期拜訪姑姑的蘿娜經常纏著她說戰爭的軼事，但維吉尼亞以她「見過太多多話的同志屍體」為由，一再拒絕她的請求。她無疑時刻關注涉及特別行動處同志的著作或自傳，發現許多人從未從戰爭的經歷中走出來，往往尚在英年就孤單地離開人世。例如，她在里昂認識的紐頓兄弟因《No Banners》一書而名垂不朽，不過，被俘的經歷拖垮了他們，艾佛烈在一九七九年過世，得年六十五，亨利則在一九八〇年過世，年僅六十一。

保羅也是在六十多歲時嚴重中風，他那陽光般的性格從此變得陰鬱晦暗。如今，他和維吉尼亞雙雙活在痛苦中，動不動就發脾氣，快樂幸福只留在記憶裡，每天都很難熬。維吉尼亞也因為各種毛病經常進出醫院。退休十六年、和保羅共度三十八年時光後，一九八二年七月八日，維吉尼亞在馬里蘭州羅克維爾市（Rockville）的謝迪格羅夫基督復臨醫院（Shady Grove Adventist Hospital）與世長辭，享年七十六歲，未公布死因。

死亡會重新激起人們的好奇心；這是經常發生的事。報章雜誌（例如《華盛頓郵報》）刊登崇敬的悼詞，形容維吉尼亞是「成為法國抵抗運動英雄的巴爾的摩女學生」[37]。《紐約時報》稱她是二戰期間「最有力、最可靠的情報員之一」[38]。他們沒說——也不可能知道——的是，一個沒有希望、沒有前途，而且看似無足輕重的女人，究竟如何達到這樣的人生高度；她如何藉由隱瞞身分，終於找到真實的自我，發揮她真實的才幹；她如何透過替另一個國家的自由奮戰，為自己爭取到了自由；以及自己的國家如何不懂得善待她、無視她的卓越服役十字勳章，從不真正認可她的偉大。

在四千英里外的法國，上羅亞爾省抵抗組織的老弟兄們彼此寫信，傳遞這項噩耗。一九四四年和維吉尼亞短暫相處幾個月後，他們享受了將近四十年的自由。這位被他們稱做「聖母」的戰士帶給他們希望、同志情誼和勇氣，教會他們做最好的自己，令他們永生難忘。在困境和恐懼中，她為他們創造了短暫而璀璨的快樂和一生中最鮮活的時刻。著名的黛安非正規軍的最後一人——她的寵兒、永遠孩子氣的加百列・艾洛——在二〇一七年過世；當時我正在研究維吉尼亞的生平。直到生命的盡頭，他和其他在高原上認識維吉尼亞的人一樣，喜歡偶爾停下來緬懷那個身穿卡其服、永遠不放棄自由的女人。當他們以敬畏而深情的口吻談起她那了不起的事蹟，總會微笑著仰望廣闊無垠的天空，「眼底閃耀著星光」。

後記

維吉尼亞在中情局工作期間從未得到應有的賞識，不過跡象顯示，在她晚年間，她的傳奇事蹟已逐漸為人所知。埃洛絲．藍道夫．佩吉（Eloise Randolph Page）——一九七〇年代首位中情局女性情報站站長——曾說，戰情局的女性（維吉尼亞為其中典範）為「繼她們之後的姊妹」奠定了根基。

如今，中情局正式承認，維吉尼亞是絕對的戰爭女英雄，她在中情局的生涯遭到「沒有善用其才幹的上級」[1]打壓。

一九八八年六月，帕克少將追封維吉尼亞，把她的名字列入軍事情報名人堂（Military Intelligence Corps Hall of Fame）。她是最早獲得此等殊榮的人士之一。

由於她在法國及其他各地的支持者持續不懈地遊說（即便在她死後仍不放棄），二〇〇六年十二月，英法兩國在法國駐華府大使的官邸中舉辦一場儀式，表揚維吉尼亞的一生。大使宣讀由當時的法國總統席哈克所寫的致敬函，推崇她是法國的「美國友人」。這是法國首次公開承認她是「法國抵抗運動的真正英雄」。似乎沒有人知道或提及她的英勇十字勳章。維吉尼亞的大英帝國員佐勳章（MBE）證書在倫敦封存六十年後，由英國大使頒給她的姪女蘿娜．卡特琳。

畫家傑夫．貝斯（Jeff Bass）的一幅畫作也在典禮中揭幕；畫中呈現一九四四年夏天，在莉雅．勒布拉特位於上羅亞爾省的農場中，維吉尼亞坐在年輕的抵抗戰士艾德蒙．勒布拉特身旁發送無線電訊息。原畫如今掛在蘭利的中情局總部，距離她昔日的戰情局上司兼最大支持者「狂野比爾」．唐諾文的全尺寸雕像不遠。全世界許多地方都掛著這幅畫的複製品，包括倫敦的特種部隊俱樂部。

在中情局博物館目前的官方目錄中，只有五位戰情局幹員享有自己專屬的展區。其中四人是後來成為中情局局長的男性幹員，另一位是維吉尼亞——其中唯一一位女性，也是唯一一位在戰後職涯多舛的人。

二〇一六年十二月，中情局以她的名字為一棟大樓命名。新進人員在維吉尼亞霍爾遠征中心（Virginia Hall Expeditionary Center）接受訓練，學習她之所以被視為空前傑出人員的原因。

中情局當今的核心價值有六個面向：服務、卓越、正直、勇敢、合作與盡責。維吉尼亞被選為服務的代表人物。不過，她並未被列為「開路先鋒」（Trailblazer）——被認為開創了中情局歷史的幹員名單。

然而，當代的特種部隊，深受特別行動處、戰情局——以及最重要的，維吉尼亞在法國成立情報組的開創性行動——所啟發。中情局承認，二〇〇一年九一一事件前後被派進阿富汗的「迎頭痛擊」（Jawbreaker）小組，就是直接借鑑她在二戰期間法國抵抗運動的祕密行動。中情局幹員潛入阿富汗北部地區蒐集情報，並招募、武裝當地游擊隊，協助美軍即將對塔利班和蓋達基地組織展開的攻擊。

當克勞斯·巴比讓美國當局的處境變得太過尷尬，他們在一九五一年安排他透過專供逃亡的前納粹使用的所謂「老鼠路線」（rat lines）逃到玻利維亞。不過一九八七年——維吉尼亞過世五年後——他被迫回到里昂，以危害人類罪的罪名受審。他被判有罪，入獄服刑，一九九一年死於獄中。

一九四五年六月，布萊謝爾中士在荷蘭落網，被帶到倫敦，由特別行動處負責審訊。他並未遭到起訴，但被送往巴黎，因涉嫌戰爭罪而入獄。一九四六年底，由於原本的敵人提出有利於他的證詞，他獲釋出獄，被遣送回德國。戰後，他曾兩度回到法國，一次是以證人身分出庭指證羅伯特·阿萊什。不可思議的是，第二次則是受彼得·邱吉爾及其妻子——曾在一九四三年遭布萊謝爾逮捕的特別行動處幹員歐黛特·山桑（Odette Sansom）[2]——之邀，來法國做客。

阿朗——喬治·杜柏汀——在一九四三年三月重返法國南部的格勒諾布爾（Grenoble）地區，此舉展現出他性格中勇敢的一面。他幾乎立刻失去蹤影，後來被發現在一九四五年三月、戰爭結束的幾週前，因飢餓與肋膜炎死於德國的埃爾布希（Elbrich）集中營。

威廉．辛普森娶了他的護士，生下兩名子女，並在開創整形手術技術之後，找到和他的創傷共存的方式。

保羅中風之後始終沒有完全復原，不過他比維吉尼亞多活了五年。

安德爾省瓦朗賽市舉辦的一場紀念儀式，將幾名外甥的犧牲正式載入史冊。儀式的地點離他們最後一次任務的著陸點不遠。

戰爭尾聲，小貓咪以不受歡迎的外國人身分被遣返法國，由法國警方帶走。她受審、被判處死刑、得到減刑、最終獲釋。

丹尼斯．雷克參與拍攝著名的法國抵抗運動紀錄片——《悲哀與憐憫》（*The Sorrow and the Pity*）；他在片中盛讚維吉尼亞是「戰時最偉大的女情報員」。

令皮耶．法約爾難過的是，有許多年時間，沒有人願意出版他對維吉尼亞的禮讚，儘管他為這本傑出的著作費盡了心血。她早已被法國人遺忘，等到書終於面市，她已離開人間，無緣得見此書。他決心緬懷維吉尼亞，因而數度參加黛安非正規軍的聚會，免得所有人都變得太老，再也無法談論戰爭和山上聖母。

加百列留在高原上生活，婚姻幸福美滿。在他們位於尚邦村的房子中，他的遺孀留下一間房間專門存放非正規軍的紀念物。迪迪回到故鄉阿爾薩斯，在學校任教。兩人從未再見過維吉尼亞。

特別行動處在法國享有極高聲望，人氣始終不墜。即便在戰爭結束二十年後，仍有四十六個興旺的F科粉絲俱樂部取名為「巴克馬斯特之友社」（Amicales Buckmaster）。

時至今日，維吉尼亞仍是上羅亞爾高原上的一頁傳奇。

童年的夏天，維吉尼亞在巴斯克洪恩——他們家在馬里蘭州的農莊——渡過田園生活。別墅寬敞而優雅，但沒有中央暖氣，還需要以幫浦汲取溪水使用。她的母親芭芭拉懷抱著更大的社交野心。

年輕的維吉尼亞熱愛鄉間生活，喜歡做中性打扮。丁娣——這是家人對她的暱稱——勇敢無懼、心高氣傲，迥異於欠缺冒險精神的同時代女性，並為此洋洋自得。

維吉尼亞和比較保守的哥哥約翰一起在農莊長大，兩人關係親密，但對人生抱著截然不同的憧憬。長大後，約翰未必總能認同妹妹的「摩登」作風。

維吉尼亞崇拜永遠衣冠楚楚的父親，奈德。後者同樣寵愛他那與眾不同的女兒，縱容她渴望旅行與冒險。他的早逝令家人深受打擊。

維吉尼亞從小就喜歡動物，這項愛好意外地在戰爭期間派上了用場。在這張青春期的照片中，她以鴿子為帽；另一次，她則戴著活蛇編成的手鍊上學。

維吉尼亞在一九三〇年代尾聲派駐塔林，熱愛在愛沙尼亞的廣袤森林裡打獵，但除此之外，她的生活是一連串的殘酷拒絕。成為外交官是她的畢生志向，然而夢想一再受阻。國務院職員的有限揮灑空間令她深感挫折。

敵後工作的孤獨與恐懼感是沉重的負荷。有些情報員無法信任任何人，只能信任自己的倒影。未標明日期的自畫像。

（左）戰爭期間，維吉尼亞的驚人美貌令她引人側目，尤其在她的面孔登上通緝傳單之後。當她重返一線工作，她採用好萊塢彩妝藝術家設計的偽裝，穿上牛津圓環後頭作坊的難民裁縫師縫製的衣裳。這個偽裝唬過了每一個人。（中）美國禁酒令時期的種種限制令她覺得滯悶，維吉尼亞年僅二十便橫渡大西洋，奔向自由的巴黎。那裡的文學、藝術與音樂盛況讓她萌生對法國的熱愛，後來更令她決心對抗與日俱增的歐洲法西斯主義威脅。（右）維吉尼亞品味出眾，從小被期望嫁入豪門。她有許多追求者，但是對愛慕者展現的熱情嗤之以鼻。她的志向遠遠不止於此。

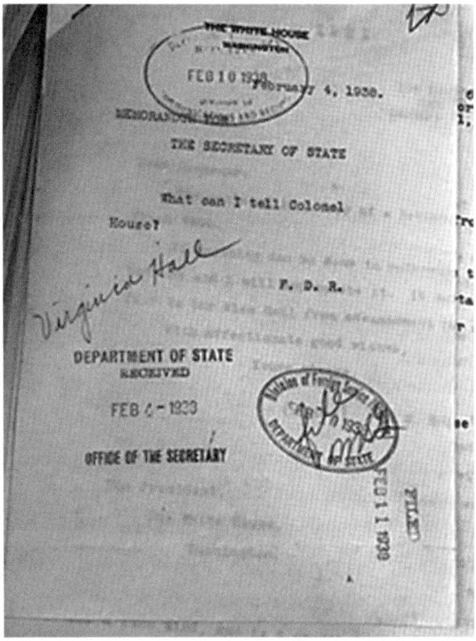

THE WHITE HOUSE
WASHINGTON
FEB 10 1938
February 4, 1938.
MEMORANDUM
THE SECRETARY OF STATE
What can I tell Colonel House?
F. D. R.
Virginia Hall
DEPARTMENT OF STATE
RECEIVED
FEB 6 - 1938
OFFICE OF THE SECRETARY
FEB 11 1938
FILED

羅斯福總統本人也站在禁止維吉尼亞加入外交使團的這一邊。

Vic[illegible]m Of Accident In Turkey

VIRGINIA HALL

A Baltimorean and graduate of [illegible] Roland Park Country School, [illegible] Hall underwent the amputation [illegible] a leg at Smyrna, dispatches from [illegible]rkey said yesterday. She shot her[illegible]f accidentally on a hunting trip. blood poisoning developed and [illegible] surgeon rushed to Smyrna from [illegible]tanbul to save her life, the di[illegible]patches said. She is secretary to t[illegible] American consulate at Smyrna.

一九三四年一月，《巴爾的摩太陽報》報導了維吉尼亞在土耳其的狩獵意外。她用餘生來證明自己的本事。

維吉尼亞想出一個聰明辦法，避開威尼斯數百座難走的拱橋。

維吉尼亞馴養農場動物的本領，日後幫助她為盟軍在D日之後的進攻行動蒐集重大情報。

傑夫·貝斯的畫作呈現出一九四四年七月，維吉尼亞在莉雅·勒布拉特位於上羅亞爾省的農場急切地傳送情報；艾德蒙·勒布拉特負責以改裝過的腳踏車提供電力。原始畫作收藏於中情局美術館。

維吉尼亞籌畫了戰爭期間最成功的一次越獄行動，從多爾多涅省的莫札克拘留營救出十二名特別行動處幹員，不過，在被營救的幹員當中，沒有幾個人知道她在行動中扮演的全面角色。照片上是十二名幹員與其他協助者。

維吉尼亞設法促成當局將特別行動處幹員從佩里格監獄移送到莫札克，她知道後者提供了高出許多的逃脫機會。她想出絕妙的辦法，偷偷送進訊息、工具、甚至一台發報機。

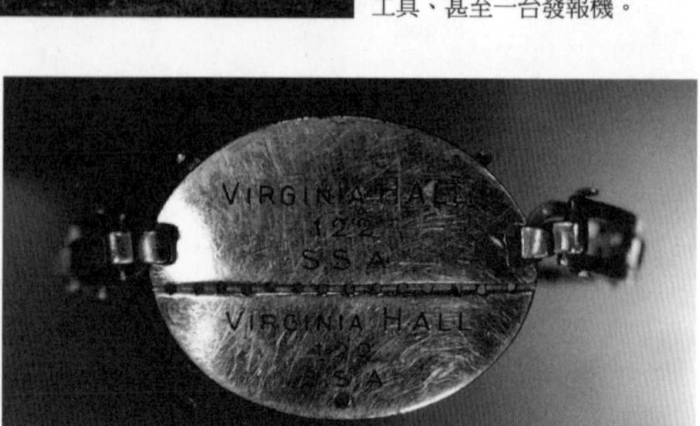

一九四〇年，維吉尼亞加入法軍衛生勤務隊，自願上前線開救護車，在戰火下證明了她不凡的勇氣。

羅伯特・阿萊什神父是二戰期間最危險的德國雙面間諜。

亨利與艾佛烈・紐頓（攝於一九三八年）戰前原本從事娛樂業，不過當一艘客輪遭德軍的魚雷擊沉，他們痛失了全家人。兩兄弟成了英勇的維吉尼亞支持者，不過後來被蓋世太保逮到，慘遭酷刑。

基於其抗敵的傑出英雄事跡，維吉尼亞是二戰期間唯一獲頒卓越服役十字勳章的平民女性。一九四五年九月二十七日，「狂野比爾」・唐諾文在華府的一場低調儀式中為她授勳。

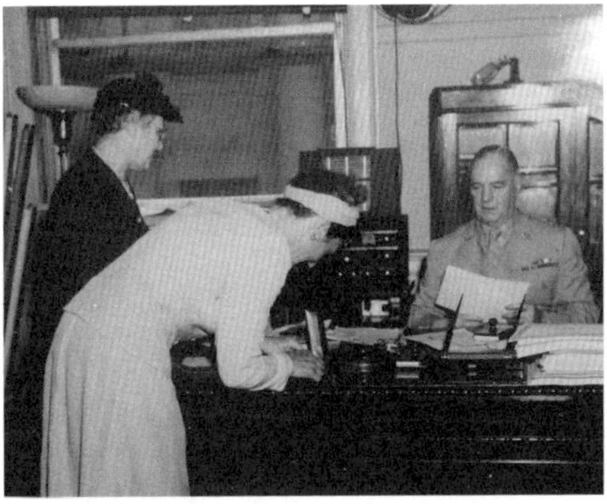

僅有母親芭芭拉陪同維吉尼亞參加授勳儀式。戰情局局長唐諾文是她最大的推崇者，將她的英雄事蹟傳遍整個華府。

維吉尼亞的策略性破壞行動極其有效，殺傷力十足。沙馬利埃的鐵路橋梁被炸毀，一列火車高速衝進橋梁裂口。

一九四四年八月二十二日，在一次成功的游擊攻勢後，德軍於埃斯蒂瓦雷耶宣告投降。上羅亞爾省是除了諾曼第之外，法國最早解放的省份之一，維吉尼亞居功厥偉。

上羅亞爾高原上，一名孤獨的游擊隊員在聖克萊芒附近巡邏。

（左）「鮑勃」（又名勞爾·勒布利科）是維吉尼亞在高原上最忠實的助手之一。一九四六年，他在戰鬥中受傷，隨後過世，得年二十六歲。（中）維吉尼亞稱永遠面帶微笑的加百列·艾洛是她的「寵兒」。他是孤兒，把維吉尼亞和游擊隊視為家人。他在二〇一七年過世，是黛安非正規軍的最後一人。（右）維吉尼亞把班·考伯恩——一位有調皮笑容的蘭開夏工程師——評為特別行動處在法國最偉大的情報員。他們倆互相欣賞。

（左）原本在福特汽車法國分公司擔任經理的莫里斯·巴克馬斯特，為特別行動處注入「銷售總監的進取精神」，但有人認為他的樂觀其實是一種天真。（中）維吉尼亞與阿朗（又名喬治·杜柏汀）勢同水火，因為後者風流成性又酗酒無度。她把他視為一個安全漏洞。（右）英勇過人的馬歇爾·萊夏是維吉尼亞最親密的戰友，也是一位英雄人物。他從未辜負她，卻付出了慘痛的代價。

（左）布萊恩·史東豪斯（化名塞萊斯汀）平時是《時尚》雜誌的插畫家，但他證明自己是最勇敢的情報員。即便受到最慘無人道的酷刑，他始終拒絕透露維吉尼亞的名字或下落。（中）丹尼斯·雷克是最有趣也最勇敢的特別行動處幹員，很可能是最具有勇氣的人——儘管他討厭轟隆隆的聲響。他封維吉尼亞為戰時最偉大的女情報員。（右）游擊隊指揮官皮耶·法約爾最初厭惡維吉尼亞的權威，想方設法破壞她的威信，稱她為紅髮女巫。他後來成了維吉尼亞的擁護者。

維吉尼亞和她的男孩們在徵用的魯瓦榭城堡。保羅（圖右一）成了她的愛人。抱著小狗的是亨利·萊利，中間是艾瑪特中尉。

維吉尼亞與保羅晚年在美國的家。他比她矮，也比她年輕，但「點亮了她的生命」。

在魯瓦榭城堡的陽台向黛安非正規軍苦澀地道別。身為指揮官的維吉尼亞站在最中間。她的左邊是加百列，但他這一次失去了笑容。

致謝

為這本書取材研究的過程中，有過許多精彩的時刻，但最令人難忘的，莫過於和維吉尼亞優雅的姪女蘿娜·卡特琳在她位於巴爾的摩的家相處的時光。我十分感激她在當時及後來數通電話往來時給與的洞見，以及在她的廚房中，一邊聊著她那令人驚嘆的姑媽，一邊共同享用的精美午餐。她慨然與我分享她的時間、想法、回憶以及家族相簿；我珍惜和她相處的每一刻。我也永遠不會忘記上羅亞爾省尚邦村那群善良而熱情的居民給與的殷勤款待。許多人不辭辛勞地歡迎我、幫助我，使我在高原上作研究的日子既有效率又十分愉快。特別感謝副市長丹妮絲·瓦拉特（Denise Vallat）女士、歷史學家傑拉德·博倫（Gérard Bollon）；他好心地幫忙校閱有關上羅亞省的章節）、「記憶所繫之處」（Le Lieu de Mémoire）的工作人員、加百列的遺孀、勒布拉特女士的女兒喬琪特、米歇爾·維隆（Michel Viallon），以及花時間開車載我遍訪高原的讓·米歇爾（Jean-Michel）。我鼓勵每一位受到維吉尼亞的故事啟發的讀者，造訪這個經常被忽略卻美麗動人的法國地區，尤其是鯛魚空投區。

在上羅亞爾省的時候，我也有幸遇到十年前以法文寫下《女特工：維吉尼亞・霍爾》（*L'Espionne*）的樊尚・努吉伊（Vincent Nouzille）。他是早期的維吉尼亞擁護者。在英國，我幸運地得到史蒂芬・基帕克斯（Steven Kippax）指點；他對特別行動處的認識與熱情深不可測，幫助我解開古老的祕密，帶領我走進情報世界。大衛・哈里森（David Harrison）始終是個明智而有耐心的導師、知識的泉源，我感謝他付出莫大心力幫助我認識特別行動處；他也提供了部分圖片。我也感謝經營paulmccuebooks.com網站的保羅・麥邱（Paul McCue），他提供了好幾個有用的點子。我也必須提到位於邱區（Kew）的國家檔案館；這裡有強大的資源與人員，是道地的英國國寶。

皮耶・提勒（Pierre Tiller）是一位無價的同伴，陪我穿越有如迷宮的法國檔案館，我深深感謝他的耐心與能力。里昂抵抗與遣送歷史中心（Centre d'Histoire de la Résistance et de la Déportation，簡稱CHRD）的雷吉斯・勒梅爾（Régis Le Mer）為我找出法約爾檔案，甚至在他的午餐時間為我服務。我花了好幾天翻閱這個浩瀚而備受忽略的資源，令我高興的是，這些資料填補了維吉尼亞生平的許多缺口，回答了我的許多問題。CHRD的書本、影片和其他文件也很有說服力。

美國的國家檔案和紀錄管理局是很棒的資源，不過偶爾令人感到挫折。華盛頓特區的間諜博物館（Spy Museum）則極度熱情而親切（包括館長彼得・厄尼斯特〔Peter Earnest〕）。

我很感謝阿朗的兒子東尼・杜柏汀（Tony Duboudin）坦率地談論他的父親（並提供照片）；後者雖然有許多缺陷，卻無疑是個勇敢的男人。前中情局幹員克雷格・葛萊利不遺餘力地支持我的研究，尤其是關於維吉尼亞的中情局歲月，但也包括她翻越庇里牛斯山的經歷。祝福他的小說《鏡廳》（Hall of Mirrors，暫譯）一切順利。兩位現役的中情局幹員也給與我許多鼓勵，我很享受在蘭利與他們相處的時光。中情局首席史學家大衛・羅巴爾吉（David Robarge）迅速瀏覽本書第十二章，提出幾個有益的評語。知識淵博的道格拉斯・華勒（Douglas Waller）也好心地閱讀本書下半部關於戰情局的初稿，另外，我很榮幸得到舉世無雙的琳恩・奧爾森（Lynn Olson）給與的睿智意見。亞歷山大・諾博（Alexander Noble）也幫忙審閱文稿，提出進一步改進之處。我對他們充滿感激之情。感謝傑夫・貝斯——繪製掛在蘭利的維吉尼亞畫像的藝術家——允許我們在書中複製他的畫作，我樂於跟他分享心得。倫敦科學博物館的社區衛生館館長史都華・埃蒙斯（Stewart Emmens），則以他對義肢歷史的認識提供了許多幫助。

湯姆・懷特（Tom White）幫忙校閱前面幾個章節，工作出色，祝福他的工作生涯一帆風順。犬子勞瑞後來也加入幫忙，讓我看見他已成了一位了不起的歷史學家。他的弟弟喬也在研究過程中奉獻心力——並督促我完成本書！

我也感謝以各種不同方法幫助我的下列人士：安德魯・史密斯（Andrew Smith）、威爾・哈里斯（Will Harris）、亞當・弗雷斯科（Adam Fresco）、維琪・強斯頓（Vicky Johnston）、保羅・馬爾斯頓（Paul Marston）、莎拉・赫姆（Sarah Helm）、吉娜・琳恩（Gina Lynn）、莎拉・摩根索（Sarah Morgenthau）和馬丁・考克斯（Martyn Cox）。另外也感謝賈斯汀和比茲（Justin and Biz）、希拉莉・桑曼和彼得・皮里恩（Hilary Summan and Peter Prynn）、保羅・皮里恩（Paul Prynn）、高登和巴貝特（Gordon and Babette）以及湯姆和安東尼（Tom and Anthony）；謝謝他們為我提供藏身之處和緊急wifi等實際幫助——也謝謝每個人為我泡無數杯咖啡和薄荷茶。

謝謝珍、阿里、譚雅和艾瑪的款待以及其他許多幫助。艾瑪是很棒的主人，在我為了研究而造訪法國南部時慷慨地收留了我。阿里・沃爾什（Ali Walsh）是個十足的漢子，總在我最需要的時候送來鼓勵與歡笑。但願山姆・哈里森（Sam Harrison）知道我多麼重視他的明智建議，我也不會忘記我還欠他一頓豐盛午餐。

我的絕佳經紀人格蘭妮・福克斯（Grainne Fox）從一開始就對維吉尼亞的故事深具信心，本書的存在，她的活力與智慧功不可沒。我的英國編輯莎拉・塞維特（Sarah Savitt）是維吉尼亞的忠實支持者，安德莉亞・舒茲（Andrea Schulz）和艾蜜莉・溫德立奇（Emily Wunderlich）則好心地接手喬伊・德曼尼（Joy de Menil）在美國的工作。衷心感謝所有的鼓勵與有用建議。我很榮幸與如此卓越的出版社合作。另外，我也要感謝英國的資深執行編輯、了不起的柔伊・古倫（Zoë Gullen），以及美國的責任編輯珍・卡佛立娜（Jane Cavolina），謝謝他們的才能與奉獻。也要謝謝我的公關人員葛莉絲・文森（Grace Vincent）和蕾貝卡・馬希（Rebecca Marsh）幫助我走出去，向世界訴說這個不平凡的女人。謝謝壞機器人製片公司（Bad Robot）和派拉蒙電影公司慧眼看出維吉尼亞的生平如史詩般（可拍成電影）的特質。

最後也很重要的是，言語無法形容我對整個家族的感謝，他們在我撰寫本書的過程中支持我、忍耐我——不論發生什麼狀況。大姊蘇離開大家之前對本書充滿期待，這對我意義重大。我的丈夫強幫助我、愛我，超過我應得的程度，這對我也同樣意義重大。

注釋

ＣＨＲＤ＝里昂抵抗與遣送歷史中心（Centre d'Histoire de la Résistance et de la Déportation），里昂。

ＳＨＤ＝海防部歷史文獻中心（Service Historique de la Défense），巴黎。

ＮＡＲＡ＝美國國家檔案和記錄管理局（National Archives and Records Administration），美國馬里蘭。

Tr.＝翻譯自法語

書中所有關於特別行動處（Special Operations Executive，ＳＯＥ）的檔案都保存於倫敦西南邱區（Kew）的英國國家檔案館（National Archives）。

前言

1. 人數最旗鼓相當的一次，或許要屬一九七一年孟加拉獨立戰爭期間的難民潮。
2. *The Guardian*, 2 March 2017.

第一章　夢想

1. *Quid Nunc* magazine, Roland Country Park School.
2. Ibid.
3. Margaret Rossiter, *Women in the Resistance*, p. 190. 根據對Elbridge Durbrow一九八四年逝世前的電話訪問資料。
4. 從伊茲密爾領事館發到華盛頓國務院的電報，一九三三年十二月二十五，NARA Record Group RG 59.
5. 二〇一七年十月二十七日蘿娜．卡特琳（Lorna Catling）於巴爾的摩住處接受作者訪談。
6. Consul W. Perry George, 16 May 1934, NARA, RG 59.
7. 本書通篇受益於倫敦科學博物館社區衛生策展研究員史都華．埃蒙斯（Stewart Emmens）的義肢史專家知識，我深表感激。
8. 這是維吉尼亞在她和安傑羅於貢多拉上的合照背面寫下的話；蘿娜．卡特琳私人收藏。
9. Virginia Hall, 123 File, NARA, RG 59.
10. 擷取自一九四〇年六月十二日《巴爾的摩太陽報》對芭芭拉．霍爾的採訪報導。
11. Ibid.
12. Philippe de Vomécourt, *Who Lived to See the Day*, Hutchinson, 1961, p. 22.

第二章　時候到了

1. Pierre Fayol, *Le Chambon-sur-Lignon sous l'Occupation*, L'Harmattan, 1990, p. 93.
2. 取自她在一九四〇年抵達英國時交給美國駐倫敦大使館的證詞；NARA RG226；以及法約爾（Fayol）第九十三頁起的篇幅。
3. 在柯南．道爾爵士的故事中，福爾摩斯組織一群魚龍混雜的街頭小混混替他蒐集情報，名為「貝克街非正規軍」。特別行動處參謀人員後來開心地沿用這個稱號。

4. SOE HS9- 674-4, Virginia Hall's Personal File, 15 January 1941.
5. M. R. D. Foot, *SOE in France*, Frank Cass Publishers, 2004, p. 9; ref. Hugh Dalton, *The Fateful Years*, Muller, 1957, p. 368.
6. Max Hastings, *The Secret War: Spies, Codes and Guerrillas 1 939– 1945*, William Collins, 2015, p. 261; ref. *The War Diaries of Hugh Dalton*, Jonathan Cape, 1986, 1 July 1940.
7. Lynne Olson, *Last Hope Island*, Random House, 2017, p. 166; ref. Christopher Andrew, *Her Majesty's Secret Service: The Making of the British Intelligence Community*, Viking, 1986, p. 476.
8. SOE H S9- 674-4, Virginia Hall's Personal File, 31 March 1941.
9. SOE HS9- 674-4, Virginia Hall's Personal File, 17 May 1941.
10. Ibid.，數則紀錄從一九四一年四月一日開始。
11. Ibid., 21 May 1941.
12. SOE HS7- 121, F Section History & Agents.
13. SOE, Virginia's Personal File, Lieut.-C ol. Edward Calthorpe, 5 April 1941.
14. Foot, p. 16.
15. 15. Foot, p. 55.
16. Marcel Ruby, *F Section SOE: The Story of the Buckmaster Network*, Leo Cooper, 1988, p. 19. Some details of her training also come from an article on Virginia Hall Goillot by Gerald K. Haines, CIA Historian, in *Prologue*, Winter 1944, National Archives and Records Administration. 其他來源來自同僚的描述或她的個人檔案資料。
17. de Vomécourt, p. 86.
18. *New York Post*, 4 September 1941.
19. Ian Dear, *Sabotage and Subversion*, Arms and Armour Press, 1996, p. 141.
20. SOE, Virginia's Personal File, 22 January 1942.
21. Jack Thomas, *No Banners*, W. H. Allen, 1955, p. 102.

22. Peter Grose, *A Good Place to Hide*, Nicholas Brealey Publishing, 2016, p. 63.
23. R. Harris Smith, *OSS: The History of America's First Central Intelligence Agency*, University of California Press, 1972, p. 38.
24. Suzanne Bertillon, *Review of Chain— 1942*, available in the CIA Freedom of Information Act Electronic Reading Room, www.foia.cia.gov.
25. 強尼・尼可拉斯的情報活動大致仍被列為機密，然而透過《資訊自由法》（*Freedom of Information Act*）釋出的資料，可以從威廉・凱西（William J. Casey，時任中情局局長）一九八五年五月的往來信件，證實尼可拉斯的存在。
26. de Vomécourt, p. 82.
27. Fleet Admiral William D. Leahy, *I Was There*, Victor Gollancz, 1950, p. 49.
28. Ted Morgan, *An Uncertain Hour*, Bodley Head, 1990, p. 89.
29. Ibid, p. 200.
30. OSS Aid to the French Resistance, NARA, RG 226.
31. SOE, Virginia's Personal File, October 1941 (no exact date given).
32. Peter Churchill, *Of Their Own Choice*, Hodder and Stoughton, p. 116.
33. William Simpson, *I Burned My Fingers*, Putnam, 1955, p. 36.
34. Corinna von List, *Trois Piliers de la Résistance sous Couvert de Feminité*. Article on Perspectivia.net.
35. Margaret Collins Weitz, *Sisters in the Resistance: How Women Fought to Free France*, John Wiley & Sons, 1998, pp. 54–55.
36. SOE, Virginia's Personal File, 2 April 1942.
37. SOE HS9- 815-4, C. M. Jumeau Personal File.
38. SOE 681-1, J. B. Hayes Personal File.
39. Maurice Buckmaster, *They Fought Alone*, Odhams Press, 1958, p. 85.
40. SOE HS 8/1 002, Report on *British Circuits in France* by Major Bourne-Paterson, 1946.
41. SOE H S7- 121, F Section History & Agents.

42. 戰後，英國國家廣播電台以同樣方法揪出未付牌照費的地下使用者。
43. Foot, p. 155.
44. André Courvoisier, *Le Réseau Heckler de Lyon à Londres*, Editions F rance-Empire, 1984, p. 149.
45. George Begue's testimony in SOE HS9- 1491, Gilbert Turck's Personal File.
46. SOE HS9-1539-5，菲利浦．德沃梅庫的個人檔案顯示，他在訊問中表明，雖然特別行動處調查員在戰爭結束之際洗刷了克里斯多福的罪嫌，但有許多人——包括他在內——相信克里斯多福是叛徒。菲利浦也受邀前去林園別墅，不過他懷疑其中有詐，雖然到了馬賽，最後卻逃之夭夭，沒有走進別墅。克里斯多福隨後嘗試引誘他前往一家咖啡館。
47. Foot, p. 157.
48. SOE HS7- 121, F Section History & Agents.

第三章　我的窯姐兒朋友

1. Olson, p. 268.
2. Buckmaster, p. 35.
3. SOE, Virginia's Personal File, 5 May 1942.
4. Ibid. Report, 22 January 1942.
5. Ibid. 未註明日期，約於一九四一年晚秋。
6. Simpson, p. 36.
7. Ibid., p. 35.
8. Ibid., p. 37.
9. Ibid., p. 35.
10. SOE HS9- 631/2, Colonel Gubbins in Germaine Guérin's Personal File.
11. SOE HS7- 121, F Section History & Agents.

12. SOE, Virginia's Personal File, Report, 4 December 1941.
13. de Vomécourt, p. 82.
14. Simpson, p. 38.
15. SOE, Virginia's Personal File, undated dispatch.
16. Gustave Combes, *Lève-toi et Marche: Les Conditions du Français*, Privat, 1941, p. 62, quoted in *Sisters in the Resistance*, p. 50.
17. SOE, Virginia's Personal File, various.
18. Benjamin Cowburn, *No Cloak, No Dagger*, The Adventurers Club, 1960, p. 31.
19. KV–153 Enemy Secret Services in France, National Archives, London.
20. SOE HS6- 568, Ben Cowburn's Personal File.
21. SOE, Virginia's Personal File, 8 October 1941.
22. Ibid., 8 October, 1941.
23. Churchill, p. 131.
24. SOE, Virginia's Personal File, 3 March 1942.
25. Ronald Rosbottom, *When Paris Went Dark: The City of Light Under German Occupation, 1940-1944*, Little, Brown, 2014, p. 299.
26. SOE HS7-122; Bourne-Paterson Report, British Circuits in France, 1946.
27. SOE HS9- 452-3, Georges Duboudin's Personal File.
28. Oluf Reed- Olsen in Hastings, p. 273.
29. SOE H S9- 631-2, Germaine Guérin's Personal File（原本至二〇二二年皆不開放，但寫作時提供此書查閱）。
30. SOE, Virginia's Personal File, 21 November 1944.
31. Ibid.
32. Peter Churchill, *Duel of Wits*, G. P. Putnam's Sons, 1955, p. 180.

33. HS9- 314, Peter Churchill's Personal File, vol. 1.
34. Churchill, *Duel of Wits*, p. 118.
35. SOE HS9- 314, Peter Churchill's Personal File, vol. 1.
36. Ibid.
37. Churchill, *Of Their Own Choice*, p. 136.
38. B ourne- Paterson Report.
39. Churchill, *Duel of Wits,* p. 154.
40. Ibid., p. 153.

第四章　告別丁娣

1. From 13 to 15 December 1941, mentioned later in SOE H S7- 244, War Diary, July to September 1942.
2. SOE HS7/ 142. France Basic Handbook Parts III & IV.
3. Ibid.
4. SOE, Virginia's Personal File, 5 January 1942.
5. Foot, p. 56.
6. Ruby, p. 166.
7. 許多（偶爾互相矛盾的）紀錄都曾略述這起不平凡事件，我已盡可能採用最接近共識的描述，設法還原真相。資料來源包括：考伯恩個人檔案；考伯恩著作《No Cloak, No Dagger》第七章；皮耶．德沃梅庫特別行動處個人檔案HS9-1539-6；KV3-75 SIS檔案，這是存放於邱園的SIS（秘密情報局）檔案，事關德軍對特別行動處的滲透行動；傅特，pp171-75；Hale出版的《Who Lived to See the Day》，pp.98-103；以及蘿倫．潘恩（Lauran Paine）的《Mathilde Carré: Double Agent》（一九七六年，Hale出版）書中多處內容。
8. E.H. 庫克里奇的著作《Inside SOE》（一九六六年，Arthur Baker出版）p.602引用了德軍戰後受審時簽署的一份宣誓文件。

9. Foot, pp. 154–55.
10. Bourne-Paterson Report.
11. SOE, Virginia's Personal File, 3 March 1942.
12. SOE, Benjamin Cowburn's Personal File.
13. Ibid.
14. Cowburn, p. 112.
15. SOE HS9- 1059-1, Gerry Morel's Personal File.
16. Ibid.
17. SOE HS9- 902/ 3, Marcel Leccia's Personal File.
18. SOE Virginia's Personal File，未註明日期，但約於一九四三年十月。
19. Bourne-Paterson Report.
20. 針對維吉尼亞·霍爾的功勳，德魯西德薩勒（de Roussy de Sales）中尉呈給范德施特里奇中校的第二版報告草稿，一九四四年十二月十三日，戰情局檔案室，NARA RG226。
21. Bourne- Paterson Report.
22. SOE, Virginia's Personal File, 3 March 1942.
23. Ibid., 22 April 1942.
24. Foot, p. 190.
25. SOE, Virginia's Personal File, 3 March 1942.
26. Foot, p. 190.
27. SOE, Virginia's Personal File, Report, 18 January 1943.
28. Duboudin's Personal File, 17 May 1942.

29. SOE H S7- 244, War Diary F Section July– September 1942, 4 July 1942.
30. Ibid.
31. SOE HS9- 681-3, Charles Hayes's Personal File.
32. SOE HS9-1651, Ben Cowburn's Personal File, 20 December 1944; see also Churchill, *Duel of Wits*.
33. Courvoisier, p. 134.
34. Denis Rake, *Rake's Progress*, Leslie Frewin, 1968, p. 55.
35. 取自法國電視紀錄片《悲哀與憐憫》的採訪內容。此片拍攝於一九七二年，但基於片中關於戰爭期間通敵行動的煽動性內容，直到一九八一年才在法國電視台上映。馬塞爾未註明日期，但約於一九四一年晚秋。奧菲爾斯（Marcel Ophüls）執導。
36. Rake, p. 85.
37. Ibid., p. 104.
38. Ibid., p. 106.
39. Ibid., p. 123.
40. George Millar, *Horned Pigeon*, Heinemann, 1947, p. 290.
41. SOE, War Diary F Section July– September 1942.
42. SOE, Virginia's Personal File, 19 June 1945.
43. SOE, War Diary F Section July– September 1942.
44. Ibid.

第五章　十二分鐘，十二名囚犯

1. SOE HS9- 815-4, Lt. Clement Jumeau's Personal File.
2. SOE HS9 115-2, Georges Bégué's Personal File.

3. SOE, Virginia's Personal File.
4. Ibid.
5. SOE H S9- 1346-5, Jose Sevilla's Personal File.
6. SOE HS9 166-1, M. and Mme. Bloch's Personal File.
7. Ibid.
8. George Langelaan, *Knights of the Floating Silk,* Hutchinson, 1959, p p. 161– 62.
9. Ibid., p. 165.
10. Ibid., p. 164.
11. Ruby, p. 186. Jean Pierre- Bloch talks extensively in this book about Mauzac.
12. Ruby, p. 186.
13. Ibid.
14. SOE HS8- 171, Vic Circuit Signals, part 1.
15. Foot, p. 183.
16. 詳見庫瓦西耶對維吉尼亞．霍爾及布洛赫夫人的頌辭，取自省檔案館Lyon 31J/1F/24。為了從各種混亂且往往矛盾的描述中釐清真相，我也參考了有關這起驚人事件的其他細節描述，資料來源包括（但不限於）讓．皮埃爾—布洛赫的《Le Temps d'y Penser Encore》，Jean-Claude Simoën一九七七年出版；馬庫斯．賓尼（Marcus Binney）的《Secret War Heroes》，Hodder & Stoughton二〇〇五年出版；SOE HS8-174，維克情報組的命令、幹員與幫手；SOE HS8-171，維克情報組的信號；特別行動處一九四二年六月至九月的作戰日誌；SOE HS9-115-2，喬治．貝格個人檔案；傅特的《Six Faces of Courage》，Eyre Methuen一九七八年出版；SOE HS9-923-4，利沃（P. Liewer）個人檔案。
17. Foot, p. ix.
18. 戰情局取得的證詞，取自維吉尼亞．霍爾小姐授勳陳述狀第二版草稿，一九四四年十二月十三日，戰情局檔案室，NARA RG226。

19. SOE, Virginia's Personal File, 19 October 1942.
20. Ibid.

第六章　間諜蜂窩

1. SOE HS7- 244, F Section War Diary, June– September, 28 September 1942.
2. Jack Thomas, *No Banners*, W. H. Allen, 1955, p. 163.
3. H S9- 314, Peter Churchill's Personal File.
4. Ruby, p. 182.
5. HS7/ 142, SOE History, vol. 2, 1943–44.
6. HS7- 121, F Section History & Agents.
7. Corinna von List, *Trois Piliers de la Résistance sous Couvert de Feminité*. Article on Perspectivia.net.
8. 卡特琳接受作者訪談，二〇一七年十月。
9. Foot, p. 178.
10. Ibid., p. 179.
11. SOE HS7-244, F Section War Diary, Vol. 1, July–September 1942.
12. Ibid.
13. Churchill in his report of 24 September 1942, *Duel of Wits*, p. 121.
14. Robert Hayden Alcorn, *Spies of the OSS*, Hale and Company, 1973, p. 58.
15. HS7- 121, F Section History & Agents.
16. Rake, p. 151.
17. Cowburn, p. 116.
18. SOE HS9- 1648, Denis Rake's Personal File, Report, 30 September 1942.

19. H S7- 244, F Section War Diary, J une– September 1942.
20. SOE, Virginia's Personal File, Report, 30 September 1942.
21. Roger Heslop, *Xavier*, Biteback Publishing, 2014, p. 68. First published 1970.
22. SOE, Virginia's Personal File, Report, 30 September 1942.
23. SOE HS7- 244, F Section War Diary, June– September 1942.
24. Cookridge, p. 91.
25. SOE, Virginia's Personal File, Report, 30 September 1942.
26. SOE, Peter Churchill's Personal File, vol. I.
27. SOE HS7- 244, F Section War Diary, June– September 1942.
28. SOE, Virginia's Personal File, Report, 30 September 1942.
29. SOE H S9- 452, Maurice Buckmaster in Duboudin's Personal File.
30. Evelyn Le Chêne, *Watch for Me by moonlight*, Eyre Methuen, 1973, p. 57.
31. 引用自 *Gauthier*'s deputy *Joe*, from Thomas, p. 136.
32. SOE HS9- 1242-8, Jean Regnier's Personal File.
33. SOE, Virginia's Personal File, Report, 6 September 1942.
34. SOE H S7- 244, F Section War Diary, June– September 1942.
35. SOE, Virginia's Personal File, Maurice Buckmaster's comments on debrief, 23 March 1943.
36. SOE, Virginia's Personal File, Report, 6 September 1942.
37. Germaine Guérin's testimony in the Robert Alesch dossier, ANZ6 597- 5024 01051946, Archives Nationales, Paris.
38. B ardet- Keiffer dossier, ANZ6- 682- 5790, Archives Nationales, Paris.
39. OSS Alesch interrogation reports of 6 and 8 August 1945, NARA, RG 226, National Archives and Records Administration.

第七章 殘酷的高山

1. 飛翦號飛船是當時載客量最大的長途客機之一。
2. Churchill's third report, 18 September 1942, *Duel of Wits,* p. 117.
3. Churchill, *Duel of Wits,* p. 119.
4. SOE, Virginia's Personal File, Situation Report, 30 September 1942.
5. Ibid.
6. Dossier 72 AJ 627, Archives Nationales, Paris.
7. 作者曾採訪英美兩國的前特工人員。
8. Thomas, p. 163.
9. Ibid., p. 164.
10. SOE HS9 1097-1, Henry Newton's Personal File.
11. Fleet Admiral William D. Leahy, *I Was There: The Personal Story of the Chief of Staff to Presidents Roosevelt and Truman Based on His Notes and Diaries Made at the Time*, Victor Gollancz, 1950, p. 80.
12. SOE HS9 1096-8, Alfred Newton's Personal File.
13. SOE, Virginia's Personal File, Report, 18 January 1943.
14. Bourne- Paterson report.
15. Thomas, p. 168.
16. SOE, Alfred Newton's Personal File.
17. Vincent Nouzille, *L'espionne, Virginia Hall, une Américaine Dans la Guerre*, Arthème Fayard, 2007, p. 224.
18. Virginia's Personal File, Report, 4 December 1942.
19. Edward Stourton, *Cruel Crossing*, Black Swan, 2014, p. 250.

20. Bourne- Paterson report.
21. U.S. Department of State Central Files, Memorandum, 2 March 1943, NARA, RG 59.
22. 這段事蹟有許多出處，包括維吉尼亞的姪女蘿娜・卡特琳生動而有益的描述；曾追溯維吉尼亞足跡的前中情局幹員克雷格・葛萊利所寫的《studies in Intelligence》第六十一卷（二〇一七年三月解密）；樊尚・努吉伊的《女特工：維吉尼亞・霍爾》（*L'Espionne*）；維吉尼亞的個人檔案與特別行動處的眾多參考資料，以及作者個人針對環境與地形的深入研究。

第八章　懸賞間諜

1. SOE HS7- 245, F Section War Diary, October– December 1942.
2. Testimony from Dr. Rousset, Alesch dossier, Archives Nationales, Paris.
3. SOE, War Diary, vol. 2, October– December 1942, 21 December 1942.
4. Millar, p. 283.
5. Thomas, p. 206.
6. US State Department Central Papers, Cable from Bern to Department of State, Washington, DC, 20 February 1943. NARA, RG 59.
7. Bourne- Paterson report.
8. Simpson, p. 35.
9. Thomas, pp. 197– 98, a book based on the Newton brothers' own account of the events on these pages.
10. Germaine Guérin's testimony in Robert Alesch's Dossier, Archives Nationales, Paris.
11. 傑美恩・基林，巴黎國防歷史局，卷宗 GR16P274858，以及德國聯邦檔案館（Bundesarchiv）B 162/9816。另外也感謝德國拉文斯布魯克（Ravensbruck）檔案局的莫妮卡・施奈（Monika Schnell）提供其他細節資料。
12. SOE KV3-75, German Penetration of SOE, SIS & Allied Organisations, 28 April 1943.

13. SOE, Virginia's Personal File, 25 November 1942.
14. Ibid.
15. Ibid., 4 December 1942.
16. Churchill, *Duel of Wits*, p. 211.
17. Bourne- Paterson report.
18. Simpson, p. 160.
19. Hastings, pp. 260–61.
20. Burrin, p. 438.
21. W. D. Halls, *The Youth of Vichy France*, Oxford, 1995, p. 53.
22. Olson, p. 275.
23. SOE HS7- 121, F Section History & Agents.
24. Foot, p. 209.
25. Ibid., p. 210.
26. Ibid., p. 88.
27. Rake, p. 196.
28. SOE, Virginia's Personal File, 8 July 1943.
29. SOE, Virginia's Personal File, 7 July 1943.
30. SOE HS9- 902-3, Marcel Leccia's Personal File.
31. SOE, Virginia's Personal File, 6 October 1943.
32. SOE HS9- 315, Peter Churchill's Personal File.
33. Note in Foot, p. 499.
34. de Vomécourt, p. 213.

35. SOE, Virginia’s Personal File, 13 January 1944.
36. Tim Weiner, *Legacy of Ashes: The History of the CIA*, Doubleday, 2007, p. 4.
37. Harris Smith, p. 35.
38. Ibid., p. 149.
39. William Casey, *The Secret War Against Hitler*, Simon & Schuster, 1989, p. 11.
40. OSS Aid to the French Resistance in World War II: Missions, F Section, Chronological Summary, NARA RG 226.
41. David Bruce, quoted in Weiner, p. 4.
42. Hugh Trevor Roper Journals January 1943, p. 128.
43. Ibid.
44. SOE, Virginia’s Personal File, 28 January 1944.

第九章　有帳要算

1. OSS Archives, F Section Rolls 6 and 7, NARA, RG 226.
2. Bickham Sweet- Escott, *Baker Street Irregular*, Methuen, 1965, p. 155.
3. Memorandum of 10 October 1945 for war crimes trial, quoted in Foot, p. 314.
4. OSS Archives, 18 March 1944, NARA, RG 226.
5. 卡特琳接受作者訪談，二〇一七年十月。
6. Linda McCarthy, *Spies, Pop Flies, and French Fries: Stories I Told My Favorite Visitors to the CIA Exhibit Center*, History Is a Hoot, 1999, p. 46.
7. OSS Archives, Virginia Hall’s Activity Report, 30 September 1944, NARA, RG 226.
8. Ibid.
9. Ibid.

10. 卡特琳接受作者訪談，二〇一七年十月；Judith L. Pearson, *Wolves at the Door*, Lyons Press, 2005, pp. 187–88.
11. OSS Archives, OSS Signals, 18 April 1944, NARA, RG 226.
12. OSS Archives, F Section Rolls 6 and 7, NARA, RG 226.
13. OSS Archives, OSS Aid to the French Resistance plus OSS F Section, NARA, RG 226.
14. OSS Archives, F Section Rolls 6 and 7, NARA, RG 226.
15. OSS Archives, Virginia Hall Activities in the Field Report, Saint- Heckler Circuit, F Section Rolls 6 and 7, NARA, RG 226.
16. Harris Smith, p. 6 ref. Robert Hayden Alcorn, *No Banners, No Bands*, D. McKay, 1965, p. 182.
17. OSS Archives, Aramis Activities in the Field Report, Saint-Heckler Circuit, F Section Rolls 6 and 7, NARA, RG 226.
18. SOE, Marcel Leccia's Personal File.
19. OSS Archives, Heckler- Saint Circuit Report, F Section Rolls 6 and 7, NARA, RG 226.
20. OSS Archives, Aid to the French Resistance; OSS F Section, Activity Report, 2nd Lieut, Roger B Henquet (Aus.), NARA, RG 226.
21. OSS Archives, OSS Signal Report, 20 May 1944, NARA, RG 226.
22. SOE HS6 597, France Maquis, January– June 1944.
23. SOE, Ben Cowburn's Personal File.
24. OSS Archives, 2 June 1944, NARA, RG 226.
25. de Vomécourt, p. 218.
26. Buckmaster, p. 220.
27. de Vomécourt, p. 224.
28. Ibid., p. 212.
29. OSS Archives, F Section Rolls 6 and 7, NARA, RG 226.
30. Tr. M. Le Comte Arnaud de Voguë to Fayol, 7 February 1987, Fonds Fayol, CHRD, Lyon.
31. SOE, Bourne- Paterson Report.

32. SOE, Virginia's Personal File.
33. OSS Archives, Lieut. Paul Martineau's Activity Report, Ventriloquist Circuit, F Section Rolls 6 and 7, NARA, RG 226.
34. CAB 106- 989, FFI Notes, National Archives, London.
35. OSS Archives, Aramis Activities in the Field Report, Saint-Heckler Circuit, F Section Rolls 6 and 7, NARA, RG 226.

第十章 山上聖母

1. OSS Archives, Virginia Hall's Activity Report, Saint- Heckler Circuit, F Section Rolls 6 and 7, NARA, RG 226.
2. Tr. Bohny to Fayol letter, 9 June 1984, Fonds Fayol, CHRD, Lyon.
3. Tr. Nouzille, p. 280, from an interview with Auguste Bohny, 22 May 2007.
4. Tr. Fayol, p. 137.
5. Ibid., p. 138.
6. SOE H S9- 171-1, Nicholas Bodington's Personal File.
7. OSS Archives, Virginia's OSS Activity Report, 30 September 1944 and her financial report, NARA, RG 226.
8. Tr. Account given to Gérard Bollon, Le Chambon's historian, by Samuel Lebrat.
9. OSS Archives, Saint- Heckler Circuit, F Section Rolls 6 and 7, NARA, RG 226.
10. OSS Archives, Forgan recommendation for Virginia Hall's DSC, 5 February 1945, NARA, RG 226.
11. Tr. Fayol, p. 146.
12. Tr. Undated testimony from Eric Barbezat, Fonds Fayol, CHRD, Lyon.
13. Ibid.
14. OSS Archives, Marianne's testimony reported by Lieutenant George Schriver, in charge of inquiring as to whether Virginia should be decorated, 6 December 1944, NARA, RG 226.
15. Tr. Dédé in letter to Fayol, 31 August 1986, Fonds Fayol, CHRD, Lyon.

16. The real name of this type of plane was a Fieseler Storch.
17. OSS Archives, Virginia Hall's Activity Report.
18. Tr. Testimony from Georges Coutarel in Gérard Bollon, *Aperçus sur la Résistance armée en Yssingelais (1940/ 1945)*, Cahiers de la Haute-Loire, 1997, p. 54.
19. OSS Archives, Virginia Hall's Activity Report, Saint-Heckler Circuit, F Section Rolls 6 and 7, NARA, RG 226.
20. 幾個家族在高原上枝繁葉茂，出了許多旁支，例如勒布拉特家族和艾勞德家族。
21. Tr. Interview with the author, Le Chambon, 3 August 2017.
22. Grose, p. 214.
23. Tr. Dédé in letter to Fayol, 20 October 1986, Fonds Fayol, CHRD, Lyon.
24. Tr. Georges Coutarel testimony in Gérard Bollon, *Aperçus sur la Résistance armée en Yssingelais* (1940/ 1945), p. 54.
25. Tr. Dédé in letter to Fayol, 3 May 1985, Fonds Fayol, CHRD, Lyon.
26. OSS Archives, Virginia's Activity Report, NARA, RG 226.
27. Tr. Nouzille, p. 290.
28. Tr. Dédé Zurbach, 27 August 1985, letter to Pierre Fayol, Fonds Fayol, CHRD, Lyon.
29. Tr. Dédé in letter to Fayol, 24 January 1991, Fonds Fayol, CHRD, Lyon.
30. OSS Archives, Virginia Hall's Activity Report, NARA, RG 226.
31. OSS Archives, S aint- Heckler report, 4 August 1944, F Section, OSS War Diary, NARA, RG 226.
32. SOE, Virginia's Personal File.
33. Several sources including OSS Archives, Saint- Heckler Report, F Section Rolls 6 and 7, NARA, RG 226. Fayol, p. 176.
34. Ibid.
35. Tr. Dédé in letter to Fayol, 24 January 1991, Fonds Fayol, CHRD, Lyon.
36. SOE, Virginia's Personal File, 21 November 1944.

37. *Army* magazine, February 1988, p. 65, CHRD.

第十一章　從天而降

1. Tr. Letter from Dédé to Fayol, 7 October 1986, Fonds Fayol, CHRD.
2. OSS Archives, Virginia Hall's Activity Report.
3. FO's SOE Adviser C. M. Woods of Room E 203 on 26 September 1985 in letter to Fayol, on 2nd lieut. Henry D Riley, Fonds Fayol, CHRD, Lyon.
4. Roger Leney testimony from Gérard Bollon interview.
5. OSS Archives, Virginia's Undated Health Check, probably early 1945, NARA, RG 226.
6. Tr. Dédé in letter to Fayol, 20 October 1986, Fonds Fayol, CHRD, Lyon.
7. SOE HS9- 596-3, Paul Goillot's Personal File.
8. OSS Archives, S aint- Heckler Report in War Diary and the same from Paul Golliot, 3 October 1944, OSS SO WE Section, NARA, RG 226.
9. OSS Archives, Henry Riley's Activity Report.
10. OSS Archives, S aint- Heckler Circuit, Hallowes Activity Report, NARA, RG 226.
11. OSS Archives, Virginia Hall's Activity Report.
12. Roger Leney testimony from Gérard Bollon interview.
13. SOE HS7/ 134, Judex Mission Report (1944–45).
14. OSS Archives, Riley Activity Report.
15. Ibid.
16. de Vomécourt, p. 19.
17. OSS Archives, Henry Riley's Activity Report.

18. Tr. Dédé to Fayol, 24 January 1991, Fonds Fayol, CHRD.
19. Ibid., 3 May 1985, Fonds Fayol, CHRD.
20. Nouville, p. 22.
21. 卡特琳接受作者訪談，二〇一七年十月。
22. OSS Archives, Virginia Hall's undated financial report, NARA, RG 226.
23. Tr. Dédé to Fayol, 20 October 1986, Fonds Fayol, CHRD, Lyon.
24. Will Irwin, *The Jedburghs: The Secret History of the Allied Special Forces*, France 1944, PublicAffairs, 2005, p. 154.
25. OSS Archives, Charlotte Norris to Barbara Hall, 21 September 1944, NARA, RG 226.
26. Tr. Letter from Jacqueline Leguevel to Pierre Fayol, 3 August 1987, Fonds Fayol, CHRD, Lyon. And from Jackie Drury, one of her daughters, in interview cited by Vincent Nouzille.
27. OSS Archives, Virginia Hall Activity Report.
28. Rossiter, p. 124. Interview in René Défourneaux, *The Winking Fox*, Indiana Creative Arts, 1998, p. 70.
29. Ibid., p. 71.
30. OSS Archives, Draft of Narrative for Granting of Award to Miss Virginia Hall, from Lt. de Roussy de Sales to Lt. Col van der Stricht, 27 October 1944, NARA, RG 226.
31. HS9 647/4, Virginia's Personal File, 19 June 1945.
32. 皮耶・法約爾擁有龐大的軍方人脈，他在國家檔案館失火前就開始研究維吉尼亞・霍爾，並在其法文著作第217頁的附錄中提及此事，他稱之為一九四六年三月十六日第一〇五號決策。這裡提及的諾曼第檔案館請參考：http://le50enlignebis.free.fr/spip.php?article18692
33. Nouzille, p. 15.
34. Tr. Count Voguë letter to Fayol, 14 March 1987, Fonds Fayol, CHRD, Lyon.
35. Tr. Testimony of Hubert Petiet, Nouzille, p. 14.

36. OSS Archives, Memorandum from Captain Millett to Captain Calimand, 26 October 1944 (copy found in Fonds Fayol, CHRD, Lyon).
37. OSS Archives, Stewart W. Kerman Jr. to Allen W. Dulles, 13 October 1944, "Personnel Survey of Possible Candidates for Staff on Austrian Operations" (copy found in Fonds Fayol, CHRD, Lyon).
38. For more on the redoubt, read Rodney G. Minott, *The Fortress that Never Was*; Peter Grose, *Gentleman Spy*; William Casey, *The Secret War against Hitler*.
39. Fayol, p. 18.
40. Tr. Testimony of Irma Alesch on 24 November 1944, and others, in Dossier Judiciare Alesch, ANZ6 5 97- 5024 01051946, National Archives, Paris.
41. OSS Archives, Recommendation for Award of DSC, signed by Colonel Forgan, 5 February, with the addition dated 26 February 1945, NARA, RG 226.
42. OSS Archives, Gerry (Caserta) to Chapin (Caserta), Sasac (Paris) for Brinckerhoff, 25 March 1945, NARA, RG 226.
43. OSS Archives, Gerry to Baker (Annemasse) and Brinckerhoff (Paris), 1 April 1945; message from Gerry to Brinckerhoff, 4 April 1945, NARA, RG 226.
44. OSS Archives, 30 March 1945, RG 226, NARA.
45. OSS Archives, Operations General Directive for Camille, 7 April 1945, NARA, RG 226.
46. OSS Archives, Washington Director's Office Administrative Files, 1 944– 1945, NARA, RG 226.
47. OSS Archives, Memorandum for the President, 12 May 1945, NARA, RG 226.
48. OSS Archives, Telegram from OSS to Glavin (OSS Caserta), 10 May 1945, NARA, RG 226.
49. OSS Archives, Telegram from Gamble (OSS Paris) to the office of the OSS director (Washington), 13 June 1945, NARA, RG 226.
50. Rossiter, p. 125.
51. SOE Judex Report, 16 November 1944.

52. Morgan, p. 112.
53. Jean Rousset, SHD dossier GR16P524616, Paris.
54. OSS Archives, Lt. Goillot and Hall to Chief SO Branch, Forward, 11 June 1945, NARA, RG 226.
55. SOE, Germaine Guérin's Personal File.
56. Interrogation report of Robert Alesch, agent of Abwehr III Paris, by OSS, branch X-2 (counterespionage), 6 August 1945, document 8 August 1945, copy translated in French, judicial dossier Alesch, National Archives in Paris.

第十二章　中情局生涯

1. OSS Archives, Resignation letter from Virginia Hall, 24 September 1945, NARA, RG 226.
2. Rake, p. 11.
3. 卡特琳接受作者訪談，二〇一七年十月。.
4. William Leary (ed.), *The Central Intelligence Agency: History and Documents*, University of Alabama Press, 1984, p. 5.
5. Virginia Hall Official Personnel Folder, CIA.
6. Ibid.
7. Tr. *Le Monde,* 25 May 1948.
8. Petticoat Panel Report 1953, CIA Reading Room.
9. Weiner, p. 20.
10. 卡特琳接受作者訪談，二〇一七年十月。
11. Rossiter, p. 124.
12. Virginia's Official Personnel Folder, CIA.
13. 卡特琳接受作者訪談，二〇一七年十月。
14. Recounted by Angus Thuermer in *Elizabeth McIntosh, Women of the OSS: Sisterhood of Spies*, Naval Institute Press, 1998, p. 126.

15. Virginia's Personnel Evaluation Report, 26 January 1954, CIA.
16. Virginia's Official Personnel Folder, CIA.
17. Secret Personnel Qualification Questionnaire, January 1953, CIA.
18. 卡特琳接受作者訪談，二〇一七年十月。
19. Virginia Hall's Fitness Report, 3 December 1954, CIA.
20. Petticoat Panel Report 1953, CIA Reading Room.
21. Final Report on Reasons for Low Morale Among Junior Officers, 9 November 1953, quote in Weiner, p. 79.
22. Virginia Hall's Official Personnel Folder, CIA.
23. Ibid., 3 July 1956.
24. Weiner, p. 77.
25. Ibid., p. 32.
26. Letter from Courvoisier to Fayol, 6 August 1985, Fonds Fayol, CHRD, Lyon.
27. Virginia Hall's Fitness Report, 28 December 1956, CIA.
28. Lyman Kirkpatrick Diary, Vol. III, January 1 956– December 1958, CIA; Virginia's Official Personnel Folder, CIA; Memorandum for the Record by [Name redacted], PP Staff, CIA; Hall Memorandum for the Record, CIA.
29. Petticoat Panel Report 1953, CIA Reading Room.
30. Virginia Hall's Official Personnel Folder, CIA.
31. 卡特琳接受作者訪談，二〇一七年十月。
32. Petticoat Panel Report 1953, CIA Reading Room.
33. Quoted in McIntosh, p. 127.
34. Petticoat Panel Report 1953, CIA Reading Room.
35. Secret undated CIA report, newly released under FOIA request, *Virginia Hall's Career in the Central Intelligence Group and CIA*.

參考書目

Alcorn, Robert Hayden, *Spies of the OSS*, Robert Hale and Company, 1973.

Binney, Marcus, *The Women Who Lived for Danger*, Hodder and Stoughton, 2002.

———, *Secret War Heroes,* Hodder and Stoughton, 2005.

Bleicher, Hugo, *Colonel Henri's Story: The War Memoirs of Hugo Bleicher* (edited by Ian Colvin), William Kimber, 1968.

Bollon, Gérard, *Aperçus sur la Résistance armée en Yssingelais (1940/1 945)*, Cahiers de la Haute-Loire, 1 997.

Buckmaster, Maurice, *They Fought Alone: The Story of British Agents in France*, Oldham Press, 1958.

Burrin, Phillipe, *La France à l'heure Allemande, 1940– 1944*, Seuil, 199.

Casey, William, *The Secret War Against Hitler*, Simon & Schuster, 1989.

Churchill, Peter, *The Spirit of the Cage*, Hodder and Stoughton, 1954.

———, *Of Their Own Choice*, Hodder and Stoughton, 1952.

———, *Duel of Wits*, Transworld Publications, 1955.

Combes, Gustave, *Leve- toi en Marche: Les Conditions du Français*, Privat, 1941.

Cookridge, E.H., *They Came from the Sky*, Heinemann, 1965.

———, *Inside SOE*, Arthur Baker, 1966.

Courvoisier, André, *Le Réseau Heckler de Lyon à Londres*, France-Empire, 1984.

Cowburn, Benjamin, *No Cloak, No Dagger*, Jarrolds, 1960.

Dalton, Hugh, *The Fateful Years*, Frederick Muller, Ltd., 1957.

Dear, Ian, *Sabotage and Subversion: The SOE and OSS at War*, Arms and Armour Press, 1996.

Défourneaux, René J., *The Winking Fox*, Indiana Creative Arts, 1998.

Dormer, Hugh, *Hugh Dormer's Diaries*, Cape, 1947.

Fayol, Pierre, *Le C hambon-s ur-L ignon sous l'Occupation: Les Resistances Locales, l'Aide Interalliée, l'Action de Virginia Hall (O.S.S.)*, L'Harmattan, 1990.

Fenby, Jonathan, *The History of Modern France*, Simon & Schuster, 2015.

Foot, M. R. D., *SOE in France: An Account of the Work of the British Special Operations Executive in France, 1 940– 1944*, London HMSO, 1968.

Grose, Peter, *A Good Place to Hide: How One Community Saved Thousands of Lives from the Nazis in WWII*, Nicholas Brealey, 2014.

Hastings, Max, *The Secret War: Spies, Codes and Guerrillas, 1939– 1945*, William Collins, 2015.

Helm, Sarah, *If This Is a Woman: Inside Ravensbrück: Hitler's Concentration Camp for Women*, Little Brown, 2015.

Heslop, Richard, *Xavier: A British Secret Agent with the French Resistance*, Biteback Publishing, 2014.

Howarth, Patrick, *Undercover: The Men and Women of the Special Operations Executive*, Routledge & Kegan Paul, 1980.

Jenkins, Cecil, *A Brief History of France: People, History and Culture*, Robinson, 2011.

Jones, Benjamin F., *Eisenhower's Guerrillas: The Jedburghs, the Maquis, and the Liberation of France*, Oxford University Press, 2016.

Langelaan, George, *Knights of the Floating Silk*, Hutchinson, 1959.

Leahy, Fleet Admiral William D., *I Was There: The Personal Story of the Chief of Staff to Presidents Roosevelt and Truman Based on His Notes and Diaries Made at the Time*, Victor Gollancz, 1950.

Leary, William (ed.), *The Central Intelligence Agency, History and Documents*, University of Alabama Press, 1984.

Le Chêne, Evelyn, *Watch for Me by Moonlight: A British Agent with the French Resistance*, Eyre Methuen, 1973.

Lottman, Herbert R., *Pétain: Hero or Traitor: the Untold Story*, William Morrow and Company, 1985.

Lytton, Neville, *Life in Unoccupied France*, Macmillan & Co, 1942.

MacDonald, Elizabeth P., *Women in Intelligence*, privately published.

Mackenzie, W. J. M, *The Secret History of SOE Special Operations Executive, 1 940– 1945,* St. Ermin's Press, 2002.

Marks, Leo, *Between Silk and Cyanide*, HarperCollins, 1998.

Marshall, Bruce, *The White Rabbit*, Evans, 1952.

McCarthy, Linda, *Spies, Pop Flies and French Fries*, History Is a Hoot, Inc., 1999.

McIntosh, Elizabeth P., *Women of the OSS: Sisterhood of Spies*, Naval Institute Press, 1998.

Moorehead, Caroline, *Village of Secrets: Defying the Nazis in Vichy France*, Vintage, 2015.

Morgan, Ted, *An Uncertain Hour: The French, the Germans, the Jews, the Barbie Trial and the City of Lyon, 1940– 1945*, Bodley Head, 1990.

Moss, W. Stanley, *Ill Met by Moonlight*, Harrap, 1950.

Nouzille, Vincent, *L'espionne, Virginia Hall, une Américaine Dans la Guerre*, Arthème Fayard, 2007.

Olson, Lynne, *Last Hope Island*, Random House, 2017.

Paine, Lauran, *Mathilde Carré: Double Agent*, Hale, *1976.*

Paxton, Robert, *Vichy France: Old Guard and New Order, 1940– 1944*, Barrie and Jenkins, 1972.

Pearson, Judith L., *The Wolves at the Door: The True Story of America's Greatest Female Spy*, Lyons Press, 2005.

Rake, Denis, *Rake's Progress*, Frewin, 1968.

Ranelagh, John, *CIA: A History*, BBC Books, 1992.

Rossiter, Margaret, *Women in the Resistance*, Praeger Publishers, 1986.

Ruby, Marcel, *La Résistance à Lyons*, L'Hermès, 1979.

———, *F Section SOE: The Story of the Buckmaster Network*, Leo Cooper, 1988.

Simpson, William, *I Burned My Fingers*, Putnam, 1955.

Smith, Richard Harris, *OSS: The History of America's First Central Intelligence Agency*, University of California Press, 1972.

Stourton, Edward, *Cruel Crossing: Escaping Hitler Across the Pyrenees*, Doubleday, 2013.

Sweet-Escott, Bickham, *Baker Street Irregular*, Methuen, 1965.

Thomas, Jack, *No Banners*, W. H. Allen, 1955.

Vargo, Marc, *Women of the Resistance: Eight Who Defied the Third Reich*, McFarland, 2012.

Vomécourt, Philippe de, *Who Lived to See the Day*, Hutchinson, 1961.

Waller, Douglas, *Wild Bill Donovan: The Spymaster Who Created the OSS and Modern American Espionage*, Simon & Schuster, 2011.

Weiner, Tim, *Legacy of Ashes: The History of the CIA*, Doubleday, 2007.

Weitz, Margaret, *Sisters in the Resistance: How Women Fought to Free France*, John Wiley & Sons, 1998.

國家圖書館出版品預行編目資料

無足輕重的女人：扭轉二戰歷史，「最危險的間諜」維吉尼亞・霍爾的謎樣人生／索尼亞・普內爾（Sonia Purnell）作；黃佳瑜譯. -- 初版. -- 臺北市：麥田出版：英屬蓋曼群島商家庭傳媒股份有限公司城邦分公司發行, 2021.10
面；　公分. --（歷史叢書；85）
譯自：A woman of no importance: the untold story of the American spy who helped win World War II
ISBN 978-626-310-088-6（平裝）

1. 戈洛特（Goillot, Virginia, 1906-1982） 2. 情報 3. 女性傳記 4. 第二次世界大戰

785.28　　110012603

歷史叢書 85

無足輕重的女人

扭轉二戰歷史，「最危險的間諜」維吉尼亞・霍爾的謎樣人生

A Woman of No Importance: The Untold Story of the American Spy Who Helped Win World War II

作　　者／索尼亞・普內爾（Sonia Purnell）
譯　　者／黃佳瑜
責任編輯／許月苓
主　　編／林怡君

國際版權／吳玲緯
行　　銷／巫維珍　何維民　吳宇軒　陳欣岑　林欣平
業　　務／李再星　陳紫晴　陳美燕　葉晉源
編輯總監／劉麗真
總 經 理／陳逸瑛
發 行 人／凃玉雲
出　　版／麥田出版
10483臺北市民生東路二段141號5樓
電話：(886)2-2500-7696　傳真：(886)2-2500-1967
發　　行／英屬蓋曼群島商家庭傳媒股份有限公司城邦分公司
10483臺北市民生東路二段141號11樓
客服服務專線：(886) 2-2500-7718、2500-7719
24小時傳真服務：(886) 2-2500-1990、2500-1991
服務時間：週一至週五09:30-12:00・13:30-17:00
郵撥帳號：19863813　戶名：書虫股份有限公司
讀者服務信箱E-mail：service@readingclub.com.tw
麥田網址／https://www.facebook.com/RyeField.Cite/
香港發行所／城邦（香港）出版集團有限公司
香港灣仔駱克道193號東超商業中心1/F
電話：(852)2508-6231　傳真：(852)2578-9337
馬新發行所／城邦（馬新）出版集團Cite (M) Sdn Bhd.
41-3, Jalan Radin Anum, Bandar Baru Sri Petaling, 57000 Kuala Lumpur, Malaysia.
電話：(603)9056-3833　傳真：(603)9057-6622
讀者服務信箱：services@cite.my

封面設計／盧卡斯工作室
印　　刷／前進彩藝有限公司

■2021年10月　初版一刷

定價：499元
ISBN 978-626-310-088-6
其他版本ISBN 978-626-310-089-3 (EPUB)